寻 路

信息社会新格局下的选择

信息社会 50 人论坛 编

电子工业出版社
Publishing House of Electronics Industry
北京·BEIJING

未经许可，不得以任何方式复制或抄袭本书之部分或全部内容。
版权所有，侵权必究。

图书在版编目（CIP）数据

寻路：信息社会新格局下的选择/信息社会 50 人论坛编. —北京：电子工业出版社，2022.11
ISBN 978-7-121-44447-0

Ⅰ. ①寻… Ⅱ. ①信… Ⅲ. ①信息化社会－文集 Ⅳ. ①G201-53

中国版本图书馆 CIP 数据核字（2022）第 198448 号

责任编辑：米俊萍
印　　刷：北京七彩京通数码快印有限公司
装　　订：北京七彩京通数码快印有限公司
出版发行：电子工业出版社
　　　　　北京市海淀区万寿路 173 信箱　邮编：100036
开　　本：720×1 000　1/16　印张：20　字数：307 千字
版　　次：2022 年 11 月第 1 版
印　　次：2023 年 5 月第 2 次印刷
定　　价：90.00 元

凡所购买电子工业出版社图书有缺损问题，请向购买书店调换。若书店售缺，请与本社发行部联系，联系及邮购电话：（010）88254888，88258888。
质量投诉请发邮件至 zlts@phei.com.cn，盗版侵权举报请发邮件至 dbqq@phei.com.cn。
本书咨询联系方式：（010）88254759。

编委会

主　任：王俊秀

委　员：刘九如　　姜奇平　　段永朝

　　　　张新红　　王俊秀　　林　茜

序言/Preface

姜奇平，信息社会50人论坛理事、2022年度轮值主席，中国社会科学院信息化研究中心主任，《互联网周刊》主编；2009年当选"中国互联网10位启蒙人物"之一，被《硅谷时代》评为"带领我们走向数字时代的20位中国人"之一。

《寻路：信息社会新格局下的选择》是信息社会50人论坛于2022年献给大家的一部论文汇集，主要内容涵盖直面新格局、寻路元宇宙、五化大协同、治理新境界四个方面。2022年论坛专家的见解有许多亮点，最突出的是，在技术判断、产业判断之上，多出了许多价值判断。

2022年中国信息社会建设面对新格局。从全球范围看，数字时代的大国竞争，来到了争夺制高点的路径选择道口。中国互联网的前20年，在平台型技术创新生态这一制高点上，中国与美国均走在全球前列。未来20年，这种格局可能会发生重大改变，我们今天的选择，决定着中国信息社会的发展前途。

受到各种主客观因素的影响，近两年的互联网发展进入盘整的路口。未来20年，中国互联网、数字经济是否还有巨大增量空间？专家们分别从数字基础设施、第四产业、工业互联网与数字化转型等方面，对于影响新格局的突破方向，进行深入分析。从大的方面来看，影响新格局的突破方向可分为数字产业化与产业数字化两大方向。何霞从数字产业化方向分析形势，指出问题，并提出建议。其余专家更多从产业数字化方向进行分析，他们认为要在企业数字化转型的微观基础上，推动产业向制造业服务化、生产性服务化升级。

元宇宙是2022年的突出热点，也是打开新局面的一个具体的突破口，许多专家都把关注点投向这个方向。在媒体炒作中，元宇宙主要是一个技术概念，而论坛专家更多从社会层面，包括政策、伦理角度，丰富元宇宙的内涵。段永朝还从思想层面，帮助大家掠去元宇宙泡沫，沉淀下冷静的、更接近价值本体的思考。

在协同发展方面，2022 年信息社会 50 人论坛的专家，就各自擅长和专注的绿色化、老龄化、数字化、普惠化、共享化五大领域，发表了前沿的看法，提供了深入的报告。

治理是 2022 年行业内的核心关注点。中美两国在互联网治理方面，都在进行路径选择，都经历着深刻的变化。阿拉木斯提出数据治理的基本逻辑，具有强烈的现实意义，是对这两年数据治理得失的深入总结。数据治理如何沿着法治化的轨道不断完善，专家们从不同方面提出了真知灼见，许多令人耳目一新。

世上本无路，走的人多了，自然就形成了路，这个道理自然不错。然而，寻路对于路的形成同样重要。如今，我们已经不像 20 年前，全靠在黑暗中摸索，而可以有实践总结与理论指导，使人少走弯路。《国富论》是亚当·斯密在第一次工业革命发生 26 年后写出的，已超越技术层面，总结出工业经济在价值上的不同；信息技术革命发生的时间也不短了，应信息社会发展需要，也可能产生自己的有别于传统社会的价值判断，以照亮前方的路。对于《寻路：信息社会新格局下的选择》这本书，我们不敢说它是路灯，可以指示唯一正确的路，但至少是探照灯，可以照出前面可供选择的路，这正是推出《寻路：信息社会新格局下的选择》的意义所在。

目录/Contents

直面新格局

何　霞　我国数字基础设施的发展态势、问题与建议…………… 2

胡延平　第四产业：走向未来新思维，中国经济新底座………… 9

杨培芳　以信息化之巧，补工业化之拙…………………………… 23

余晓晖　工业互联网与数字化转型的进展………………………… 28

吕廷杰　时代在变革——浅谈数字经济与文创产业发展………… 35

安筱鹏　平台型技术创新生态：数字时代大国竞争制高点……… 44

中国社会科学院信息化研究中心
　　　　关于深入推进我国服务业数字化转型的思考……………… 53

信息社会50人论坛　下一个十年：聚变、风险与选择——
　　　　信息社会50人论坛十周年特别报告………………………… 65

寻路元宇宙

左鹏飞　元宇宙：演化逻辑、场景体系与现实瓶颈……………… 84

吕琳媛、苟尤钊　元宇宙价值链与产业政策研究……………… 91

高红冰　元宇宙将带来巨大的产业和生态变革………………… 108

陈德人　元宇宙：数字化的下半场——技术与文化视角……… 114

段永朝　技术的喧嚣与思想的隐忧……………………………… 123

邬　焜　哲学的最高范式与信息哲学基础理论………………… 137

五化大协同（绿色化、老龄化、数字化、普惠化、共享化）

张永生　生态文明如何深刻改变中国…………………………… 154

马旗戟　中国老龄社会建设中若干问题思考…………………… 166

左美云　智慧养老平台的价值、类型、演进和未来…………… 178

姜奇平　数字化助推智慧城市发展……………………………… 185

汪向东	农村电商发展五大趋势和五大特点	194
吴秀媛	培育数字农批新模式，让普通消费者享受农业高质量发展红利	200
张新红	数字化转型是企业的必由之路	207
国家信息中心	中国共享经济发展报告（2022）	214

治理新境界

阿拉木斯	数据治理的基本逻辑	230
车品觉	数据要素在企业中的作用和责任	236
司 晓	区块链数字资产物权论	244
刘德良	大数据时代的个人信息立法	256
刘九如	关于新型智慧城市规范制定的相关建议	262
邱泽奇等	数字化转型中的国家治理变化	268
中国信息通信研究院政策与经济研究所		
	关于元宇宙对网络法治影响情况的研究	283

信息社会共识 ／298

2011—2021 年信息社会十件大事（中国） ／300

延伸阅读 ／307

直面新格局

何 霞
我国数字基础设施的发展态势、问题与建议

何霞，信息社会50人论坛理事，中国信息通信研究院资深专家、政策与经济研究所总工程师，电信科学技术研究院硕士生导师，中国信息经济学会副理事长；长期从事车联网与自动驾驶领域的政策研究，完成多篇论文和多个政策支撑成果。

通信、计算、控制及其相互作用形成的智能催生了全球性的数字化革命。数字化革命的技术与哲学在70年前就已确立，当今支撑数字基础设施发展的技术拼图已经基本形成，赋能各行业、各领域的数字化、网络化、智能化转型。人类社会正在从工业时代迈入数字时代，各国都在构建数字基础设施以服务数字经济的发展。当前，我国正处于数字经济起步阶段，迫切需要构建和完善数字基础设施，以支撑经济社会的全面数字化转型。

一、全球数字基础设施发展态势

数字基础设施是指以信息网络为基础，以数据要素为核心，提供感知、连接、存储、计算、处理等数字能力的基础设施体系，具有通用性、技术性、资金密集性、安全性和融合性等特点，可分为信息基础设施、融合基础设施和创新基础设施。随着技术革命和产业变革，新的数字基础设施形态正在不断涌现，现有的数字基础设施形态正在不断转变。

（一）全球信息基础设施正在加速演进升级

新冠肺炎疫情在带来巨大灾难的同时也促进了全球数字经济的高速发展，整个社会的数字化、网络化、智能化进程正在加速，人类社会逐渐进入万物感知、

万物互联和万物智能的新时代，给信息基础设施发展带来巨大机遇，也对信息基础设施的能力提出了新的更高要求。

全球主要国家的网络设施能力快速部署升级。网络基础设施向高速、泛在、空天一体演进是全球未来发展主流。在移动通信方面，全球加速从4G网络向5G网络的演进升级。截至2022年1月底，全球共有72个国家部署了5G网络，美国和中国拥有最多的5G覆盖城市。在固定宽带方面，千兆光纤升级是发展重点，全球已有57个国家的234家运营商发布了千兆带宽服务。在骨干网络方面，超高速大容量光网络向200G/400G传输演进。在物联网方面，全球部署的LTE-M网络已经达到51个，超过100个国家商业化推出了NB-IoT网络。算力设施成为新型基础设施建设的新重点。全球数据量正在迎来新一轮爆发式增长，这使得数据存储、数据传输、数据处理的需求呈现指数级增长，不断提升对算力资源的需求。同时，很多智能应用都需要在线实时提供，如智慧工厂场景中对传感器、AR/VR设备、射频扫码识别器等联网设备采集到的数据的实时处理反馈等，这对算力的泛在供给和及时提供提出更高要求。为适应这一发展趋势，以数据中心、超算、云计算、边缘计算、人工智能计算中心等设施构成的多层次计算设施体系正在演化形成，不同层级、不同体系的算力融合协同将成为基础设施发展的一大趋势，持续推动云网融合、云边融合和算网融合。

（二）重要领域的融合基础设施正在构建

融合基础设施是国家科技创新、产业发展的重要战略方向已经成为主要国家和地区的共识。工业4.0[①]最早出现在德国，在2013年的汉诺威工业博览会上正式推出，其核心目的是提高德国工业的竞争力，在新一轮工业革命中占领先机。随后由德国政府列入《德国2020高技术战略》。据德国信息技术、电信和新媒体协会的报告显示，在实施工业4.0的企业中，资本回报率大幅提升，从2000年的12%上升到了2014年的30%。发达国家智能交通基础设施加速构建。美国发展最早，已形成了出行和运输管理系统、公共交通运输管理系统、电子收费系统、商业车

---

① 德国工业4.0是指利用物联信息系统（Cyber-Physical System，CPS）将生产中的供应、制造、销售信息数据化、智慧化，最终达到快速、有效、个人化的产品供应。

辆运营系统、应急管理系统等八大系统。日本的所有主干道已基本覆盖智能交通的自动收费、车路协同和导航等功能。欧盟建立了即时交通路况、即时路径规划、即时地图更新等道路基础设施和相关信息服务，未来，智能交通系统将在前沿技术的发展中不断演进。

（三）多国加大投入重大科技基础设施建设

欧美重大科技基础设施建设运行数量增长迅速。一是美国长期规划与年度规划并行，依托重大科技基础设施保持科技创新领先地位。美国目前在建的重大科技基础设施主要集中在粒子物理和核物理，以及空间和天文学方面。德国重大科技基础设施布局的特点是重视产业技术研发和示范平台建设，支撑产业发展。法国优先布局生命健康和环境方向，英国计划在未来几年建设世界级的百亿亿次超级计算设施。

二、我国正在加快新型基础设施建设与部署

（一）我国信息基础设施发展与主要发达国家同步

我国的建设部署与主要发达国家处于同一起跑线。经过多年发展，我国信息基础设施已形成感知、网络、算力、新技术等基础设施全面发展的格局，建设规模和发展水平位于全球前列。

从感知设施看，我国已建成全球最大的窄带物联网（NB-IoT），部署百万规模的 NB-IoT 基站，基本实现县城以上连续覆盖。从网络设施看，我国移动通信网络和光纤网络全球规模最大、覆盖广泛、技术领先。截至 2022 年 3 月底，5G 网络已覆盖全国所有地级市和县城城区。宽带接入光纤化改造基本完成，超过 300 个城市开始建设千兆接入网络。从算力设施看，截至 2021 年，在用数据中心机架总规模为 520 万架，云计算市场规模为 3030 亿元，超级计算能力位于国际前列，一批专用于人工智能的高性能开放算力平台、智能计算中心等设施正在逐步形成。从新技术基础设施看，人工智能、区块链等基础设施开始探索部署。骨干企业开发的深度学习平台已开源运营，智能语音、计算机视觉等通用 AI 能力平台逐渐成形，辅助诊疗、自动驾驶、城市大脑等行业专用 AI 能力平台在快速推广。自主化

的区块链底层平台不断涌现。

（二）全面布局社会经济融合基础设施

在工业领域，我国工业互联网产业规模已突破万亿元大关，在研发设计、生产制造、运营管理等各个环节广泛应用。以国家顶级节点为中心的工业互联网标识解析体系初具规模，国家级、行业级、企业级多层次的工业互联网平台体系初步构建，具有一定影响力的工业互联网平台超150家，对接31个省级平台的国家级工业互联网安全态势感知平台已经构建。在交通领域，借助超大规模市场优势，通信、汽车、交通等技术应用充分融合集成，产业创新生态已基本形成，车路协同和产业协同的基础设施正在构建。

（三）创新基础设施正在加速构建

区域性创新基础设施正在构建。近年来，以北京、上海和粤港澳大湾区的科创中心、综合性国家科学中心建设为契机，已涌现出一批科技创新要素集聚、创新链条上下游贯通、有力支撑重大产出的创新基础设施，成为国家创新体系的重要基础。结构性创新基础设施正在布局。重大科技基础设施、科教基础设施、产业技术创新基础设施在加速部署。

三、数字基础设施发展面临的挑战仍然突出

虽然我国新一代信息通信基础设施发展迅速，但仍然面临一些亟待解决的问题。

（一）部分信息基础设施尚未形成融合协同的发展格局

部分信息基础设施部署呈碎片化、烟囱型，难以形成规模效应，也难以发挥基础设施的作用。算力设施、区块链基础设施等创新发展，在促进技术和服务持续进步的同时，也存在各自为政、重复建设、盲目建设的现象，算力设施和网络设施的融合协同也需要积极推进。信息基础设施的行业应用市场还有待培育。面向全新的产业互联网市场，5G、光纤宽带、人工智能等基础设施亟待优化。此外，如何释放数据要素价值，充分发挥数字新型基础设施的倍增效应也是亟待解决的

问题。

(二) 融合基础设施发展处于启动阶段，尚须长期推动构建

当前社会经济数字化转型才刚刚开始，基础设施构建也在起步中。数字化、网联化的基础设施发展很快，但存在结构性、区域性和行业性的差距，还需要5～10年的逐步推进。融合基础设施的互联互通还需要分领域逐步推进。在工业领域，要建设高可靠、广覆盖、大带宽、可定制的工业互联网网络，促进各类工业设施的有效互联；在能源领域，要构建多能协同的能源网络，带动能源行业整体创新能力建设。融合基础设施的智能化水平亟待提升。我国行业智能化水平较低，需要数字基础设施通过部署泛在的感知设备，收集监测基础设施的各项运行状态数据，汇集训练成为各类智能算法模型，进而开展各项辅助决策、自动运行、预测预警等智能化工作，推动各类基础设施的智能升级。

(三) 创新基础设施发展存在多方面的挑战

针对原始创新能力不强的问题，需要超前布局一批科学研究设施。当前科学技术前沿向着极宏观、极微观、极复杂的方向发展，需要重大科技基础设施、科教基础设施等前沿科学技术手段提供支撑，需要推进国家实验室、综合性国家科学中心等战略科技力量集群化、协同联动式发展，系统提升科学研究基础设施多元化建设能力、开放式运行能力。针对核心技术受制于人的问题，需要优化提升一批技术开发设施和试验验证设施。由于自主开发产业共性技术的外溢性显著、基础研究与产业应用存在巨大鸿沟，所以需要主动链接前沿研究和产业发展的关键环节，建设一批支持产业共性基础技术开发的新型共性技术平台、中试验证平台、计量检测平台。针对科技资源支撑能力不强的问题，需要统筹发展一批科技资源条件平台。科学技术研究持续向精细化、智能化方向演进，"数据密集型"正在成为科学技术研究的典型特征，需要及早布局科学大数据存储处理能力。

(四) 数字基础设施的安全成为建设和运行的关键问题

数字基础设施作为信息通信技术发展融合的基础和载体，存在安全保障不足的问题。5G、云计算、大数据、人工智能等数字基础设施的重点技术都存在自身安全的脆弱性。例如，在5G领域，虚拟化技术、网络切片技术、网络能力开放、

异构网络和边缘计算场景的引入会带来复杂的安全问题，并增加引入恶意攻击的风险。数字化还会带来网络安全脆弱性。数字基础设施将数字空间的网络安全威胁带向传统行业，使得更多的传统设施面对前所未有的新型网络攻击风险。

四、加快建设面向未来的新型基础设施

（一）充分发挥体制优势，形成全国发展一盘棋

新型基础设施的发展涉及多个领域、多种设施、多方主体，单纯依靠市场力量难以消除基础设施发展中的盲目性，容易形成供给过热、低水平重复建设。为此，要突出需求牵引，适度超前开展数字基础设施建设。坚持需求导向、问题导向和目标导向，以政府、企业和公众需求为驱动，以应用成效为核心，科学开展项目需求分析与测算，提升投资效率。健全协调机制，强化融合共享。健全宏观管理部门和各行业主管部门共同参与的协调机制，强化各领域数字基础设施间的技术融合、互联互通和智能交互，促进数字资源的开放共享和整合利用。强化区域协同，打造因地制宜的数字基础设施。对于北京、上海、深圳等产业、技术、资本的首要聚集地，注重高新技术赋能和应用场景创新，打造先进数字基础设施和应用样板。对于中西部地区，特别是欠发达地区，加快5G、物联网等通信网络基础设施建设，推广远程教育、远程医疗等应用，缩小与发达地区的公共服务供给水平差距。健全数字基础设施建设投融资体系，充分激发市场和民间的投资活力，吸引更多社会企业参与数字基础设施的建设。发挥政府资金对投资的引导带动作用，创新政府资金投入模式，创新金融信贷投入模式，创新投融资产品与服务，做好数字基础设施建设的资金保障。

（二）发挥信息基础设施赋能作用，加快建设和创新运营

创新建设模式，发展泛在协同的感知设施。探索建立感知设施的统一标识体系、统一数据格式，充分利用供电、网络和空间点位等资源进行集约化部署，推进技术性开发平台和行业性管理平台建设。顺应技术经济发展趋势，持续升级网络设施能力。面向2C和2B精准优化布局，建成覆盖广泛、技术先进的5G网络。加强5G行业专网模式创新，推动5G虚拟专网建设落地。加快城市地区千兆宽带接入能力供给，组织开展千兆宽带应用示范。加强统筹布局，有效提升算力设施

效能。布局"东数西算",形成全国数据中心一体化格局,在八大区域部署国家枢纽节点。重点推动数据中心与网络、云、算力、数据要素、数据应用和数据安全等协同发展。大力推进数网融合、算网融合和云边协同发展。面向新兴需求,积极培育新技术设施。合理布局人工智能计算中心,大力发展更高性能、更低成本的计算能力。推动不同框架、通用平台之间的互联互通。探索建设跨链平台,促进产业链上下游的衔接和区域协同发展。加强量子通信、量子计算、新型网络基础架构研究,适时开展试验网络建设和应用探索,超前布局培育新型基础设施形态。

(三)聚焦经济社会转型,全面构建融合基础设施

重点支持一批融合基础设施。充分考虑行业属性、所处阶段和融合水平的差异性,重点支持支撑范围广、赋能能力强、带动效应好的设施发展,如工业互联网平台、车联网、能源互联网等。重视公共服务基础设施建设。建设基于新一代信息技术的新型社会性设施,提升公共服务水平。建设人民群众生活需要的基础设施。全面覆盖与广大人民群众日常生活密切相关的重要领域,积极发展智慧医院基础设施、智慧养老基础设施、智慧教育基础设施等,增加和提升公共服务的供给数量和质量。

(四)面向科技自立自强,积极培育创新基础设施

面向世界科技前沿,建设一批重大科技基础设施,提供极限研究手段,帮助提升原始创新能力和支撑重大科技突破。面向国家重大战略需求,建设一批科教基础设施,构建特色鲜明、水平先进的研究平台体系。面向经济主战场,整合现有优质资源,建设一批新型共性技术平台和中试验证平台,完善高水平试验验证设施。

(五)统筹发展和安全,确保数字基础设施的安全可靠

统筹发展和安全,系统谋划和整体协同,优化基础设施布局,实现结构优化。立足长远,部署有利于引领产业发展和维护国家安全的数字基础设施。加强安全保障制度建设,建立安全评估评测机制和可靠性保障机制,完善安全保障责任制度,把安全发展贯穿于数字基础设施建设全过程,防范和化解潜在风险,确保数字基础设施安全稳定运行。

胡延平 |
第四产业：走向未来新思维，中国经济新底座

胡延平，信息社会 50 人论坛成员，FutureLab（未来实验室）创始人，DCCI 互联网数据中心创始人，未来智库专家。

面对百年未有之大变局、产业经济国际竞争、未来创新发展，我们需要思考以下问题：我们应该具有什么样的视野？如何从新的维度认知、判断、升级我们的产业科技观和科技产业观？如何找到攻克战略高地、高质量发展的解题之钥？如何从局部到整体看清变迁脉络与发展格局？如何在新视角下看清中国的家底？科技产业的基石企业、基石阵容有哪些，意味着什么？如何孕育科技未来？基石企业如何助力国家升级产业经济？

宏观思考这些科技战略、产业战略、经济发展战略，需要我们在中观、微观层面对其有清晰的认知和判断，在产业企业、技术产品层面，思考以下 9 个问题。

（1）技术向哪里升格、产业向哪里升级、经济向哪里升维？

（2）中国企业已经进入了哪些产业要地？如何看待这份家底？未来还将进入哪些要地？

（3）融智入实、以虚强实、脱虚向实如何成为现实？

（4）基石产业当中不同梯度的基石企业如何数智共生？

（5）如何为各行各业亿万个市场主体融智赋能、数智共生？

（6）如何通过参与全球分工拓展市场，反哺自主创新、数智共生？

（7）基石企业群落对第四产业的中国家底、技术创新、产业经济升级意味着什么？20家种子基石企业、30家基石潜力企业又意味着什么？

（8）这些企业在以哪些不同的角度和方式努力进行着这场历史性的创新扩散？

（9）我们又该如何对待这些企业？

一、元宇宙只是局部形态，要避免战略偏差

目前，国内外许多互联网企业热捧"元宇宙"的概念。如同制造业的衰落是产业经济的脱实向虚，元宇宙的过度喧嚣其实也是数字生态的脱实向虚，在产业脱实向虚偏差中吃亏的有关国家已经在努力纠正，但有些于事无补，在数字生态脱实向虚偏差中越走越远的产业将会受到来自现实的纠正。虚拟现实、增强现实、混合现实是下一代人机自然交互的关键技术，在行业领域也具有广泛的应用场景，但如果从更大的技术、产业、经济范围来看，这些都只是局部业态，并非整体取向。

元宇宙引发的热议中蕴含了一个实质型的问题：技术向哪里升格，产业向哪里升级，经济向哪里升维？在技术升格方向，我们要看清数字、现实两个场景，把握创新与产业、科技与经济两个关系，融智入实，以虚强实，而不是脱实向虚；在产业升级方向，我们应在更大的范围内发展包括端、边、云、网、智在内的新IT[①]，以此促进智慧化转型变革；在经济升维方面，为国民经济、企业行业、个人家庭等融智赋能，帮助各行各业向更具效率和竞争力的数智经济绿色发展、共同发展，是智慧科技产业企业的使命，也是科技于中国和世界的价值根本。在此过程中，厘清关系、看清家底、看清基本面是发展第一步；多层次的产业生态体系、多样化的企业成长路径、多点位的创新扩散图景、多维度的数智经济基础设施是发展第二步。

---

① 区别于 Information Technology，新 IT 应为 Intelligent Technology、Intelligent Transformation。

二、新 IT 的中国家底，第四产业的基本面

（一）第四产业：从提法到现实

2000 年以来，笔者一直有一个新提法，即第四产业。IT（信息科技）、新 IT（智慧科技）产业是继第一产业（农业）、第二产业（工业）、第三产业（服务业/商业）之后的第四个关键产业，可以相对独立地作为一个清晰完整的产业——第四产业来看待。虽然该产业被称为第四产业，但是它在所有产业中是"第一性"的，毫无疑问是基石产业。新一轮科技革命和产业变革加速演进，形势严峻复杂，做大做强新 IT 产业，以新 IT 赋能各行各业，实现面向数智经济的转变意义重大而深远，既是抢占国际竞争制高点、打造未来竞争新优势、支撑构建新发展格局的迫切需要，也是"产业升级、经济升维"的战略选择。

2000 年年底，笔者在组织召开中国第一个以"数字经济"为主题的会议——"数字经济与数字生态 2000 年中国高层年会"时提出，经济数字化大周期刚刚进入起步阶段，我们必须直面以数字化为前导的第二次现代化，认知数字经济、改善数字生态、弥合数字鸿沟、消解数字冲突、把握数字机遇，以积极的姿态迎接第二次现代化的到来，以信息技术改造传统产业，以新四化带动老四化。笔者曾提出 4 个主要概念，分别为第二次现代化、新四化（经济全球化、资本自由化、产业信息化、文明数字化）、数字鸿沟，以及与第四产业有关的"第四种力量"。在看到"以信息革命为基础的第二次现代化"后，笔者认为，应该将网络 IT 单独作为一个完整的基础产业——农业、工业、服务业/商业之后的第四个产业来看待。在这样的底层认知的指导下，我们自然会倾向于将信息技术相关产业视为第四产业。

在 2021 年，也有学者曾简单提及第四产业，但他们所指的是过去的信息服务业，且并未对信息服务业这样一个相对陈旧的概念在第四产业提法下的内涵外延、体系结构进行说明。笔者认为，第四产业在交融 ICT、Internet 的基础上，在人工智能的驱动下，已经呈现出"端、边、云、网、数、智"融合发展的整体格局。第四产业不仅概念成立，而且产业已经成型，第四产业不是全新的，也不必是全新的，因为无论是人工智能、云计算、大数据，还是物联网等，都是技术演进、产业变迁的结果。第四产业是在 ICT 产业的基础上逐步创新、生长出来的。

在数字经济新发展观的指引下，数字科技力量"兵分三路"：第一路（第一类）主攻战略高地和"卡脖子"工程，强链补链，专精特新，夯实产业基础，打造基础设施；第二路（第二类）主攻数字化，赋能实体经济，以软件、硬件、云计算、大数据、人工智能等方面的整体解决方案和服务，助力各行各业数字化转型升级，将1亿多个市场主体"武装"起来，帮助它们降本增效，提升它们在国际国内两个市场的运营力、创新力、竞争力，包括帮助个人和家庭进入智能时代，在数字经济当中把握数字机遇、获得数字红利，运营各类基础设施及为各行各业服务的企业；第三路（第三类）以其数字技术为基础，投入各行各业、融入实体经济，在零售、物流、制造、餐饮、医疗、文旅、娱乐等垂直市场领域与传统行业企业一起良性竞争、共同发展。

"兵分三路"中的第一路，主要包括华为、中芯国际、京东方、华星光电、联想超算、浪潮超算、展讯通信、瑞芯微、寒武纪、地平线等企业或业务。"兵分三路"中的第二路，主要包括联想、浪潮、阿里云、百度智能交通、小米、用友、中软、东软、海尔、TCL、电信运营商、腾讯基于IM的互联网平台等企业或业务。"兵分三路"中的第三路以面向垂直领域的互联网企业为主，它们与各行各业企业之间的关系正在经历局部调整、系统重构，有些被动，有些主动，有些助力传统行业的角色本身兼而有之，但需要停止无边界扩张，有些需要转变大而全的"巨无霸"范式，向数字经济新发展观靠拢。第三路力量最终会与传统经济当中成功进行数字化转型的企业一起，融汇到数字化经济的潮流中，未来所有经济都是数字经济。

通俗而言，这三路力量中的第一路力量是数字科技"构建者"，第二路力量是数字科技"赋能者"，第三路力量是数字科技"应用者"。它们的第一层（核心层）主要指传统IT/ICT部门，包括软件部门、硬件制造部门、电信部门等；第二层主要指狭义数字经济，包括电子业务、数字服务、平台经济等；第三层主要指广义数字经济，包括工业4.0、电子商务、算法经济等。

如果进行严格区分，那么第三路力量未来与完成数字化转型的第一、第二、第三产业企业没有太大区别，未来应该归入第一、第二、第三产业。主要由数字科技第一路、第二路力量构成的第四产业企业，构成中国经济的经济底座。

数字科技三路力量中的数字科技"构建者"、数字科技"赋能者"，实际上已经共同构成今天的第四产业——新IT产业。相比传统IT意义上的信息科技产业，新IT也就是智慧科技产业，更能够反映当前和未来的产业本质、特征。新IT产业与数字产业这两个概念，是迄今为止所有概念里交集最大的两个概念，只不过一个更究其实质、面向未来，一个更中性宽泛、包容泛在。

笔者认为，新IT产业是第一产业（农业）、第二产业（工业）、第三产业（服务业/商业）之后的第四个关键产业，可以相对独立（并且迫切需要）地作为一个清晰完整的产业——第四产业来看待。新IT产业虽然被称为第四产业，但是在所有3个产业当中它是"第一性"的。

（二）将新IT产业列为第四产业的4个好处

将新IT产业，也就是智慧科技产业列为第四产业，有4个好处：①由此彻底厘清数字产业化和产业数字化的内在关系，如何筑好经济底座一目了然；②看清数字产业化的产业格局，让数字产业化从模糊走向清晰，形成科学的产业范畴和专业的产业系统；③由此有了清晰的抓手、有效的着力点，有助于数字经济发展战略清晰落地；④极大增强了产业的可管理性，以及不同产业政策的有效针对性，可以实现同一家企业不同业务的三种区隔（上文提到的三路三类数字科技力量），最大程度避免了各种交叉重叠，极大方便了产业治理和发展政策部门、工商税务部门、经济统计部门的科学区分与精准管理。

新IT产业对第一、第二、第三产业的赋能，以及作为第四产业的自我创新赋能，共同催生的经济发展新形态，就是数智经济。相应的基本面如下。

对于第四产业基本面，中国高新技术企业达20多万家，科技型中小企业逾18万家，其中规模以上企业5万多家，具有20多万亿元的行业收入规模，这是新IT产业作为第四产业的体量。产业体系完整度仅次于美国，但需要补短板的地方依然不少。过去几年，设计芯片、系统、传感器、工业软件、高端制造装备等方面的硬科技和核心科技得到政策与投资的双重驱动。

对于数智经济基本面，2021年中国数字经济规模超过39万亿元，已有网站300多万个、工业App 40多万个，数智经济体里活跃着1亿多个市场主体（各类企业和商户），以及10亿多个个人用户。行业规模全球"唯二"，个别指标全球第一，各个行业、企业的信息化、网络化、智能化发展水平参差不齐。数智化转型已不是"选择题"，而是关乎生存和长远发展的"必修课"。

三、基石产业、基石企业：关键词是方位、融智赋能、增益

在所有产业当中，第四产业毫无疑问是基石产业。新一轮科技革命和产业变革加速演进，形势严峻复杂，做大做强新IT产业，以新IT赋能各行各业，实现面向数智经济的转变意义重大而深远，既是抢占国际竞争制高点、打造未来竞争新优势、支撑构建新发展格局的迫切需要，也是"产业升级、经济升维"的战略选择。

随着第四产业与数智经济历经产业竞争、市场荡涤，在第四产业内部成长出来一批企业。但是，在数十万家企业当中，哪些是不仅有规模而且处在重要产业方位的企业？哪些是对1亿多个市场主体、10多亿个个人用户的数智化转型、融智赋能形成关键驱动的角色企业？哪些又是能够外引内联、参与全球产业分工、进行全球市场拓展的企业？在第四产业技术创新、创新扩散与数智经济之间，这些企业发挥关键作用的机制又是什么？什么是适合当前形势和未来发展的企业发展路径、经济升维方向、科技强国解决方案？

带着这些问题，笔者结合过往经验，做了一些研究。从宽广度、成长性、创新度、赋能度、所处领域未来是否关键等方面进行筛选，共筛选出三类企业，分别为长期基石企业、种子基石企业和基石潜力企业。其中，基石企业是指能为其他企业尤其是中小企业提供重大装备、关键配套、核心部件、行业标准、权威检测、市场空间等服务的企业。

基石企业的本质，不在于自身多大多强，而在于在为百业融智赋能、为人人服务方面是否有大的作为，是否处于基础且重要的位置。过去互联网对用户的思维是"卷入"，IT对用户的思维是"增益"，这是虽然同在一个数字生态，但互联网与IT过去30年来的一个不同。为经济赋能、为百业赋能、为个人赋能是IT的底

色，站在数字化与数智化的分水岭上来看，新IT还会将这个传统继续下去。

四、10家长期基石企业：产业要地占山石，科技中国压舱石，走向全球问路石

最清晰因而也最先进入视野的10家长期基石企业（见图1），均具有这8个特征：①具有20年以上发展历程；②处于产业关键地位；③服务于经济与社会的关键数字化智能化需求；④在所处细分领域具有优势；⑤横跨海内外市场，甚至具有全球业务网络；⑥主业清晰，战略聚焦，成长稳健持续；⑦重视产品技术研发；⑧具备持续发展潜力。这些特征也是这10家长期基石企业的关键价值。

通俗而言，可以用久经考验、长期主义、稳健成长、靠谱伙伴来形容这10家长期基石企业，他们中的每一家都不仅经历了数个产业周期，而且是所在领域的驱动者、主导者。经历多年发展，他们已经进入一个或者多个产业要地，成为产业要地的占山石、科技中国的压舱石、走向全球的问路石。11个产业要地分别是通信网络、芯片/OS、IC/器件、超级计算、智能设备、行业赋能、云/大数据、智能制造、网络平台、智能交通、智能生活。

在这10家长期基石企业中，华为是唯一在11个产业要地全覆盖的企业，也是因为特殊原因在通信网络主业以外其他10个产业要地受挫最为严重的企业。京东方、上海华虹是专项选手，比亚迪是一专多能选手。在这种情况下，联想的综合优势、全面优势相对凸显。

风头正劲的京东方过去历经波折，近几年长势强劲。老牌集成电路制造企业上海华虹曾经倾注了整个国家的希望，发展历程非常曲折，如今企业规模虽不算大，但由于起步较早且地位重要，且是为数不多的芯片代工企业，目前企业规模仅次于中芯国际。华润微电子也是起步较早的IC企业，但角色、层面有所不同，没有被列入长期基石企业。比亚迪被列入长期基石企业并非因为新能源，而是因为其在与智慧科技产业更为相关的IC/器件、芯片领域的建树。TCL和海尔是从白电领域成长起来的长期基石企业。海尔生态更为宽广，但TCL比海尔向产业底层走得更远，其控股的华星光电是仅次于京东方的液晶显示屏制造大厂，不仅自用，

而且已经广泛进入国内外诸多电视、手机等企业的供应链。

类别	企业	年份
长期基石企业	华为	1987
	联想	1984
	海尔	1984
	TCL	1981
	京东方	1993
	比亚迪	1995
	上海华虹	1996
	腾讯	1998
	阿里巴巴	1999
	百度	2000
种子基石企业	小米科技、OPPO & vivo	2010等
	华米科技、闻泰科技	2013等
	科大讯飞、碳云智能	1999等
	大疆、优必选	2006等
	沈阳新松、杭州国辰	2000等
	柔宇科技、深圳天马	2012等
	韦尔半导体、北京君正	2007等
	中芯国际、北方华创	2001等
	展讯通信、长电科技	2001等
	瑞芯微、兆易创新	2001等
基石潜力企业	银河航天、九天微星、中国卫星网络集团	2014等
	华大九天、芯禾科技、和鲸科技	2009等
	中望软件、山大华天、广联达	1998等
	屹唐半导体、北方微电子、中微半导体	2015等
	长江存储、奕斯伟、中兴微电子	2016等
	亮风台、Nreal、视+	2012等
	铂力特、先临三维、极光科技	2011等
	寒武纪、中星微、深鉴科技	2016等
	地平线、黑芝麻、芯驰科技	2014等
	蔚来汽车、小鹏汽车、理想汽车	2014等

图 1　长期基石、种子基石与基石潜力企业

严格来说，腾讯、阿里巴巴、百度目前还不能列入长期基石企业，他们仍处

于转变过程当中。但是，这3家企业已经开始不同程度地表现出基石产业、基石企业的某些特征。连接类基础设施、商业类基础设施、智能类基础设施等不同角度的网络平台，是数智经济基础设施的不同方面，各行各业、万亿级用户也的确需要。这些具有互联网背景的万亿级市场、万亿级用户的大型平台，实际面临3个调整：①商业扩张边界在哪里止步；②与各行各业、万亿级用户之间的关系是增益每个人，还是通过将用户卷入，从而实现自己的生态围合；③重点以技术创新驱动所在国家的经济社会发展，还是以商业模式、游戏规则的改变获取市场存量与增量价值。

五、新IT的双循环：重新理解长期基石企业的双重价值

10家长期基石企业各有特点，各自独当一面，都是智慧科技产业、数智经济不可或缺的基石。如何重新理解它们的价值、发挥它们的作用，是智慧科技产业发展、数智经济布局需要深思的一个问题。笔者认为，智慧科技产业内部及其与数智经济之间其实存在着两个非常重要的循环，称为"新IT的双循环"。

双循环的第一个循环，是创新与创新扩散的科技循环，这个循环在第四产业内发生、进行；双循环的第二个循环，是新IT企业为各行各业融智赋能的数智化循环，这个循环在第四产业与其他3个产业之间，以及在第四产业内部进行。数智经济的这两个循环，是解决科技创新点面突破、技术研发与产业市场接力、生态化发展的关键，也是科技中国在与全球科技产业市场数智共生、协同发展过程中由大到强的关键，更是中国经济千行百业繁荣兴盛、绿色发展、共同发展的关键。这个历史过程，正在由企业尤其是第四产业的基石企业通力完成。

体量就是容量，供应链采购带动国内IC产业技术进步，万亿级采购带动万亿级产业。头部企业大规模的万亿元级营收，除了经济增长贡献意义、就业意义、税收意义，还有其供应链、产业链采购价值。智能设备的形态已经非常繁多，各类传感器使用量增长迅速，每种智能设备涉及的元器件已经远不止CPU，仅就千亿级规模的MEMS传感器技术产业而言，近些年在采购带动下，国产化率已经达到50%。上游企业对下游供应链的需求，除元器件采购外，还有IDM、OEM、ODM等多种需要。例如，联想集团的营业收入除去利润、税收、制造费用、运营

费用之后，剩下的费用（同时也是占比最高的费用）几乎都是面向供应链的海量采购。由于采购量较大、生态关系紧密，联想投资了数十家集成电路方面的元器件、芯片企业，据不完全统计，仅芯片方面，联想就陆续投资了寒武纪、思特威、芯驰科技、飞腾、沐曦、京微齐力、昂瑞微等 20 多家企业，其中包括不少已上市或在上市进程中的优秀独角兽企业，具有较高知名度的比亚迪半导体也在其投资之列。华为的采购近些年对国产显示屏、存储、功能芯片的带动作用也相当明显，华为也大力加速投资了较多与供应链有关的 IC 企业。国内 IC 企业通过获得投资、进入大厂的产品服务供应链，完成了创新与创新扩散之间的价值循环，这对于处于起步阶段的"补短板"技术项目，具有较为明显的输血、回血效应。

作为双循环中的第二个循环，新 IT 企业为各行各业融智赋能的数智化循环有 3 个方面的显著表现，即企业赋能、个人赋能、重点工程的超级赋能。为各行各业融智赋能，将 1 亿多个市场主体"武装"起来，助力其共同发展，而不是进行生态围合，最终被改编；帮助行业大企业提高创新力和国际竞争力，在各自领域发挥母舰作用；通过可订阅式的技术服务等，降低部署成本，帮助中小微企业聚拢起资源、运用好流量、重拾活力、提高效力，在各自的跑道上创新前行。帮助中小微企业形成真正的长尾经济，而不是被日益边缘化，甚至被扫出市场，对于经济活力、创新生态、社会就业的意义都非常重大，这也是走出"内卷"的一种可能性。

在双循环的第二个循环中，长期基石企业的基石作用最为显著。而且透过 10 家企业，我们看到的不是竞争，而是分工协作，各自独当一面，在不同角度发挥着重大作用。华为在解决产业后方的一些关键问题；京东方、上海华虹、比亚迪、TCL 为各方输送产品技术要件；而联想、华为、海尔、TCL 使得元器件及最终产品走向全球。

六、种子基石与基石潜力企业：产业链下沉、生态化展开，未来新希望

除了长期基石企业，还有部署在 10 个产业要地的 20 家种子基石企业，以及 30 家基石潜力企业（见图 1）。

种子基石企业包括智能生态企业（小米科技、OPPO & vivo）、特色智能硬件

企业（华米科技、闻泰科技）、通用与行业人工智能企业（科大讯飞、碳云智能）、消费机器人企业（大疆、优必选）、工业机器人企业（沈阳新松、杭州国辰）、显示技术企业（柔宇科技、深圳天马）、IC设计与制造企业（韦尔半导体、北京君正）、芯片代工与关键设备企业（中芯国际、北方华创）、芯片设计开发与制造企业（展讯通信、长电科技）、芯片设计企业（瑞芯微、兆易创新）。其中，科大讯飞虽然成立较早，但是其进入人工智能产业周期的时间较短，并且刚刚渐入佳境。华米科技虽然有小米科技的投资，但其发展更具独立特色，是为数不多自研芯片、操作系统、算法引擎的智能可穿戴设备企业。闻泰科技并不直接面对最终用户，但其ODM模式具有较强实力，在智能硬件产品开发方面与小米科技、华为、OPPO、三星、苹果等国内外企业有着广泛合作。小米科技成长迅速，主要面向C端消费市场，属于个人赋能范畴，企业行业赋能不足。小米科技和华为、联想、TCL等企业在消费市场具有比较高的重合度，尚未表现出产业区位、创新区间的显著差异性。所以下一个阶段还要看企业在产业链的发展方向，向上实现生态苹果化的难度较大，向下实现芯片设计、研发需要技术驱动力，小米科技目前正在向这个方向努力。

基石潜力企业不是基石，但有成为基石的可能。由于不确定性较多，我们从每个产业要地筛选三个可能的基石潜力企业。卫星互联网方向的银河航天、九天微星、中国卫星网络集团，实际上前两者和后者之间更可能是合作关系，银河航天不仅主攻大规模卫星互联网，即星座组网技术，在相控阵天线、太阳翼、与5G融合的Q/V/Ka等波段高容量宽带天地通信技术方面都有与Starlink比肩的关键突破；华大九天、芯禾科技、和鲸科技主攻集成电路/芯片设计所需EDA；中望软件、山大华天、广联达主攻设计与仿真CAD/CAE；屹唐半导体、北方微电子、中微半导体主攻先进制程工艺与设备；长江存储、奕斯伟、中兴微电子主攻IC/芯片制造设计；亮风台、Nreal、视+等企业构建AR与VR生态；铂力特、先临三维、极光科技主攻3D打印增材制造；寒武纪、中星微、深鉴科技主攻人工智能芯片等硬核科技；地平线、黑芝麻、芯驰科技主攻智能汽车SoC；蔚来汽车、小鹏汽车、理想汽车不仅是造车新势力，更是智能汽车基础设施、应用生态的潜在构建者。

从种子基石企业到基石潜力企业，市场细分、技术下沉、底层硬件的特点更为明显。因而它们与联想、华为等一线长期基石企业之间的关系更为紧密，其中几乎所有 IC/芯片设计制造企业、IDM/OEM/ODM 企业，都在联想、华为等企业的采购供应链里，甚至联想还对寒武纪、芯驰科技等进行了投资，另外，联想也是蔚来汽车的早期投资者，联想控股间接投资支持了银河航天的发展。京东方直接投资了燕东微，间接投资了奕斯伟、江苏艾森半导体、英集芯科技、深圳中科飞测、思特威、集创北方、合肥顾中封测、上海飞凯材料、乐鑫科技等半导体相关企业。

七、数智共生：重新理解业态关系和基石企业的生态角色

不同类别、层次的基石企业之间，以及基石企业与所在产业链之间，是生态合作、互相成就的关系，这与"数智共生"的概念基本对应。联想等长期基石企业和各行各业企业在融智赋能这个角度的合作，也完全是一种"数智共生"关系。

从全球产业链这个更大的范围来看，中国企业尤其是基石企业在弥补自身短板、增强自主能力的同时，积极参与全球化分工协作体系，以开放的姿态进入国际市场大循环，有助于从国际供应链网络、技术网络、人才网络、市场网络、资源网络获得创新滋养，优化要素配置，放大自身技术研发投入的产出和回报，提升自身技术迭代能力。中国新 IT 基石企业、种子基石企业、基石潜力企业与全球市场之间也是一种"数智共生"关系。自主创新与外引内联、开放合作并不矛盾，完全可以并行不悖。

在长期基石企业的海外营收占比当中，联想为 60%～70%，比例最高，且其海外业务的赢利能力近年来有显著提升。在 2021 年，TCL 海外营收占比约为 50%，海尔为 51%，华为从 2019 年的 50%左右下降到 40%以下，京东方约为 54%，上海华虹约为 36%，阿里巴巴约为 20%～25%，比亚迪约为 16%，腾讯、百度均不足 10%。在科技企业中，联想、华为、TCL、海尔对这个产业最重要的价值之一，是他们在实现了中国制造的基础上，历经多年开拓形成了全球化业务网络。他们是大航海时代的第一批拓荒者。在此意义上，第一、二、三梯队企业可以进一步携起手来。第二、三梯队企业的技术通过联想等第一梯队企业的产品服务和市场网络走向全球。

珍惜已有的，培育未竟的。与世界数智共生，在中国数智共生。对于"新IT的双循环"，这个双循环需要数智共生的观念。珍惜每一粒种子，培育每一个希望，创造每一个可能性，宽容每一个不确定性。实现智慧科技、数智中国的发展，每一家企业都有其不可或缺的作用，把国内和国外、行业和行业、企业和企业、企业和用户的关系看作相辅相成、数智共生的生态关系，可能更容易得到如何做大做强数字经济的正确答案。

八、2021—2030年，新IT基石创新扩散图景

在明晰基石产业、基石企业的基础上，我们还需要明晰基石创新。也就是说，要使新IT智慧科技产业面向两个循环，未来要着力进行基础创新，着力为各行各业的关键领域融智赋能，以及着力为数智经济的发展提供所需的数智基础设施。笔者将其绘制为一幅新IT基石创新扩散图景（见图2）。

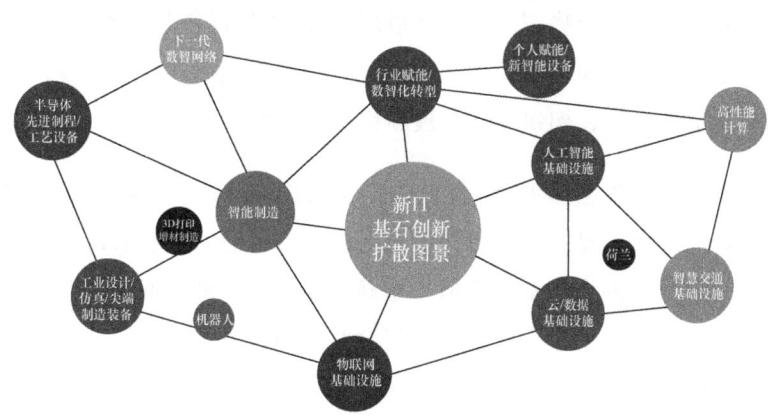

图2 新IT基石创新扩散图景

新IT基石创新扩散图景中包括行业赋能/数智化转型、个人赋能/新智能设备、人工智能基础设施、云/数据基础设施、物联网基础设施、智慧交通基础设施、智能制造、下一代数智网络、高性能计算、半导体先进制程/工艺设备，工业设计/仿真/尖端制造装备等。通过新IT基石创新扩散图景，我们可以看到，长期基石企业、种子基石企业、基石潜力企业，在新的创新周期以及相应的创新扩散周期到来之际，都在充分发力，TCL在2022年投资10亿元用于新的制造业务，联想过去3年分别研发投入102.03亿元、115.17亿元以及120.38亿元，预计未来3年

的研发投入还会翻番。

在这样一幅图景中，创新与创新扩散同等重要，把新 IT 产业企业调动起来和把一亿多个市场主体"武装"起来同样重要，在帮助千百万家企业、商户，以及千百万个行业、机构融智赋能方面，数十万家智慧科技产业企业同等重要，长期基石企业、种子基石企业、基石潜力企业也同样重要，它们在不同层面发挥不同的作用。

经过改革开放三四十年的发展，中国已形成初具规模和体系的科技产业，已形成各具特色的企业梯队。我们要珍惜这样一个基础，在资本、政策、市场、舆论等多个维度给予这个战略性的基石产业更多支持、鼓励和包容，创造一个生态，而不是只走一条路、只过一座桥，只有这样，这个关键领域才可能从无到有、从大到强，才能相辅相成、良性循环、数智共生。在新一轮科技革命和产业变革加速演进以及复杂严峻的形势下，才可能以新 IT 赋能各行各业，才可能产业升级、经济升维，才可能实现面向数智经济的意义重大而深远的历史性转变，才可能适应打造未来竞争新优势、构建未来发展新格局的迫切需要。

在多层次的产业生态体系、多样化的企业成长路径、多点位的创新扩散图景、多维度的数智经济基础设施中，不同角色各有各的任务、各有各的使命。仅就长期基石企业而言，华为将会是一个努力重新被定义的企业，联想将会是一个重新被理解的企业，腾讯、阿里巴巴、百度将会是重新找到自己位置的企业，海尔将会是在合适的时候进行生态整合、重新聚力的企业，TCL 将会是一家重拾底层驱动的企业……

杨培芳
以信息化之巧，补工业化之拙

杨培芳，信息社会 50 人论坛理事，中国信息经济学会前理事长，教授级高级工程师；曾任国家信息技术政策起草组成员、国家 S-863 高技术研究发展计划核心组成员，负责和参与多项信息产业领域的改革与发展政策研究，2014 年被《经济学家周报》评为"年度十大著名经济学家"。

一、农耕文明时代中国并不落后

在人类几千年的农耕社会中，中国并不落后。无论是在作物驯化、纺织技能领域，还是在丝绸工艺、陶瓷产品领域，甚至是在天文历法和数学领域，中国都曾居于世界领先地位。

现在许多学界精英经常为"李约瑟之谜"和"钱学森之问"纠结，笔者认为，人类历史是不断变化的，谁能适应新型生产力发展，谁就能引领世界。200 多年前，欧洲经历第一次工业革命（蒸汽革命），世界经济重心从中国转移到欧洲；100 多年前，第二次工业革命（电气革命）又让蒸汽机退出历史舞台，世界经济重心也随之从欧洲转移到美国。中国复兴的机会早已不存在于工业文明中，而存在于信息文明中。

笔者认为，中国人并非做不好高新技术，并非只适合在国际分工中搞农业和日用品加工。面临工业社会向信息社会的转型，中国的信息产业从网络应用领域转移到体系标准与核心技术领域，具有明显的后发优势。

二、中国历史文化或不适应工业文明

虽然中国在农耕文明时代也有过许多辉煌历史，但是到了工业文明时代，我们不得不承认自己的落后。在第一次工业革命以后，明清统治者自恃物产丰腴，兵强马壮，视西方工业文明为雕虫小技。到了近现代，许多志士仁人致力于实业救国，但收效甚微。直到新中国成立，我们才在钢铁、建筑、石油等重化工领域打下比较完善的基础，也在轻工、电子、通信、航天、高铁等领域做出骄人的成就。但是我们也必须承认，我们的许多关键技术仍然落后于西方发达国家。于是出现了两种截然不同的观点：有人认为中国已经从经济、科技、军事上全面超过西方；有人却认为中国工业总体水平仍然处于世界第三甚至第四梯队。

笔者较赞成第二种观点，但是现实情况却并非如此悲观。若我们了解中国农业、机械、轻工、国防、科技领域的前沿，就会发现中国工业的两大劣势：一是精细加工能力缺位；二是材料提纯能力不足。这背后隐藏着一个根本原因，就是中国文化是建立在模糊整体论基础上的文化，缺少一种精细化的工匠精神，而西方文化的哲学基础是个体还原论，更适应以精细制造为核心的工业时代。

三、用信息化之巧补工业化之拙

多年前，中国信息领域的专家曾提出利用信息化的后发优势，实现社会经济的跨越式发展，这后来成为我们的一项国家战略。其内在机理就在于，中国的历史文化更适应信息生产力的发展。中国有沉淀了几千年的农耕文化，在工业时代几乎成了历史包袱，因而失去了继续在经济领域领先的地位。但是按否定之否定规律，在流变的历史长河中，中国又迎来了信息文明这个千载难逢的机会。然而西方在传统工业化道路上走得太远，只有东方文化中的灵性、包容和重视关联作用的基因更适应未来的信息社会。

首先，中国 14 亿人的巨大市场，决定了互联网的应用创新比西方更容易成功，这在电子商务、网络支付和社交领域已经得到了证明。其次，中国在网络标准、软件编制和芯片设计方面具有明显优势。在美国和欧洲的许多顶尖实验室里，都有华人科学家担纲。在国外实验室，负责高新技术项目的大多是华人，其次是印度人和爱尔兰人，而美国人多在做高层组织管理工作。

在 IT 领域，中国公司首先把先进芯片设计出来，其次拿到欧洲做加工，甚至可以购买整个加工设备并加以改造。按照经济规律，中国完全可以实现从应用创新到基础技术创新的跨越。

在移动通信技术领域，在 1G 时代，中国从网络设备到手机终端完全依赖进口；在 2G 时代，国产手机开始占有一席之地；在 3G 时代，中国提出世界三大标准之一；在 4G 时代，中国提出世界两大标准之一；在 5G 时代，中国公司几乎独揽移动通信网的基础标准。任正非曾经说过，我们在信息通信领域已经进入了无人区。

伴随信息技术的渗透，中国高速铁路、公路、桥梁、隧道技术，已经走到世界前列，水利工程、高压输电也有了一定的发展。可见中国的文化基因更适合推动公共基础设施和社会化服务领域的发展。

可以预测，当 IT 技术发展到物联网和人工智能甚至量子技术阶段时，中国信息文明优势将不只表现在 IT 产业，而是通过"互联网+"的方式，快速向整个经济和社会领域扩展辐射。

四、大力发展现代服务业

服务业可分为工业时代的传统服务业和信息时代的新型服务业。在过去，服务大多指的是传统服务业，如理发、餐饮和商业等。现代服务业的发展早已超出了传统服务业的概念，而现代经济学理论无法解释现代服务业的发展规律，包括 GDP 统计和三次产业的划分都需要重新考虑。

人类社会从自给自足、部分分工，再到完全分工，服务业规模越来越大，最后会大到什么程度呢？我们可以通过构建一个演化模型做进一步分析。2014 年，美国工业增加值占 GDP 的比重为 17%，而农业则不到 2%，剩下的都是服务业。国家统计局数据显示，在 2016 年和 2017 年，中国服务业增加值占 GDP 的比重都是 52%左右，但在 2016 年，服务业就业人口占总就业人口的比重为 43%。

发达国家服务业的经济效率为什么低于工业？《后工业社会的来临：对社会预测的一项探索》的作者丹尼尔·贝尔曾发现，随着人类生产活动重心从商品到服务的演变，经济效率会越来越低，财政危机很可能成为一个难以解决的问题。目前，中国服务业以43%的就业率创造了52%的GDP，很可能是因为中国作为后发国家，直接发展了新兴服务业，如信息通信业、互联网平台，以及信息通信与许多生产型服务业相融合的行业，这些行业的经济效率都不低，而且都是持续增长的。

我们要从历史的角度看待问题。农户养牛种地是农业，造拖拉机是工业，在互联网平台上实现农机共享服务是现代服务业。在过去，工厂组建车队、兴办食堂等，都是工业。目前工业企业都在共享专业运输能力和其他社会化能力，既提高了内部效率，也提高了社会效率，这是值得肯定的趋势。

软件产业从工业转变为服务业已成为社会共识。在软件即服务（SaaS）、信息即服务（IaaS）、3D打印普及以后，出现了制造即服务（MaaS）。这些都直接影响了产业政策和经济理论，甚至会对社会未来产生颠覆性影响。现在许多学者开始呼吁回归实体经济，他们把传统工业看作实体经济，而把服务业看作虚拟经济。笔者认为，回归实体经济是个伪命题，互联网平台不是虚拟经济，而是新实体经济。

五、必须重视新经济理论研究

目前对新型服务业内在机理的研究还非常少。在工业时代也曾有过一些服务经济学相关专著，但是研究不够深入，理论还较浅显。如果我国学者能深入研究现代服务业，尤其是新型服务企业的内在机理和外部环境，那么将是一件极好的事情。

信息服务业的价值规律、成本收益规律与工业企业完全不同，需要全新的经济政策环境。互联网平台确实存在利用丛林法则垄断市场的倾向，但是它又不同于传统工业时代的铁路、矿产的自然垄断和行政垄断。新经济既不能放任市场无序发展，又不能完全依靠政府直接管制，而是需要一种新型的社会协同治理模式。

亚当·斯密在研究早期的工商业时发现"看不见的手"，钱德勒通过分析铁路和电报的作用发现政府这只"看得见的手"，而中国信息经济学者通过分析互联网的作用，已提出协同互利的"第三只手"的概念。厉以宁曾讲过，古典经济学提出过一个叫"理性经济人"的假设（"经济人假设"），人们都是以最大利润、最小成本对事物进行判断的，但这仅适用于工业化初期，目前观点已经开始发生改变，称为"社会人假设"。也就是说人不一定完全按照经济学的理性人的方式来做事。例如，对于企业的相互竞争，"经济人假设"提出要拼搏到底，但最终可能会两败俱伤；而"社会人假设"提出人应该考虑到协商、和解、双赢。

这些都代表新经济理论的演化方向，应该吸引更多年轻的学者深入研究下去。

六、信息生产力必然催生新型生产关系

有人说："互联网将使我国回归计划经济"，笔者认为他们并没有理解互联网的真谛。耕牛生产力的时代特征是独立分散，机器生产力的时代特征是集中垄断，信息生产力的时代特征是分布关联。在自由市场经济和集中计划经济之外，一定有第三种经济形态，那就是协同互利经济。

工业时代的经济学者受当时自然哲学的影响较深，思维方法停留在一分为二的原子论阶段。他们认为社会只有个体和集体、私有和公有、市场和政府、利己和利他这些元素。信息时代思维应该是量子思维，除了个体和集体，还有一个非常重要的相互关联（纠缠）的"胶体"，也就是社会协同、互利共赢。我们必须坚持辩证唯物主义，相信新型信息生产力必然催生新型生产关系。

余晓晖
工业互联网与数字化转型的进展

余晓晖，信息社会 50 人论坛理事，中国信息通信研究院院长、教授级高级工程师，中国信息化百人会成员，工业互联网产业联盟理事长，国家战略性新兴产业发展专家咨询委员会委员，制造强国建设战略咨询委员会智能制造专家委员会委员，工业和信息化部通信科技委常委。

一、全球数字经济发展加速

习近平总书记在 2021 年中央政治局第三十四次集体学习时强调：数字经济发展速度之快、辐射范围之广、影响程度之深前所未有，正在成为重组全球要素资源、重塑全球经济结构、改变全球竞争格局的关键力量。我们要推动数字经济和实体经济融合发展，把握数字化、网络化、智能化方向，推动制造业、服务业、农业等产业数字化，利用互联网新技术对传统产业进行全方位、全链条的改造，提高全要素生产率，发挥数字技术对经济发展的放大、叠加、倍增作用。

从全球看，数字经济增长明显高于经济增长整体情况。中国信息通信研究院对 2020 年 47 个国家的数字经济增长情况做了测算，这些国家整个名义增长值比 GDP 要高 5.8 个百分点，中国数字经济增长也明显高于整体经济，这是一个全球基本态势。预计"十四五"期间，数字经济增长能够保持年均速率约 9% 的增长，到 2025 年会超过 60 万亿元的规模。从过去 2 年的趋势来看，全球数字化转型会进一步加快，2021 年全球数字化支出同比增长 15%。预计未来 3 年全球数字化支出会达到 17%，比前 3 年高 6 个百分点。麦肯锡研究认为，新冠肺炎疫情使全球各个领域的数字化进程提前了至少 6～7 年。从国内和国际情况来观察，整个全球数字化转型加快非常明显，而且是一个不可逆转的态势。

未来经济社会的每个领域都会面临深刻的数字化转型，很多业务流程和产品服务都会通过数字技术、智能化、软件化，重新塑造、重新定义，或者进一步优化。在这个大架构下，产业数字化是主战场。据中国信息通信研究院测算，我国2020年数字产业化的比重是7.3%，产业数字化的比重是31.2%，而在2005年，数字产业化和产业数字化的比重均约为7%。所以在过去十多年里，数字产业化并没有很大幅度增长，但是产业数字化增长非常快。这也反映了一个事实，数字技术是国民经济发展的先导性领域，而数字化主战场还是在各个传统的经济部门，是一种正外部溢出。预计"十四五"期末，在数字经济领域，数字产业化比重和产业数字化比重分别约为20%和80%，产业数字化产值将达到50万亿元，数字产业化产值约为10万亿元。

二、工业数字化转型的内涵与路径

回到数字化转型这个话题，在过去几十年里，我们经历了信息技术与经济社会各个领域的结合，过去讲信息化，现在强调数字化，可能从不同角度看有不同的含义，但本质上没有什么不同，讲的都是信息技术作为通用目的性技术驱动经济社会发展变革的过程。在有些场合讲制造业或工业的数字化、网络化、智能化时讲的是狭义的数字化转型，而广义的数字化转型，包含狭义数字化、网络化、智能化的全部内容，是过去几十年信息化浪潮里的一个自然发展过程，也是一个新的发展阶段。

但现在看信息化与数字化还是有一点很不同，我们过去强调的信息化，从工业企业的视角包含生产层面的自动化和经营管理层面的信息化，它们的核心都是流程驱动的，通过生产流程、企业管理流程的自动化，将人解放出来，实现大规模精益生产、精益管理，显著提升生产效率和运营效率；而现在数字化的一个重要特质是数据驱动，强调敏捷性、实时感知、动态优化和全局智能化决策能力，实现数据驱动的商业模式变革，带动全要素生产率的提升。

数字化转型是一个系统变革，其中最关键的是业务。业务转型有两个要素。第一个要素是连接范围，通过网络实现从生产系统到企业、再到产业价值链的连接，连接范围有多大，也意味着数字化转型所涉及范围有多广。然而，不同的行业、不同的企业，有不同的取舍或不同的切入点。第二个要素是深度，数据智能和企业核心业务、生产、经营管理结合的深度，也会决定价值的高低。数字化转型是一个系统性变革，通过业务转型驱动整个运营体系的转型，组织变革是一个全面过程，而业务转型是关键。在这个过程中，通过连接和数据的深度应用，一个新的优化范式会形成。所以，现在讲数字化转型和过去20年、30年的信息化、自动化还是有些不同的，引入了一些新的特质、新的要素。

在推动国家工业互联网发展的进程中，我们总结抽象出一个工业互联网模型，包括物理世界和数字空间两个部分。构建这个新的优化范式的一条线索是这次变革最重要的特质，即数据驱动，物联网、互联网把各种异构数据采集起来，基于数据进行机器学习、建模分析，利用数据科学进行决策优化。但是只有这条线索是不完整的，在各个行业应用中，都需要每个行业结合自己的知识积累，把这些知识和数据科学结合在一起，构成"数据驱动+行业机理与知识"的优化范式。把数字科学和传统物理世界的行业科学结合在一起，是工业互联网或者数字化转型中最重要的一个方法论，也是我们现在讲的第四次工业革命中最主要的一条路线。

这个方法论具体到每个行业、每家企业的时候，会有非常大的差异，这个差异来源于每个行业自己的比较优势，以及需要解决的痛点和难点问题。这里列了一些目前正在进行的数字化变革模式，例如，"数据+知识"会形成一个新的研发范式变革，数字化生产会带来制造模式变革，产品体系智能化会带来产品体系增值和重塑，数据驱动会带来各种创新和商业模式，以及产业组织变革和资源配置优化。几乎在每个行业中都能看到所有模式，但是对应每个行业有不同的路径选择。

三、不同行业的数字化转型有不同的演进

数字化转型是决定企业未来发展必不可少的一条路径。但是具体到每家企业，究竟怎么用数字技术、怎么能够带来价值，还是有很多挑战的。

例如，对于汽车行业，汽车管控一体化和用户服务成为一个共享模式，另外，造车新势力的兴起也是一个重要现象，用户参与、大规模的定制化生产、电力驱

动、网联化、智能化结合在一起，带来了汽车领域的深刻变革。过去汽车工业是高度自动化、信息化的，在此基础上也有很多新的数字化演进。

在装备行业，复杂装备的设计和运维有很多数字化实践，一方面是前端的研发设计，另一方面是后服务市场。在原材料行业，传统的安全和环保管控仍然是重点，此外，全产业链全流程优化也变得非常重要，因为中国在钢铁石化行业的自动化、信息化水平极高，但整体产业链的效益差距比较大。消费品行业结合消费品特点和要素，利用数字技术重新定义商业模式。电子信息产业数字化有一个很重要的价值就是提升产品良率。在能源行业，会出现从能源生产到服务的新兴生态经济，未来也会和双碳结合带来很多机会。

不同行业有不同特点。数字化转型为数字技术供应商带来了巨大挑战，由于面临每个行业的高度个性化和碎片化，所以对数字技术产品软件和平台要求很高。

四、平台经济与常见类型

过去几年，整个平台行业有了快速发展，也带来了两个趋势。一个趋势是全球对消费性领域的平台经济的监管在加强，包括中国、欧洲和美国，基本上从2019年开始，各国陆续出台了相关监管和规范措施，以及相关法律。另一个趋势是面向生产领域的数字化平台快速发展，而截至2021年，数字化平台数量增长的势头已经有所放缓，整个数字化平台开始市场整合，全球数字化平台的市场集中度明显提高。截至目前，从国内到国际，还没有任何一家面向工业生产的平台企业能够像谷歌、亚马逊一样建立起自己的平台经济。

中国的数字化平台数量还在增长，有影响力的平台有150余家，中国信息通信研究院监测到的超过1000余家，有28家"双跨平台"，也有很多聚焦于特定行业、特定专业领域，以及面向不同企业的技术平台。目前看来，中国的数字化平台最为多元化，实践场景最为丰富，而且涵盖领域也非常丰富。

中国整体数字化平台能力也有明显进步。从3个层面来看，边缘层的边缘智能、边缘协同能力明显增强；PaaS层是最关键的，比如研发设计板块、人机交互、低代码开发、工业模型设计、信息模型设计、数字孪生等能力都在快速提升；此外，平台的生态意识也在增强。但对标全球最好的平台，还是有不小的差距。

从平台布局来看，数字化平台有4种常见类型。第1种是解决方案交付型，以项目交付制作为突破，一般常见于在垂直领域有很深积累的企业。第2种是"操作系统"型，这类平台一般有非常强的水平和能力，如微软可以同时涵盖很多不同领域。第3种是超级工业软件型，如西门子、达索、PTC。第4种是产业互联网型，中国互联网企业大多基于大数据和人工智能构建产业互联网，打通消费和生产。当然这些都是阶段性发展情况，大家都希望在制造领域或者实体经济领域做出自己的平台经济，很多模式会相互交叉，不断演化迭代出新的模式。

无论是制造企业基于自身沉淀出知识模型，再经过数据积累进行迭代和演化，不断提升，还是技术企业通过数字技术增强，不断利用新AI技术等对行业进行学习、形成提升，都是异曲同工，即通过不同路径把平台所需要素进行信息积累。但值得注意的是，完成工业软件是实现这个平台价值关系的最终环节。即使有了数据、有了连接，如何把它变成用户所需要的价值创造出来，最后还要通过工业软件去实现。

近年来，数字化平台的迭代速度很快，需要大量投资，而市场比较碎片化，或者说行业差异非常大，所以截至目前，中国的数字平台企业面临的资金压力、商业模式变现速度挑战非常大，但是已经有很多优秀企业在快速成长和发展了。

五、热门技术：5G、人工智能、数字孪生、可信数据空间

5G在中国的发展速度很快，但大众认知的5G和真正的5G的发展其实有一定差别，比如在中国，可能很多人都觉得5G发展得没有那么好，但实际上，中国的5G其实比4G发展的要快很多。中国进入4G时代是在2013年，而全球4G的启动是在2009年，中国大概晚了4年，在此之前所有要素都相对完善了，所以进入即为高峰。但是，对于5G，中国与美国、韩国第一时间同步部署，因此，中国是引领者、引导者，意味着要做很多试错。一些典型的全球5G应用探索如图1所示，我们可以看到，产业数字化的比例接近60%，都属于广义工业互联网范畴，这一点和过去的4G技术有很大不同。

5G应用：进展比想像的要快

5G商用部署

- 截止2022年2月，83个国家/地区的209家网络运营商商用；截止2021Q3，全球5G网络人口覆盖率为22.19%。
- 截止2021年年底，我国建成5G基站超过142.5万个，占全球全部5G基站的60%以上。

全球5G和4G用户使用量的比较
来源：Ericsson Mobility Report, 2021.11

全球5G应用探索

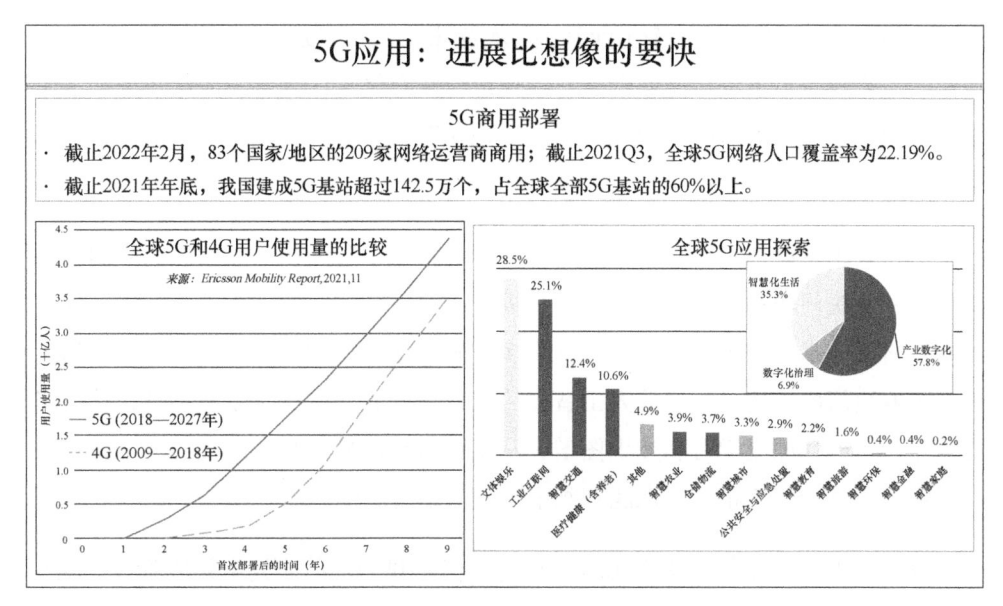

图 1　典型的全球 5G 应用探索

为什么在国际上人们对 5G 有那么多的关注，包括与 5G 有关的全球博弈会有那么多，这是因为 5G 涉及更多场景，包括生产领域的场景都是过去没有的。另外，5G 不仅是一个信息传输的技术，还集成和组合了一系列新的信息技术，如与计算的结合，与人工智能技术的结合，与 AI、VR 技术的结合，都有很大的变革潜力。

5G 在矿山中的应用非常刚需，例如，5G 在进入矿井后，可以使工人在井下的采掘面后退 200 米，工作人员可以远程进行操控，这对产业来说可能是一次很重要的变革。又如，华为的团泊洼工厂，被认为是全球最新的 5G 工厂，通过"5G+人工智能+边缘计算"技术能够代替人工操作，通过柔性生产，产线调整时间会大大缩短。很多小变革看起来微不足道，但是后续会带来很多巨大的变化。

但是截至目前，所有的 5G 生态领域应用都属于增量创新、边缘革命，不用改变现有的核心生产体系，也基本不用改变生产线，都是在外围发生的。在未来 5G 发展的重要领域，要把 5G 变成工业装备、自动化系统的一部分，就要解决时间确定性同步等问题。

如果 5G 能下沉变成一个工业基因，就意味着 5G 可以把计算能力下沉，也可以把人工智能技术下沉，能够带来一系列组合性变化。目前 5G 应用还处在非常初期的阶段，5G 标准和产业化还不成熟，但是在这个过程中我们可以看到很多有意思的应用场景，这是我们未来可以推动的方向。

对于人工智能在工业领域的应用，一方面，人工智能在工业领域的应用使传统决策和解决问题的精度、速度有明显提升；另一方面，新一代人工智能技术，如数据科学技术的应用，也可能解决许多过去无法解决的问题，突破一些障碍，扩展可解决问题的边界。目前人工智能应用比较广泛的有传统专家系统、传统机器学习、新一代深度学习和知识图谱。从工业智能的推进来看，我们离全球最先进的水平尚有一些差距，但也能看到中国发展速度之快。

目前看来，工业数字孪生比较受重视，但是我们目前还处于初级阶段，80%的应用场景还处于可视化描述阶段，也有少数企业开展了更高水平、更具深度的决策优化，但这个比例还非常低。另外，对于工业设备数字孪生，无论是车间级还是工厂级，都是未来非常重要的发展方向。无论是中国、美国，还是日本、欧洲，对于把数字孪生作为工业数字化转型的一个重要方向，都有高度共识。

欧洲、日本、美国都不同程度地推动了数据空间的发展。但所有国家都基本上有这样一个共识，就是如何将数据利用起来，建立一个可信数据流动使用的环节。欧洲曾计划到 2030 年建立 9 个数据空间，这 9 个数据空间包括制造、能源、医疗、交通等。中国目前也有尝试，中国信息通信研究院正在从工业入手，与合作伙伴一起推动相关建设，但仍需要考虑设计原则，如如何确保每个企业的数据主权自主可控、中间如何构建规则体系等。

吕廷杰
时代在变革——浅谈数字经济与文创产业发展

> 吕廷杰，信息社会50人论坛理事，北京邮电大学教授，重庆邮电大学经济管理学院院长，中国信息经济学会常务副理事长，国际通信协会常务理事，工业和信息化部通信科学技术委员会委员，工业和信息化部电信经济专家委员会委员。

一、从信息经济到数字经济的转型

人类社会的第三次浪潮——信息化始于20世纪60年代大型商用电子计算机的出现，后经70年代的小型计算机、80年代的PC机、90年代的桌面互联网、2000年的移动互联网、2010年的云计算与大数据，以及2020年开始的5G与人工智能相结合的智慧地球时代一直走到今天。

根据未来学家托夫勒的观点，人类文明第一次浪潮的出现是因为开发利用了物质资源，有了铜器和铁器。开发出锄头和犁耙之类的先进生产工具后，社会生产力水平因此大幅度提升。到了第二次浪潮的工业文明时代，人类发现了能源，因此开发了动力化的工具，这种工具的特点是只需要人操纵它，并不需要人的力量驱动。随后便有了蒸汽机、电力、机床和汽车这样的劳动工具，社会生产力水平再度大幅度提升。

人类的第三次浪潮是信息文明的浪潮，这时我们发现了一种新的资源——信息。然而不是所有信息对人类都有用，我们把对人类的有用的信息叫作知识。但是每个人获取信息的能力有限，处理信息的能力也有限，因此人类开发了新的劳动工具——网络和计算机。网络帮助我们获取信息，计算机帮助我们加工处理信息。托夫勒指出，未来一家企业和一个国家的核心竞争力，就在于它运用网络和计算机的水平，也就是信息化水平，如果拒绝拥抱信息化，那么必将被降维打击。

最早提出数字经济概念的是被尊称为数字经济之父的加拿大教授唐·塔普斯考特（Don Tapscott），他在 1995 年出版了一本专著 *The Digital Economy*，此后，他每 10 年出版一部经典专著，如 2005 年的《维基经济学》和 2015 年的《区块链革命》。第一个采用数字经济称谓的政府部门是美国商务部，其在 2000 年 4 月发布了研究报告《浮现中的数字经济》（*The Emerging Digital Economy*）。自 20 世纪 60 年代跨入信息经济时代以来，人类社会的新经济形态——数字经济正在逐步浮现出来。所以我们可以说：数字经济是信息经济的高级发展阶段，又称为后信息化阶段。那么数字化目标是什么呢？就是要开发并利用一种新的劳动工具，这种劳动工具既不需要人的力量驱动，也不需要人操纵，人类由此进入智能化工具时代。

当我们谈及数字经济时，常会出现自动驾驶、无人机和黑灯工厂等相关概念。黑灯工厂的出现是由于工厂里已没有工人，由机器靠传感器和算法控制并工作。或许有人会说，这不就是智能制造吗？是的，数字化实际上基本等同于智能化，所以现在有些研究者会直接将其称为数智经济。

站在社会生产力劳动工具的角度来看，数字经济的核心可被认为是工具的智能化。站在生产要素的角度来看，农业文明的生产要素是土地，工业文明的生产要素是矿藏和石油，而数字经济时代的生产要素则是数据。大数据可以是源于物理世界的数据、从传感器获取的数据，也可以是从社交网络、电子商务活动中产生的数据。当把这些数据组织起来之后，我们就可以对其进行分析、建模，从而感知、洞察、预测和优化这个世界了，这就是数据作为生产要素所产生的新动能。

在数字经济时代，处理数据的能力称为算力。目前我国的算力已经达到 135 EFLOPS（每秒浮点预算次数），相当于 13500 亿次的计算。一台计算机通常是 100 GFLOPS，相当于 13.5 亿台笔记本电脑同时计算。我国的算力资源目前位列世界第二，占全球算力资源的 31%。有分析资料显示，世界上算力资源位列前十的国家，正好也是 GDP 位列前十的国家，可见数字化水平与经济发展水平具有明显的正相关性。

二、信息科技改变艺术表现形式

3年前，笔者在喜马拉雅开播了课程《5G新机遇60讲》，其中谈到，5G带来了万物互联，那么物联网对人类有何用途呢？笔者曾在宣传队工作过，舞台上许多道具、布景、服装及人员，其实这些都可以用数字科技非常有序地进行分配和调度，甚至可以做到可视化管理，但这并不是数字化最主要的方面。

许多专业演员更喜欢舞台表演，如话剧或音乐剧等，其原因在于舞台表演时演员可以与观众互动。但是随着网络应用的发展和手机的普及，演员与观众在舞台表演过程中的互动也出现了很多问题。例如，在演出过程中，观众在台下不断拍照，会干扰演员的正常发挥，这样的情况在现场演出中时有发生。针对这个问题，笔者曾经给中国美术馆的管理人员提出过一个建议，他们可以设计一个二维码，观众扫描二维码就能够将展览的具体信息、图片收入囊中，而不需要在特殊灯光下违规拍照。

舞台的数字化转型使得演出方有了更多方式与观众互动。例如，观众能够通过扫描二维码获得主要剧照，还能直接将其发到朋友圈，将剧照发到朋友圈既为演出方做了推广，又不会干扰到演出。又如，观众能够通过小程序或微信公众号对演出方进行意见反馈，同时在未来还可以不断接收新的演出信息。可见，网络技术可以有效拓宽演出方与观众之间的互动方式，并使台上台下的交流更进一步地深入。

在曾经很长一段时间内，西方发达国家的眼动仪是不能向中国出口的。因为当戴上眼动仪观看计算机、电视、手机时，设备可以采集每个客户的个性化需求。无论是能够引起用户关注的某个色彩，还是能够引发用户关注的某段文字或某个人物，都可以被采集。可见在数字化时代，设计者在设计很多具有视觉效果的场景时，都会非常注重客户的反应，这与传统舞台方式有很大的不同。

前文已提及，大多数演员都喜欢出演舞台剧之类的舞台表演，因为可以和观众有直接的互动，可以有更大的即兴发挥空间。如果用数字技术赋能互动，那么数字科技就可以轻而易举地捕获客户的感知信息。

其实，很多艺术家都想了解社会热点及大众关注点，网络就可以帮助艺术家实现这一愿望。之前笔者曾受邀前往新燕莎中心地下二层的 Soreal 体验中心，现场是通过 AR 技术布置的沉浸式场景和实体物理场景的结合，观众可以扮演成电影《普罗米修斯》中的角色，同时现场体验的人们可以用参与性的 AR 场景做游戏。但是这其中有一个较大的问题，就是这一切均与网络毫无关系。每个人花费数百元来到现场，成本较高，且现场一次可容纳的人数也有限，甚至很多人根本不知道这个地方的存在。这就是传统艺术界的巨大瓶颈。

相信很多人都了解，借助网络把艺术创作推广出去是非常重要的。在世界前十大上市汽车企业中，资本市场估值最高的是特斯拉。2 年前，特斯拉的汽车板块一直是亏损的，靠补贴生存。但是其市值却在上市车企中排名第一，而且超过了排在其后的 9 个上市车企市值的总和，这其中包括奔驰和宝马。

传统车企通过研发、中试、生产、销售、售后服务的闭环来获取利润，而特斯拉之所以被称为汽车行业的苹果，是因为它采集了大量的数据，包括设备运行数据、驾驶习惯数据和行车记录数据。因此资本市场认为它正在颠覆传统保险业。由于每个人驾车习惯、开车熟练程度、每日驾驶里程以及每日路况的不同，所以需要为每个人针对性地确定保险金额，保险公司能够通过数据了解每个人的个性化需求。然而，传统保险公司未掌握相关数据。特斯拉很有可能利用数据颠覆传统保险业，重构汽车消费的商业生态。因此，我们可以了解到，数据是特斯拉的核心资产。也许很多人对车联网的理解是"传统汽车+互联网"，而马斯克一直声称他所做的是一个"移动通信终端"。

科技一直在推动着人类劳动工具的变化，同时也推动着艺术活动和传媒形态的变革。工业文明的出现使得电影这样可以批量生产的新艺术形态产生，随之也带来了艺术表现形式，如蒙太奇等的出现。在西方，观众在看歌剧、话剧时，一定要穿着正式，因为舞台剧是一个社交场所；另外，观众在看电影时，需要一动不动地坐在电影院两个多小时。这时，人们就萌生了把剧院、电影院搬到家里的想法，于是出现了电视。在电视出现的初期，很多人以为电视会替代剧院和电影院，但这并未发生，多种艺术形态依然并存着。然而，艺术未来的发展方向是什么，这是在各大艺术节上经常被讨论的问题。

电视出现以后，有人认为应该放弃剧院，也有人认为应该放弃电影院。但后来著名的 P&G 公司提出一个想法，公司把电视台每个周六、周日的时间段买下来，专门为电视打造一种适合在家中观看的电视剧形式，每 20 分钟一集，在每集播放的中间插播 10 分钟广告。P&G 公司最早是生产肥皂的，当时大量的广告都是肥皂广告，因此，至今欧美人还在把电视剧叫做肥皂剧。如今，手机上的应用越来越多，如樊登读书等，占据了人们大量的碎片化时间。随着人们生活节奏的加快，手机短视频逐渐流行，使得人们可利用的闲暇时间越来越碎片化，这为传统舞台剧等艺术形态带来了非常大的挑战。

三、数字经济时代的朝阳产业

众所周知，某种艺术形态的成长与发展取决于其吸引的观众数量，而观众的偏好数据决定了艺术家对社会需求的了解程度，这正是通过数字科技可以加以实现的地方。

技术可以使舞台上的真实场景和虚幻场景相结合，使现代人可以与古人对话、交流，甚至同台演出，可以使当代流行歌曲明星和已去世的著名歌星现身唱歌，也可以实现一个普通女孩与一位名模一起走 T 台。这就是基于混合现实（MR）的数字孪生场景。

近年来经常出现一些此类场景，一些音乐家在全世界不同地方同步出演一场音乐会。其实异地同步演出最大的问题是时间同步，信号传递的时延必须控制在 20ms 以下。在同一个空间接口下，5G 网络的传输时延可以缩短到 1ms，因此 5G 网络比人神经传递信息的速度还要快 10 倍。利用这样的网络技术举行异地合成音乐会，观众几乎无法感觉到演员身处不同地方。我们可以想象，如果有一个非常重要的演出活动，但是一位演员因飞机晚点不能到达现场，那么有没有可能进行异地同步演出呢？

数字科技的发展与应用，将带给人们更大的想象空间，同时造就了许多网红。互联网本质上是一种草根化的平台，这与传统艺术形态明星化、中心化的模式正好相悖。然而，正是这个特征，使我们看到了未来的一个朝阳产业。

人工智能可能是人类开发的科技中，创造的工作机会远远少于消灭的工作机会的一种技术。它将会替代很多领域的工作岗位，包括司机、保安、律师、会计，甚至医生等。虽然人们已经列举了很多职业，但唯独没有艺人，这是因为文化艺术的创新靠的是差异化。我们可以预测，文创产业将会是未来的朝阳产业。

人们对于科技发展导致劳动者下岗的担忧，在工业文明到来的初期就曾出现过。随着工业文明的到来，一台机器的工作量能够顶替 10 个工人，导致下岗人数增多。生产效率再高、产品再多，人们都没有能力购买了。因此出现了经济萧条和通货紧缩，并会由此引发战争。到了后工业化时代，虽然各种危机不断，但是并没有引发战争。主要原因是下岗工人都找到了适合他们的就业领域，即第三产业——服务业。

工业化带来了生产效率的提升，直接提高了西方发达国家工人的收入水平。原先的下岗工人开始经营民宿、酒店、餐饮，实现了国民收入的二次分配。这就是为什么西方越发达的工业化国家，其服务业比重就越高。服务业早就存在，但由于其解决了宏观经济的就业问题，因此上升为国民经济第三产业。随着数智经济的发展与深入，我们可以预想，未来可能会产生第四产业——文创产业。

发展数字科技赋能的文创产业有两个战略意义：一是吸纳大量就业人口；二是拉动社会信息消费。

四、数字科技赋能元宇宙

目前，在文创领域最值得关注的一种商务引擎就是元宇宙。

通过梳理，我们可以发现，目前的科技主要沿着两条主线发展：一条是基于能源的主线，从蒸汽机到石油，到电力，再到太阳能，能源供给方式的多样化，催生出电动汽车和空天互联网等很多应用；另一条主线正在沿着信息技术的发展展开，元宇宙就是沿着这条主线发展的一个代表。

回顾历史，从工业仿真到数字孪生，人们一直在寻找一些方式来模拟物理世界。特别是随着人类数字化进程的推进，人们通过 CPS（信息物理空间）融合的方式解决了很多在复杂的商业活动中，我们无法实现，或者成本过高、危险过高的问题，使得试错的成本几乎为零。我们可以称之为工业元宇宙应用。

当我们谈论元宇宙时，不仅要谈论它在工业上的应用，而且要谈论它在社交和娱乐上的应用。或许在未来，数字科技能够用短短 3 个小时的时间，带着我们走入成为音乐家的平行世界。在那个平行世界里，我们可能与过世的著名歌星或当代歌星有交集，我们可以与他们一起讨论伴奏的编曲或者副歌的表现方式。然而要实现这一切需要 3 个非常重要的技术来支撑：①过世的著名歌星或当代歌星的大数据；②保护著作权的区块链；③推理衍生相关场景的人工智能。

有人认为元宇宙最终将改变教育。互联网教育应该是人人为人人、大家相互学习。另外，互联网教育应该是个性化的，但现在的互联网教育并没有真正展现出个性化，可以预见，元宇宙将以寓教于乐的方式，为这个领域带来革命性的改变。

当然，如果将元宇宙应用于电商，线上销售可能会更加活跃，很可能会出现比现在的"直播带货"更加有趣的场景，此外，医疗、体育、工业、公安等都可应用元宇宙的技术。笔者认为，元宇宙一定会在数字化社会产生巨大的商机。

五、展望未来

笔者认为，未来的十年是社会数字化转型的十年，所有的行业都值得重新构建。那么，除了万物智联的工业互联网和产业互联网，未来最值得期待的趋势是什么？当然是第三代万维网（Web3.0）。

众所周知，互联网是由 1969 年诞生的美国军用数据指挥网络 ARPANET 演进而来的。如今，互联网已经几乎渗透到我们生活与工作的方方面面。这当中，商务引擎的作用功不可没。

1989 年，英国人蒂姆·伯纳斯·李（Tim Berners-Lee）领衔开发了第一代万维网（Web1.0）。他将各种内容分门别类地放在不同网络地址上，让人们利用搜索引擎访问自己感兴趣的内容，并实现了网页上的超文本链接。这诱发了第一轮互联网热潮，雅虎、搜狐、网易、新浪等门户网站应运而生。通常这个阶段被称为"可读"互联网阶段。

2000—2004 年，蒂姆欧·奥莱利（Tim O'Reilly）等人开发出第二代万维网（Web2.0）。这时，我们每个人都可以通过互联网发声。于是每个人都是内容的生产者，同时又是内容的消费者，平台经济模式浮现出来。脸书、微博、微信公众号、抖音等自媒体平台和各类电商平台如雨后春笋般涌现出来。我们通常称这个阶段为"可读/可写"互联网阶段。

Web2.0 蓬勃发展的同时，也带来了如下问题：①我们需要用不同的账户登陆不同的网站或者 App；②我们对自己在各个平台上的账号只有使用权，而没有拥有权；③网民的信息数据，如商旅行为、人际关系和偏好及购买习惯等，都成了互联网公司的资产；④如果用户手机上某常用社交 App 突然倒闭或被黑客攻击，那么用户过去的使用记录、建立的人脉资源，乃至收藏的知识就会全部消失。

多年来，人们一直在寻求解决这些问题的方法。随着区块链技术的出现，"区块链+互联网"将推动互联网从信息网向价值网转变，因此将会产生第三代万维网（Web3.0）。Web3.0 的基本特征是在可读、可写的基础上，让用户可拥有，这将带来以下重大变化。

（1）用户自己发布并保管信息，由于不需要任何中间机构来帮助传递，因此信息不可追溯，且永远不会被泄露。用户有一个全网通用的数字身份，可一键登录。数据通过分布式存储，不再依赖大厂服务器的集中管理。

（2）产生的任何数字资产都属于用户自己，如创作的文章、编写的代码、画的画、写的歌等。一切数字资产都会以"NFT"的形式储存在用户的个人账户里，这将打破平台对信息管理和算法的垄断，改变用户和平台的权利义务关系。

（3）因信息产生的经济利益将全部属于个人，不会被互联网巨头享用。这将改变当前信息经济的运转规则，让普通用户拥有更大的话语权。

试想一下，一个用户创作的一个表情包，在一天当中可能被人们使用了上万次，通过智能合约能够给这一用户带来收益。另外，如果有人点击浏览了一个用户晒出的照片上的冲锋服，并最终购买了它，那么这个用户可能因此获得商家的回报。这一切均是区块链的确权和资产数字化带来的权益流动性所产生的红利。可以预言，在数字科技赋能下的未来，人人上网将最终演进为人人获益，这同时也为文创产业的未来发展提供了丰富的想象空间。这的确是一个值得期待的美好前景，那么我们还需要担心数字经济时代的失业吗？

总之，笔者认为浮现中的这场数字化革命正在把中国的文创产业带到一个非常新的领域。中国有优秀的互联网公司，有好的设备制造商，因此有责任和义务引导 Web3.0 这场革命发生在中国。笔者一直坚定地认为，文创产业是中国非常重要的朝阳产业，是在数字经济时代支撑灵活就业的国民经济支柱性产业，理应积极拥抱数字科技，这正是历史前进的必然。

安筱鹏
平台型技术创新生态：数字时代大国竞争制高点

安筱鹏，信息社会 50 人论坛成员，阿里研究院副院长。长期从事信息产业及信息化领域的理论研究和公共政策制定工作。

技术创新在人类历史上从没有像今天这样如此重要。工业革命以来，英国、德国、美国、日本等国家的崛起，在于其各自成功建立了独特的科技创新体系。可以预测：哪个国家能够引领全球科技创新，哪个国家就能够在时代巨变中强力崛起。今天，新一轮的大国竞争，在很大程度上体现为各类技术平台及其生态系统所承载的创新体系之间的竞争。这一创新体系在美国发育得最为成熟，在中国则有待在新型举国体制下实现进一步融合和跃变。

一、全球数字科技创新和产业竞争加速转向平台化、生态化

平台型技术创新体系已成为下一个十年全球数字经济竞争的制胜点。平台型技术创新体系基于数字技术平台，面向海量创新需求进行精准感知和洞察，通过对全球创新资源的广泛连接、高效匹配和动态优化，构建起多主体协作、多资源汇集、多机制联动的创新生态，进而形成新技术、新产品、新业态快速孵化、规模扩散、持续迭代的新创新体系。

（一）全球数字技术和产业分化加剧

新一代数字科技企业已成为新技术创新的引领者。移动互联、人工智能、云计算、大数据、IoT 等新技术持续演进，加速了全球平台型公司崛起及国家竞争

实力的消长。在过去的10年中，基于平台的创新生态成为企业和国家竞争的焦点，从上市公司市值前十大公司排名来看，在2010年，只有两家数字科技企业位列其中，到2020年年底，排名前九位的企业无一例外均是提供数字服务或数字产品的新兴数字科技企业。

美国银行在一份报告中指出，2020年，美国仅科技公司的市值已超过欧洲所有公司的市值总和。中国和美国的公司在全球互联网平台30强中占到了90%，欧洲已错失互联网发展机遇，在人工智能、云计算、SaaS、IoT等新兴领域与美国差距进一步拉大。如应对不当，欧洲还将错失物联网及产业互联网发展的历史机遇。亚马逊、谷歌、苹果、微软等在云计算、软件、人工智能等领域的业务则以每年30%~60%的速率增长，市值在过去的3年增长了2~4倍，这4家公司的市值在2万亿美元左右。IBM、惠普、甲骨文等传统IT巨头的创新和收入增长乏力，市值仅相当于最高时的1/2。2020年，亚马逊在云计算市场的占有率约为40%。微软"断臂求生"，押注到云计算服务领域，云服务Azure年收入超300亿美元。

芯片产业平台化、生态化步伐加快。从PC时代的Win-tel体系，到移动互联网时代的"ARM+安卓"体系，围绕应用场景创新，芯片与操作系统所构建的产业生态一直是产业竞争的焦点。英特尔、ARM、博世、特斯拉、英伟达等行业领导者，围绕CPU、GPU、NPU等技术和产品，不断构建平台化、生态化的创新体系，打造开发者生态、软件生态以及垂直应用生态的协同，构建企业核心竞争优势。

以英伟达GPU芯片产品为例，传统GPU只用于图形图像处理，英伟达开发了软件平台CUDA（Compute Unified Device Architecture，统一计算架构），它提供了更灵活的编程接口，用户可以基于CUDA的框架和接口，使用C、C++、Java、Python等高级语言对GPU进行编程。这套软件工具平台帮助GPU成为科学计算最好的运算平台，特别是被广泛运用在人工智能、深度学习算法方面，GPU展现了相比CPU更强大的运算能力。同时CUDA屏蔽了底层复杂的多核硬件架构，其开放的软件平台大大降低了基于GPU硬件开发通用计算应用的复杂性。在2020年7月，GPU公司英伟达的市值第一次超过全球CPU霸主英特尔。

芯片是全球科技竞争的核心区域，芯片制造领域的"卡脖子"问题，主要是尖端 EUV 光刻机以及先进半导体厂商的禁售。除了制造环节，在芯片领域，美国还有两个关键"卡点"：一是设计芯片的 EDA 软件；二是核心器件，如 CPU 芯片的 IP。作为计算机运算中心和控制中心的 CPU 芯片，其核心 IP 是信息产业的生态基石，美国对其的垄断尤其值得重视。

传统制造业巨头纷纷走上数字化创新之路。在过去的 10 年间，美国上市公司的市值平均增长 1 倍、标普 500 指数增长 2 倍，而平台型公司增长 10 倍。传统企业巨头纷纷加速平台化转型，开始了工业互联网等创新之路。GE（Predix 平台）、西门子（Mindsphere）、施耐德（EcoStruxure）、罗克韦尔（Factory Talk Cloud）、ABB、三一重工、徐工等传统企业，围绕"智能机器+云平台+工业 App"功能架构，整合"平台提供商+应用开发者+用户"生态资源，纷纷打造工业互联网平台，试图强化工业大数据入口的主导权，培育海量开发者，打造基于产业互联网平台的新生态。业界也正在涌现出一批产业互联网平台独角兽企业，如美国的 Uptake、C3 IoT，中国的树根互联、徐工信息等。从全球范围来看，虽然数字化创新进展较慢，但产业平台化的潮流势不可挡。

（二）数字平台型技术创新生态是当前数字科技竞争力消长的重要变量

数字化将全球科技创新带入平台竞争、生态竞争、体系竞争、多维竞争、高频竞争的新阶段。核心是如何为科技创新与产业化之间的"断裂带"找到新路，百年来经历了 3 个阶段。

（1）产业创新 1.0：企业科学实验室制度。100 年前企业建立科学实验室是人类科技史上的创举，从白炽灯、无线电和 X 射线的发明，到晶体管、半导体、太阳能电池、C 及 C++语言、UNIX 系统、移动电话的发明，再到 DRAM、硬盘技术、处理器、关系数据库、网络、超级计算机等的发明，涌现了几十位诺贝尔奖获得者、10 多万项发明专利，是人类科技发展从个人自由探索转向制度化研发的里程碑。

（2）产业创新 2.0：基础共性技术供给体系。发达国家不断探索共性技术的供给体系和模式。二战后德国组建弗劳恩霍夫研究所，为中小企业共性技术、产品、工艺提供系统化的支持，今天这一机构也是德国工业4.0战略的发起者、组织者和实施者。美国政府曾提出要建立一个适应先进制造业技术工艺、快速高效商业化的国家制造业创新网络（NNMI，后更名为Manufacturing USA），计划10年内建成45个面向不同领域的扁平化和自治型的联合创新研究新组织。类似的战略也包括英国的弹射中心、中国的制造业创新中心等。其核心是整合政府、企业、协会、院所优势资源，建立跨领域、协同化、网络化的国家创新体系。

（3）产业创新3.0：平台型技术创新体系涌现。随着手机操作系统、搜索引擎、云计算、电子商务、社交生态、工业互联网的发展，多个快速增长、超级复杂、急速演化、在线统一的大平台开始浮现。它们一端连接着多维复杂的商业场景，对海量新技术提出实时、精准的需求，一端连接着海量基础技术和应用研究能力，能够构建起一个新技术高效研发、低成本验证及大规模、快速商业化的新场景和协同创新体系。而今，这些平台及生态系统，已成为新技术、新产品、新品牌、新商业模式的超级孵化器和核心加速器。

（三）创新生态主导权竞争是数字经济创新的焦点

基于平台的生态竞争是ICT产业的基本竞争范式，从20世纪80年代的Win-tel体系、20世纪90年代的搜索引擎、2000年的电子商务到2010年的iOS生态，大型互联网公司和科技公司不断强化搭建和运营大型"技术—商业生态系统"的能力，引领生态系统各个"物种"设定共同的发展愿景，推进形成清晰的"技术—商业"路线图和时间表，并为之付诸行动。

终端产品生态。苹果构建起以"iOS+开发工具+应用商店+各类App"为核心的产业生态，涵盖了数亿名用户、上千万名应用开发者、超过300万款App，以全球手机市场8.7%的出货量，获得了75%的利润。特斯拉等智能汽车新锐也正在将这种生态模式移植到汽车领域。

云计算开发生态。全球最大的云计算厂商亚马逊的AWS，2020年的收入增速为30%，超过了450亿美元，占据美国云计算市场40%的份额。2014年，AWS推出合作伙伴计划（APN），支持合作伙伴技术、商务开发，在过去的几年中，AWS的合作伙伴每年新增1万人。在AWS Marketplace上，已有2000多家软件供应商、6000多个应用软件、超过30万名活跃用户，AWS每年在计算、存储、数据库、物联网、人工智能、增强现实、媒体和企业级应用等方面新增2000种应用。

工业互联网生态如图1所示。2013年德国西门子开始推动核心工业软件和工业知识向云端迁移，启动传统工业平台化转型。2016年，西门子推出MindSphere平台，将客户、代理商、供应商、服务商资源聚合在平台，建立基于工业互联网平台的智能工厂运营和高端智能装备管理体系。目前西门子MindSphere平台上有1000多个大客户、650个合作伙伴、上千万台联网设备、10万名开发者，生态建设初具规模。

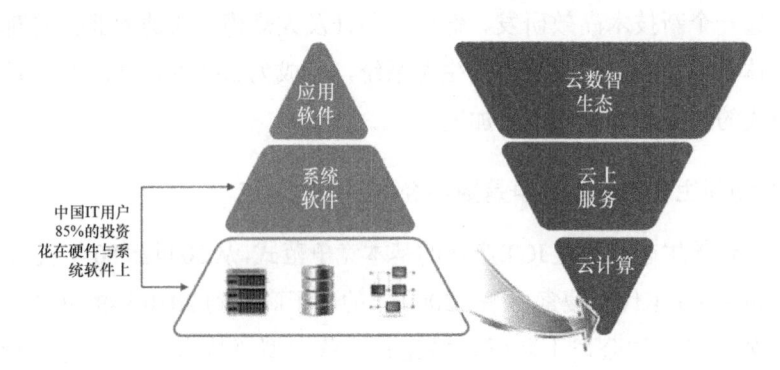

图1 工业互联网生态

整体来看，平台型技术创新体系正在全球范围内连接客户、供应商、开发者及合作伙伴关系，重构研发体系中信息流、产品流、资金流的运行模式，培育新的创新链、产值链、价值链，终极目标是掌握产业生态系统的主导权。

二、平台型技术创新生态是数字科技创新的主力军

未来10年，新型数字基础设施将加速"安装"到社会经济各类主体的运行之中，这场变革的进程与力度，将影响世界经济版图。在这一过程中，能否构建数字时代最先进的平台型技术创新体系，是决定从跟跑到并跑、领跑，并实现崛起

的关键变量。

（一）平台型技术创新弥合科技创新与产业化"断裂带"，架起一座跨越科技创新"死亡之谷"的桥梁

工业时代的 GE、IBM、贝尔实验室等新型创新主体，从供给端发力，开创了"基础研究—应用开发—产业化"的路径。如今，谷歌研究院、微软研究院、亚马逊人工智能研究院等，聚集了全球顶级科学家，基于平台精准捕捉海量需求，连接了产业化、技术开发、应用研究和基础研究，在重大基础理论、材料、算法、工艺等领域全面布局。这些研究机构已成为国家战略科技竞争的尖兵部队。

数字科技平台为科技创新与需求之间提供了精准对接和高效迭代验证的新机制，已成为新科技研发、扩散、产业化的孵化器、加速器，为创新跨越"死亡之谷"开辟了一条新路。以阿里巴巴为例，面对天猫"双十一"、零售行业淡旺季转换等极限场景，以 IBM 服务器、Oracle 数据库、EMC 存储系统为代表的传统 IT 体系难以应对，为了满足数亿个交易主体、超大规模数据处理、剧烈负载波动、高并发实时计算等技术需求，阿里巴巴于 2009 年从零开始重构云计算底层技术基座。

一是操作系统。操作系统是基础性系统软件，其核心功能是对系统内的各类软硬件资源进行统一管理，通常包括向下管理硬件资源、向上支持软件应用等。除了半导体芯片，操作系统也是国内被"卡脖子"的关键技术领域之一，仍严重依赖国外开发的 Windows、Linux、Android、iOS 等系统。阿里巴巴经过多年的自主研发，打造了一套强大的操作系统矩阵，拥有 4 款核心的操作系统产品（飞天云操作系统、Alibaba Cloud Linux、AliOS、AliOSThings），覆盖了云数据中心、服务器、移动端、物联网等多个领域。作为国内完全自主研发的云操作系统，飞天云操作系统于 2017 年获得中国电子学会 15 年以来首个科技进步特等奖。

二是数据库。2020 年，国际数据库领域权威组织 TPC（Transaction Processing Performance Council）公布，阿里云自研云原生数据仓库 AnalyticDB 经过严苛的 TPC-DS 全流程测试，成为全球性能和性价比双双领先的数据仓库。同时 AnalyticDB 刷新 TPC-H30TB 性能榜单，超越当前有效纪录成为全球第一，性能、性价比全球领先。2021年5月，TPC再次传来好消息，阿里巴巴自主研发的数据库产品OceanBase以1526万QphH的性能总分打破了TPC-H30000GB的历史记录，获得了OLAP（在线分析处理）世界第一的成绩。在2019年和2020年，OceanBase两次登顶世界OLTP（在线交易处理）TPC-C基准性能测试，成为全球数据库领域唯一在事务处理和数据分析两个领域的国际技术评测中都排名第一的中国自研数据库。在2021阿里云峰会上，阿里巴巴宣布PolarDB的开源路线图，之后不久OceanBase也宣布开源。

三是人工智能。全球10亿名用户、海量实时交易、每秒十万笔订单的处理速度、交易风险实时识别秒级响应、数百亿次个性化推荐、算法调用量每天超1万亿次等需求，对阿里巴巴的人工智能技术提出苛刻的研发需求，引领着阿里巴巴在语音智能、机器视觉、决策智能等领域不断取得突破。达摩院自主研发的人工智能多模态大模型（M6），不仅扛住了60万笔订单/秒的全球最大瞬时流量洪峰，还使每笔订单能耗同步下降超17%，以自主可控技术支撑绿色发展。微软、谷歌、苹果、亚马逊等在人工智能上的突破，也高度依赖海量化、实时化的商业场景去实现持续验证迭代。

四是芯片技术。通用芯片低效率、高功耗、高成本的特征不能很好地适应AI算法要求。互联网平台面对众多领域的AI应用场景需求，重新精准定义、设计芯片功能。谷歌、Meta、微软、阿里巴巴、百度等由此纷纷进入芯片领域，谷歌于2011年布局AI芯片设计，于2016年推出专用芯片TPU。亚马逊于2018年发布首款云端AI芯片，成本降低75%。阿里巴巴自主研发NPU人工智能芯片含光800、首款5nm云端CPU倚天710、十多款玄铁系列嵌入式RISC-V指令集CPU IP核，满足了客户多样性的计算需求。

五是芯片生态。近年来，RISC-V架构的快速发展正推动CPU行业走向技术路线的变革拐点。采用开源模式的RISC-V架构有望改变芯片的行业格局，为我国突破国外对CPU核心IP及其生态的垄断、解决芯片行业"卡脖子"问题提供机遇。阿里平头哥玄铁RISC-V系列处理器，其应用覆盖从低功耗到高性能的各类场景，并成功应用于微控制器、工业控制、智能家电、智能电网、图像处理、人工智能、多媒体和汽车电子等领域。玄铁系列处理器出货超 25 亿颗，拥有 150 多家客户企业、超 500 个授权，并提供基于玄铁的多操作系统全栈软件及工具，构建 RISC-V 产业生态。

（二）数字科技平台加速重构创新生态系统，是中小科技企业的孵化器和加速器

互联网平台以更高效的供需对接，一方面发挥自身头部效应，帮助中小科技企业加快技术扩散和业务成长，同时也作为基础设施，为中小科技企业的业务创新和融资提供助力。

互联网平台是新技术创新的"孵化器"。亚马逊 AWS 是一个聚合数万家合作伙伴的开发平台，为中小科技企业的开发者提供一个直达 30 万用户的渠道。Salesforce 开放平台聚合了上万名开发者，开发了超过 3000 个应用程序。2019 年的研究报告指出，Salesforce 每赚 1 美元，全球生态将赚 4.29 美元。

互联网平台是新技术普及的"加速器"。安卓团队被谷歌收购后，很快成为服务全球 20 亿名用户的超级移动生态系统。亚马逊支持 Yap、Evi、Ivona 等智能语音技术领域小而美的初创公司，通过 Alexa 和 Echo 智能音箱服务了美国超过 70% 的智能音箱用户。SiriInc 作为一家由斯坦福资助的创新公司，被苹果收购后集成入 iOS 系统，每天服务全球数亿用户。平台型技术创新生态让这些"杀手型技术"，对焦需求，迅速实现了大规模的产业化应用，从而转变成为全球产业价值链的竞争力。

（三）发挥消费互联网大国优势，拉动产业互联网演进升级

中国是全球最大的消费互联网大国，也是全球最大的制造业大国，互联网平台是实现两大优势叠加、发挥倍增效应的新路径，有助于构筑中国制造业竞争新优势。

在服饰、美妆、内容、社交、餐饮、娱乐等直接服务消费者、个性化需求突出、行业集中度相对较低的领域，中国产业互联网的发展水平领跑全球。互联网平台服务传统企业数字化，宝洁、欧莱雅、雀巢等国际品牌以及伽蓝等国内企业与天猫合作，把新品研发周期从平均 18 个月缩短到 4 个月。跨国公司把中国新品研发模式向海外复制，Copy To China 变成了 Copy From China。

在汽车、消费电子、金融、房地产、医疗设备、制药等行业，随着行业粗放增长模式逐渐难以为继，企业越来越重视根据消费市场的变化开展精细化的运营，企业对消费互联网理念和技术的关注度越来越高，数字科技平台和传统行业的头部企业都在开展积极探索，产业互联网发展正在加速。

在能源、材料等行业集中度较高、市场竞争整体强度较弱的行业，产业互联网的发展速度较慢。但数字化"鲶鱼"也已经开始搅动市场，比如道达尔、壳牌等国外品牌正在中国扩大零售加油业务，为了尽快开拓市场，他们已经与互联网平台合作，采用更多数字化和智能化的理念与技术开展营销和服务。

（四）数字科技企业是汇聚全球顶级人才和创新资源的蓄水池，以人才优势打造前沿科技竞争力

数字科技企业既有独特的市场优势，也有具有挑战性的技术难题，由此吸引了全球一流人才的相继加入，在国际前沿科技领域形成了一定的人才优势。全球范围内对高端人才的争夺日趋白热化，微软、亚马逊、谷歌等国际互联网平台都是高端人才的聚集地。中国数字科技企业也在吸引数字科技顶尖人才上做出积极努力，但仍有一定上升空间。

三、完善平台型技术创新生态的发展环境

充分认识平台型技术创新生态的活力、价值与潜力，把平台型科技创新体系作为一支重要力量。在宏观战略规划中，把具有竞争力的平台创新生态融入国家产业发展战略规划体系中，作为发展目标的核心内容，作为战略任务的重要组成部分。在国家经济社会发展的整体战略中，为平台型技术创新生态发展营造良好的政策环境。支持平台企业承担国家重大技术专项，围绕大型平台构建研发联合体，在 AI 芯片、云计算、人工智能、量子计算、区块链、操作系统等领域，成立国家产学研创新实验室，支持平台企业开源社区发展，支持吸引全球顶级专业人才等。

| 中国社会科学院信息化研究中心 |

关于深入推进我国服务业数字化转型的思考

推进服务业数字化转型，不仅是实现服务业优质高效发展的必然选择，而且是加快构建现代产业体系的重要路径，同时也是我国积极应对当下"三重压力"的有力抓手。当前，我国对服务业数字化转型的政策支持不断加码，数字化生产生活方式加速渗透，数字化转型升级红利正持续释放。然而，数据要素有效供给不足、数字基础设施建设相对滞后、相关标准规范体系建设相对滞后、不同领域数字化水平差异较大、部分网络平台业务开展不规范等一系列问题，也制约着服务业数字化转型进程。对此，为推进服务业数字化转型，增强服务经济发展新动能，应从完善数据要素市场、推进数字基建、构建推进机制、构建保障体系、构建技术供给体系等方面进行重点发力。

一、我国当前服务业数字化发展基本态势

受新冠肺炎疫情多点散发等多因素影响，当前国内外形势日趋严峻复杂，各种风险挑战不断积累，我国经济发展面临较大的下行压力。在此背景下，服务业日益成为增强经济韧性和活力的重要引擎，而数字化则是实现服务业迈向专业化、品质化的必由之路。当前，我国积极从政策端、生产端、消费端推进服务业数字化转型，持续发挥服务业的经济增长主引擎作用。

（一）政策支持力度不断加码，新型基础设施建设持续深入

近年来，我国服务业的经济增长主引擎作用持续发挥，日益成为推动经济高质量发展的中坚力量。2021年，服务业增加值占GDP的比重为53.3%，对经济增长的贡献率达54.9%。在数字经济时代背景下，数字化转型正在成为服务业发展的必由之路。为加快服务业数字化发展步伐，国家政策端不断发力，国家发改委、工业和信息化部、商务部、中央网信办等国家部委均有相关政策出台，北京、上海、天津、重庆、浙江、广东等地方政府也纷纷出台支持服务业数字化发展的相

关政策和行动方案。同时，新基建是新一轮科技和产业革命的基础工程，也是服务业数字化转型的底层架构和基础技术。2021年，我国新型基础设施建设加速推进，已建成大型工业互联网平台超过150家，累计建成并开通5G基站超142.5万个，为我国服务业数字化转型提供了有力支撑。

（二）数字化生产生活方式加速渗透，服务业数字化发展步伐不断提速

当前，全球数字化进程加快，范围经济取代规模经济成为产业组织的主导逻辑，也是数字经济时代最显著的特征之一[1]。随着我国数字经济的蓬勃发展，叠加新冠肺炎疫情冲击、消费升级等因素，数字技术与人们生产生活的交汇融合程度不断加深，用户规模持续扩大，消费观念逐步改变，数字化的范围经济效应为我国生活服务业的蓬勃发展提供了良好契机。以医疗行业为例，5G技术与传统医疗行业融合，加快医疗数字化进程，形成了跨区域的基于 5G 的远程医疗行业。当前我国各类数字化的服务业态已经基本完成用户积累和用户习惯养成。截至 2021 年 12 月，我国网上外卖、网约车的用户规模分别达 5.44 亿人和 4.53 亿人，同比分别增长 29.9%和 23.9%。①与此同时，数字化转型可以助力生产性服务业加速迈向专业化，激发更强的牵引作用，促进供需两端平衡，有力推动制造业高质量发展。

（三）转型升级红利持续释放，增强经济高质量发展新动能

作为一种全新的组织形态与资源配置方式，数字化带来的赋能效应随着应用程度的加深而不断增强，为不同产业带来了巨大的发展机遇和空间，对经济发展的贡献度持续提高，有力推动新动能的培育[2]。服务业的数字化变革，在微观上将显著提升消费者对产品和服务生产过程的参与程度，在宏观上将进一步增强社会生产和市场流通之间的连接程度。实体经济是推进我国现代化经济体系建设的重要支撑和发展根基，关乎国家经济安全和社会稳定，决定了我国在国际经济竞争中的主动权和话语权[3]，而数字化转型能够有效促进服务业与工业、农业的深度融合，更好赋能实体经济高质量发展，带动产业提质增效，推动构筑现代产业体系。因此，服务业数字化蕴藏巨大红利，全面数字化转型和升级将为我国经济高质量发展提供新动能。

---

① 数据来源：中国互联网络信息中心，第 49 次《中国互联网络发展状况统计报告》，2022 年 2 月。

二、我国当前服务业数字化转型面临的突出问题

当前，国内外形势日趋严峻复杂，各种风险挑战不断积累，我国经济发展面临较大的下行压力。在此背景下，服务业日益成为增强经济韧性和活力的重要引擎，而数字化则是实现服务业迈向专业化、品质化的必由之路。同时，传统产业的数字化、智能化改造是我国推进制造强国、数字中国建设的重要一环，也是发展和壮大数字经济的重点和关键[4]。然而，在实际发展过程中，我国服务业的数字化转型仍然面临数据要素供给、数字基础设施建设、标准规范体系建设、行业数字化分化、平台经济发展不规范等一系列问题。

（一）数据要素有效供给不足，服务业数据流通缺乏活力

服务业数字化转型的本质是推动数据成为服务业的核心生产要素，使数据作为业务基本单元嵌入产业链。因此，只有具备释放数据要素的潜力，才能更好地赋能服务业发展[5]。近几年，我国深入推进大数据战略实施，数据要素市场建设取得积极进展。数据显示，2020年我国数据要素市场规模大约为545亿元。然而，我国数据要素市场仍然难以满足服务业转型发展的实际需要。一是数据要素有效供给不足。由于数据权属清晰度不足、公共数据开放共享水平不高、数据应用场景不成熟等问题的存在，加上数据供给体系尚不完善，数据要素市场发展仍处于初级阶段，因此服务业相关数据产品较为匮乏，日益增长的数据使用需求与实际可支配的数据资源之间存在矛盾。二是服务业数据融通整合难度较大。服务业发展长期面临涵盖范围广、处理环节多、标准统一难等诸多因素，导致服务业数据存在规模量级巨大、处理难度较高、业务环节孤立等问题，制约了相关数据的融通整合，多数服务行业难以形成完整贯通的数据链，因此数据要素的潜在价值难以得到充分释放。三是数据流通缺乏活力。当前，由于数据采集、加工、存储等相关制度建设尚不成熟，对于数据清洗、挖掘、分析的专业能力有待增强，加上数据合规监管不断趋严，因此数据流通和共享仍然存在不少障碍，目前，政务服务、医疗、养老、教育等领域仍有大量数据有待"唤醒"。

（二）数字基础设施建设相对滞后，支撑保障能力有待提升

数字基础设施是服务业数字化转型的底座和支撑，对于推进服务业数字化具

有显著的长期促进作用[6]。近年来，我国不断加快推进新型数字基础设施建设，5G 基站、算力网络、工业互联网等数字基础设施建设取得了显著成效。然而，在我国数字经济蓬勃发展的背景下，服务业数字化转型不断提速，服务范围与规模持续扩大，服务供需日益高频化、动态化、精准化，对数字基础设施的支撑保障能力也提出了更高要求。当前，数字基础设施建设相对滞后主要体现在两方面。一方面，数字基础设施的业务能力有待提升。以算力基础设施为例，伴随各领域数字化转型加速，全社会对算力的需求预计每年将以 20%以上的速率快速增长，服务业不同场景的正常运转更是需要充足的算力资源来支撑。然而，当前我国算力水平总体仍然较低，根据国际权威管理咨询机构的统计评估，高算力国家的人均算力在每秒 1 万亿次以上，而我国仅达到每秒 0.55 万亿次，距离高算力国家仍有较大差距。另一方面，数字基础设施的区域城乡发展不平衡。当前，我国西部地区的宽带、基站等数字基础设施建设仍较为滞后，尤其是一些偏远农村地区，与东部沿海省市差距较大。以 5G 基站为例，截至 2022 年 2 月底，东、中、西部和东北地区 5G 基站数量分别为 71.9 万个、32.4 万个、36.6 万个、9.7 万个，东部地区的 5G 建设和应用明显领先其他区域。①数字基础设施建设的不平衡、不充分直接制约了数字化服务的推广和下沉，也限制了数字红利的充分释放。

（三）相关标准规范体系建设相对滞后，龙头企业积极性有待提升

在服务业数字化转型过程中，相关数字化应用从单向垂直转向综合集成，这一过程既需要实现不同技术体系的交叉协同，也需要推动服务业不同业态的贯通融合，同时还需要实现不同信息系统的互联互通，因此需要与之配套的数字化转型标准规范体系。统一的标准规范体系可以极大降低服务业数字化转型成本，促进服务业的广泛连接。然而，当前服务业数字化转型的相关标准规范体系建设相对滞后。一是跨领域标准规范体系构建存在一定难度。服务业数字化转型涉及数字技术与服务行业两个不同领域，相关接口标准、数据格式、协议规范等存在较大差异，造成不同系统的互通、数据的共享等存在障碍，在一定程度上制约了服务业数字化向纵深发展。二是龙头企业参与标准建设的积极性有待提升。目前已有部分大型企业为中小微服务业企业提供数字化转型平台，但这些平台多是基于

---

① 数据来源：工业和信息化部，《2022 年 1—2 月份通信业经济运行情况》，2022 年 3 月。

自身行业特点提供一些泛化服务，而未能深入推进全产业链的标准体系建设，导致缺乏深度的应用场景。三是部分企业的开放性有待提升。从微观上来看，部分服务业企业较为封闭，尤其是传统服务业企业，自身缺乏与外部信息沟通和与外部数据对接的能力及渠道，导致服务业数字化在实践中遭遇困难。四是标准落地存在一定难度。在数字技术快速发展的背景下，相关数字技术更新迭代速度较快，且数字二次改造升级难度极大，导致相关标准落地存在困难。

（四）不同领域数字化水平差异较大，细分行业分化趋势明显

从整体来看，在电子商务、移动支付、共享经济等业态的推动下，当前服务业在三个产业中数字化水平最高。数据显示，2020年，我国农业、工业、服务业的数字经济渗透率分别为8.9%、21.0%和40.7%。[①]但与此同时，服务业不同领域的数字化水平差异较大，部分行业的渗透率仍然处于较低的水平。一方面，从生产性服务业来看，工业设计、现代物流、制造服务等生产性服务业细分行业的数字化水平得到极大提升。工业和信息化部发布数据显示，2021年，我国工业企业的数字化研发设计工具普及率高达74.2%。但是，节能与环保服务、农业科技服务等行业的数字化程度仍然较低。另一方面，从生活性服务业来看，在疫情等因素的影响下，生鲜电商、远程医疗、在线教育、智能家居、无人零售等服务业态得到快速发展，行业数字化水平显著提升。以智能家居行业为例，据中国智能家居产业联盟发布数据显示，近5年智能家居市场的年均复合增长率在18%左右，2021年约为5800亿元。但是部分生活性服务业的数字化水平仍然较低，如餐饮业由于后端数字化推进难度较大，其数字化率仅为15.1%，而养老服务业的数字化率甚至在1%以下[②]。另外，伴随经济社会数字化转型提速，叠加新冠肺炎疫情冲击、投资偏好等因素的影响，数字资源在不同行业分布不均衡的程度不断加深，服务业各细分行业分化加剧趋势也日趋明显，不同行业间的数字鸿沟正在形成，直接影响到行业间的互联互通，在一定程度上制约了服务业整体的数字化转型发展。也有学者提出区域内服务业数字化不平衡现象日益凸显，主要体现在一线、二线城市的服务业数字化转型速度领先于三线、四线城市，同时城镇的服务业数

---

① 数据来源：中国信息通信研究院，《2021年中国数字经济发展白皮书》，2021年4月。
② 数据来源：中国连锁经营协会，《2021年生活服务业数字化发展报告》，2021年10月。

字化渗透率也远高于农村[7]。

（五）部分网络平台业务开展不规范，侵害用户利益产生不良影响

伴随数字技术的快速创新与应用，通过平台型组织为用户提供服务，成为服务业数字化的主要形式之一。尤其是对于生活服务业，"平台+全产业链数字化"日益成为行业主流发展模式。平台组织可以有效降低产品和服务的搜寻匹配、可信验证等交易成本，通过与单个用户直接对接的方式来完成服务过程。服务业平台化发展能够扩大企业市场边界，丰富和拓展应用场景，既满足了人民日益多元化的需求，也促进了相关行业转型升级。然而，在服务业平台化过程中也出现了一些不规范问题。一是个别平台企业利用市场垄断地位优势，通过"二选一"、搭售等不正当竞争方式，对商户、消费者利益造成损害，如电商、外卖等领域；二是个别平台企业利用数据资源优势，通过大数据杀熟、算法控制等违法违规行为，直接侵害用户权益，对消费环境产生恶劣影响，如电商、网约车等领域；三是部分平台通过制造虚假流量、非法"引流"等方式，诱导欺骗用户参与相关活动，对网络空间生态产生破坏性影响，如直播、社交等领域。近年来，因服务业平台化不规范产生的各种问题，冲击网络空间信任体系，扰乱市场公平竞争秩序，多次引发社会广泛讨论，不仅对用户利益造成了损害，而且给相关行业的安全稳定带来巨大风险隐患，甚至影响到我国数字经济的健康发展。

三、服务业数字化转型的国际国内经验

（一）国际服务业数字化转型经验

从全球范围来看，新加坡服务业数字化转型的做法和经验，对我国服务业数字化发展具有一定的借鉴意义。新加坡是全球化程度最高的国家之一，目前共有超过4000家跨国企业将亚洲总部设立在新加坡，推动新加坡形成了高度发达的服务经济体系。当前，服务业贡献了新加坡近70%的国内生产总值，解决了其75%的人口就业问题。因此，新加坡高度重视和保持服务业的全球竞争力，而数字化转型则是服务业提升专业化、品质化水平的重要路径。具体来说，包括以下三个方面。

第一，提升服务业数字创新能力。面对以数字技术为代表的新一轮科技革命和产业变革，为加快提升国家数字化水平，新加坡不断推出一系列"数字化蓝图"，并以服务业为重点寻求数字化新变革，不断巩固其全球商业枢纽的地位。早在21世纪初期，新加坡就提出要推进服务经济信息化与知识化，增强其服务业核心竞争力；2016年，新加坡发布产业转型蓝图，涵盖航空业、医疗保健、金融、教育等多个服务行业，并提出数字化是促进产业转型的重要手段；2018年，新加坡推出"服务与数字经济蓝图"，旨在通过新兴数字科技提升新加坡服务业的竞争力、创新力，后期新加坡进一步升级了蓝图内容，加入了区块链、机器人等数字科技，增强其发展蓝图的前沿性；2019年，新加坡成立数字产业发展公司（Digital Industry Singapore，DISG），推广其在网络安全、人工智能等领域的解决方案，提高其电子商务、金融科技等服务领域在亚洲市场的影响力。

第二，提升适宜数字经济发展需要的公共服务。新加坡是世界上最早提出"政府信息化"的国家之一。面对数字化时代浪潮，新加坡认为数字政府将会成为数字经济和数字社会的重要驱动力，因此要把数字经济发展与数字政府建设相结合，不断增强适宜数字时代经济社会发展需要的公共服务。在2006年、2014年，新加坡政府先后发布"智能国家2015"计划和"智慧国家2025"计划，主线就是以技术赋能服务，通过数字化手段提升政府公共服务能力，推动政务、医疗、教育等公共服务智慧化，为人民提供更加充实、更加普惠的数字生活，为商业生产力的提高创造更多机会。世界银行发布的营商环境报告显示，新加坡常年居于全球第一位或第二位。

第三，打造亚太地区数据中心枢纽。数据中心是现代服务业数字化转型的基础支撑。得益于独特的区位优势，以及在全球金融、贸易中的重要地位，新加坡不断推进先进数字基础设施建设，推动新加坡成为东南亚地区最重要的数据中心市场。自2011年开始，新加坡通过规划专门区域、设立绿色通道等方式，积极推进数据中心建设，成功打造裕廊数据中心园区，吸引了谷歌、Meta等数字科技巨头入驻。同时，对于数据中心耗能过高的问题，新加坡一方面收紧部分数据中心建设，另一方面加大对热带地区数据中心建设的科学试验，寻找更加低能耗的运营方式。

（二）国内服务业数字化转型经验

从全国范围来看，北京市服务业数字化转型的做法和经验，对我国其他地区服务业数字化发展具有一定的借鉴意义。2022年3月，北京市发布《北京市生活服务业数字化转型升级工作方案》，在全国较早开展生活服务业数字化转型工作。北京市以服务行业链条为主要抓手，以餐饮、便利店、家政等行业为重点对象，通过"一业一策"的方式提高市场主体对于数字经济时代的适应能力，提升不同行业的数字化水平。对此，北京市主要采取三方面举措。

第一，制定工作方案、明确目标任务。明确目标任务才能把握推进方向。北京市从实际出发，制定了细致全面、科学合理、可操作性强的工作方案。具体来说，北京市的工作方案主要涵盖七个方面内容：一是升级一刻钟便民生活圈动态地图；二是开展餐饮业数字化升级 2.0 行动；三是提升便利店（便民店）数字化经营能力；四是发展前置仓等便民服务新模式；五是构建数字化家政服务体系；六是提高蔬菜零售数字化管理水平；七是推动生活美业加快数字化进程。

第二，政府、平台、企业三方联合，合力营造服务业数字化升级氛围。为切实推进生活服务业数字化升级工作方案，北京市商务部门与生活服务平台、连锁品牌企业三方联合，合力推动工作方案落实，促进生活服务领域形成消费新热点，持续优化服务业数字化发展氛围，不断增强服务业供给水平。

第三，开发专门的运营教程，积极培育示范门店。以便利性、易操作性、安全性为原则，北京市指导平台方开发专门的服务业数字化运营教程，助力市场主体快速、低成本地进入平台生态。运营教程既可以让更多的市场主体通过数字化转型增强服务能力，更好地满足用户消费需求，也可以提高平台工作效率，尽快让更多市场主体接入相关服务行业的数字生态系统。

四、推进我国服务业数字化转型的对策建议

当前，随着新冠肺炎疫情持续，全球经济复苏减速降档，我国经济发展面临的不稳定性、不确定性显著增强[8]。推进服务业数字化发展，可以有效应对外部冲击和国内下行压力，对于稳住经济基本盘，增强市场主体信心，激活创新要素，

释放创新潜能，催生新产业、新业态、新模式等都具有重要意义。为推进服务业数字化转型、增强服务经济发展新动能，要充分结合我国数字经济与服务行业发展实际，建议重点做好以下工作。

（一）完善数据要素市场化配置，推动服务数据价值化

服务业数字化转型是以数据赋能为主线对服务业产业链进行数字化改造和智能化升级的过程。一是加快完善数据交易制度规则体系，畅通数据要素流通机制，推进数据要素市场化配置，培育壮大数据交易市场规模，规范和拓展数据开发应用场景，加强数据安全和隐私保护，充分发挥数据在服务业数字化转型过程中的关键要素作用。二是加快打破跨部门、跨地域数据孤岛和业务壁垒，建立数据开放共享机制，不断畅通数据要素流通渠道，推进政务、教育、医疗、电力等数据资源融入服务领域，实现不同行业互相融合和嵌套；充分发挥数据要素的纽带作用和驱动作用，促进先进制造业与现代服务业深度融合，加快服务型制造产业发展步伐。三是完善数据使用相关标准规范和法律法规，加大政策保障与制度供给，加强数据产权保护与运用制度，探索构建服务业数据中心，拓展多类型应用场景，充分发挥数据要素的价值创造和数字化赋能作用。四是加快数据要素对服务业的全链条改造，推动数据要素与服务业生产要素深度融合，加快产业全链条数字化改造与数据化管理，促进服务业产业链与数据链融通发展，全面提升服务业资源配置效率。五是强化数据要素赋能作用，激活数据要素潜能、释放数据要素价值，推动服务数据价值化，增强多样化、个性化服务的供给能力和服务效率。

（二）推进数字基础设施建设，夯实服务业数字化转型基础

服务业数字化转型是一个循序渐进的发展过程，基础设施是服务业数字化转型的基础保障。一是要立足长远发展，强化应用导向，加强顶层设计和总体规划，从宏观上把握服务业数字化方向，充分掌握和了解发展规律与趋势，统筹谋划实施路径，引领云计算、大数据、人工智能等数字基础设施整体有序发展，加快形成数字基础设施建设的系统推进格局。二是要坚持因地制宜，注重分区域分级施策，运用好政府和市场两种手段，科学制定行动方案，倡导建设数字化、智能化、多元化的数字基础设施，加强同类型同体系基础设施的整合与优化，推动适应服

务业高质量发展的数字基础设施建设。三是适度超前部署下一代智能设施体系，持续推进 5G 网络、IPv6、大数据中心、移动物联网、工业互联网等新型数字基础设施建设，加快推动传统基础设施数字化、网络化、智能化改造升级，充分发挥数字基础设施建设对于服务业转型的支撑带动作用。四是算力日益成为数字经济的核心生产力，也是推动服务业数字化转型的关键因素。要加快"东数西算"国家战略工程建设步伐，优化数据中心布局和扎实有序推进，进一步打通全国算力网络传输通道，推动构建区域间共建共享的新型算力网络体系。五是加快数字基础设施关键共性技术标准的制定和推广，不断完善数字基础设施相关数据、算力、算法、测评、安全等法律法规。加快构建以应用效能为导向的基础设施测评体系，对数字基础设施运行进行有效的评估和优化。加快完善营商环境法规政策体系，进一步放宽市场准入条件，吸引更多民营企业和社会资本参与数字基础设施建设与应用推广。

（三）加快构建数字化转型推进机制，不断提升服务业数字化水平

推进服务业数字化转型是一项长期、复杂的系统性工程，涉及多部门协作、多领域分工。一是创新推动市场化力量参与，深化市场准入改革，加快清除市场准入隐性壁垒，对在服务业数字化过程中涌现的各类市场主体，坚持包容审慎监管与鼓励创新并重，持续营造市场化力量参与服务业数字化转型的营商环境。二是建立健全服务行业企业数字化转型的激励机制，加大数字化改造支持力度，增强数字技术赋能深度和广度，鼓励企业上云、设备上云、业务上云，推动数字经济创新活动向传统服务领域渗透，推动生产性服务业向价值链高端延伸，激发服务经济创新动能。三是打造服务业数字化转型典型案例和示范领军企业，总结推广典型经验和特色做法，培育一批系统解决方案供应商和运营服务商，组织实施一批兼具前瞻性和落地性的应用场景项目，培养一批既懂数字经济又懂服务行业的复合型人才，夯实服务业数字化变革基础。四是支持服务行业领军企业、大型数字科技企业联合打造不同类型的服务行业平台，聚集优质资源，形成发展合力，强化平台组织在服务业数字化转型中的赋能作用，降低交易成本，提升交易效率，推动服务业提质增效。五是完善服务业数字化转型的支持体系，加快制定转型相关标准规范，加强数字技术在服务领域的应用，压缩低效环节，创新组织模式，

降低各类市场主体参与数字化转型的门槛。

(四) 加快构建数字化转型保障体系，筑牢数字化转型基础底座

完善的保障体系才能推动服务业数字化转型走得更快更好。一是加快推进数字经济基本治理框架和规则体系建设，完善相关法律法规，加强数字信用监管体系建设，有效解决在数字经济快速发展过程中产生的平台垄断、数据安全等问题，加快推进数字经济活动向传统服务领域拓展延伸。二是面对服务业数字化转型过程中产生的新业态、新模式、新产业，应探索构建以政府为主导的多元参与监管体系，加强跨部门、跨地区协同治理，强化区块链、大数据等科技手段应用，推进监管方式创新，进一步提升服务业监管效能。三是加快打造数字金融服务平台，促进数字金融发展，丰富金融产品供给，构建金融科技赋能服务领域的体制机制。四是加大对政务数字化建设的财政支持力度，推动人工智能、区块链、大数据、云计算等数字技术在政府部门的应用，完善政务数据开放共享体系，丰富政务服务应用场景，加快数字政府建设步伐。五是以场景为牵引，以应用为导向，强化数字技术与服务行业的融合，尤其是与生产性服务行业的融合，鼓励服务领域、制造领域与数字科技领域等跨界合作，强化有效对接，激发协同创新，推动产业场景聚合和产业生态对接，积极打造新型服务业应用场景。

(五) 加快构建数字技术供给体系，持续完善服务业互联网生态

服务业数字化转型与技术供给体系紧密相关。一是加快培育一批数字技术服务企业，打造一批数字经济创新平台，增强对现有数字技术的管理力度，强化技术源头供给，补齐核心技术短板，进一步完善服务业的数字技术供给体系。二是加快完善服务行业智能化支持政策，尤其是在智能制造服务领域，要分类施策、精准发力，前瞻性布局人工智能技术、机器人技术、智能算法等智能化技术在服务行业的应用，提升服务业智能化水平。三是聚焦服务领域实际需求，充分发挥政府部门、龙头企业、科研院所、产业联盟的合力作用，加快服务产业互联网平台的建设与推广，加强产业生态营造，推进规模化应用，实现各类市场主体、创新主体有机联动，加快形成多方协同、共建共享的生态体系。四是加快探索服务行业互联网基本架构，强化标准化工作，持续推进相关标准和规范的制定，统一现有不同产业互联网共性标准，切实提高标准有效供给，加快形成统一开放的服务业互联网标准体系。五是引导服务行业龙头企业和大型数字科技企业，加大研发力度、加强创新意识，进一步降低建网、用网、管网成本，推动形成覆盖多产业、适合多场景、实现多功能的服务业互联网应用系统。

参 考 文 献

[1] 左鹏飞, 陈静. 高质量发展视角下的数字经济与经济增长[J]. 财经问题研究, 2021(9): 19-27.

[2] 李雪松. 不断培育壮大发展新动能[N]. 中国社会科学报, 2022(4).

[3] 黄群慧. 论新时期中国实体经济的发展[J]. 中国工业经济, 2017(9): 5-24.

[4] 吕铁. 传统产业数字化转型的趋向与路径[J]. 人民论坛·学术前沿, 2019(18): 13-19.

[5] 姜奇平. 促进数字经济发展[J]. 互联网周刊, 2022(6): 8.

[6] 左鹏飞, 于长钺, 陈静. 信息基础设施建设对两化深度融合影响的动态模型分析[J]. 情报科学, 2021(5): 85-90.

[7] 曹小勇, 李思儒. 数字经济推动服务业转型的机遇、挑战与路径研究：基于国内国际双循环新发展格局视角[J]. 河北经贸大学学报, 2021(5): 101-109.

[8] 中国社会科学院宏观经济研究智库课题组. 多策并举应对三重压力着力稳定宏观经济大盘[J]. 改革, 2022(4): 1-11.

信息社会 50 人论坛

下一个十年：聚变、风险与选择——信息社会 50 人论坛十周年特别报告[①]

大约在 2011 年，信息社会 50 人论坛宣告成立，并发布了《信息社会共识》。每一个十年都是一次蜕变，过去十年的变化需要总结，未来十年的变化更值得探索。

在过去的十年中，以移动互联网为代表的新一代信息技术加速发展，由此带动产品创新和社会变革高潮迭起。人们欣喜地看到，人工智能、大数据、云计算等经过多年的积累终于迎来了辉煌时刻，成为经济和社会发展最活跃、最重要的驱动力。随着智能手机的出现，移动互联网完美地实现了"三级跳"，移动生活成为新常态。数字经济开始从量变走向质变，正在重塑现代经济体系。在数字变革的推动下，全球竞争格局、产业竞争格局、企业竞争格局都发生了重大变化，数字能力正成为重构竞争优势的核心竞争力。我们真真切切地感受到了生产、生活和治理方式的深刻变化，但这一切才刚刚开始。

展望下一个十年，数字技术与产业生态融合发展还会带来集聚创新的爆发。计算、通信、网络、人工智能、3D 打印、区块链、语义网、数字孪生、纳米材料、生命科技、量子信息等技术及其创新应用会达到新的层次，聚变引发的系统性变革同样会使我们始料不及。下一个十年，我们可能会在一个全新的虚拟环境里工作、学习、交往和游戏。我们有理由相信，技术创新和制度创新会为解决目前面临的难题和困境提供新的方法，人们的生活会因之变得更美好、更丰富、更健康。

技术、需求、变化、政策等各要素发展的种种迹象表明，未来十年数字变革的影响将进一步深化和放大。新冠肺炎疫情的发生凸显了数字经济的优越性，也

[①] 本文执笔人为张新红。

由此推进全社会进入一个数字化转型全面加速的新阶段。数字技术与生命科学、医疗技术的结合,使得人均预期寿命大大延长。就业形态、就业模式、就业方法、工作意义都将发生明显改变,灵活就业成为更多人的选择。数字化生存环境进一步改善,智能家居可能成为多数家庭的标配。基于互联网的公共服务设施、服务体系、保障能力更加完善、普及。能源互联网建设基本完善,能源的分散化生产更加普及。从生活到生产,虚拟与现实的界限被一一打破,财富的创造和分配模式也将因之而发生重大变化。

我们有足够的理由相信这一切一定会实现,但并不排除向相反方向发展的可能性。数据的作用越大,数据治理的难度越高。数据安全与网络犯罪事件在过去十年频频暴发,未来十年也不会自动消失。网络空间的争夺会更加激烈,但社会撕裂、信任危机加大了全球治理形成共识的困难。复杂、脆弱、不确定正在成为这个时代的标签,稍不留神就会带来灾难和损失。消除可能存在的风险,需要所有国家、企业及每个人一起努力。

人类社会正处在一个历史性聚变的十字路口,希望与风险共存,技术进步会把人类引向更加光明还是更加黑暗,取决于我们的共识、选择与行动。

一、变迁

经历上一个十年突飞猛进的发展,人类已经全面进入信息社会。对过去十年变化的总结,加上对技术、需求、供给、政策相互作用可能结果的分析,有助于让我们看到未来世界的基本轮廓,一个以人为本、开放包容、全面协调与可持续发展的信息社会图景正变得越来越清晰。

(一)人工智能大爆发

当人工智能被广泛应用并产生深远影响时,智能时代也就到来了。

过去的十年,是人工智能大爆发的十年。期间有两个标志性的事件发生:2011年,IBM 的沃森系统在综艺竞答类节目《危险边缘》中,与真人一起抢答竞猜并战胜了两位人类冠军;2016 年和 2017 年,谷歌发起了两场轰动世界的围棋人机之战，其人工智能程序（AlphaGo）连续战胜曾经的围棋世界冠军韩国李世石，以及当时的围棋世界冠军中国柯洁。很多人由此相信，人工智能越来越接近人类智能。

人工智能发展所需要的三个要素（数据、算法、算力）经过几十年的积累都达到了相当程度，也就迎来了"忽如一夜春风来，千树万树梨花开"的新阶段。

机器不仅会下围棋，还可以干很多的事情。有了语言识别，机器就可以当导游讲解、播报天气预报和新闻、用不同方言导航、做不同语言间的翻译，还可以与用户直接交流对话。有了图像识别，机器就可以进行人脸识别、植物识别、动物识别、文字识别等广泛应用。机器将有用的信息找出来并转化成人类能看懂的信息，就可以用于各种决策。机器可以利用信息自动处理事务，就有了多种形式的生产机器人、服务机器人、特种机器人。不仅大量重复性的工作可以交给机器人去做，越来越多的经验性智力工作也可以交给机器人去做，机器人用于书法、绘画、对联、写诗、体育报道等已经不是什么新鲜事。

（二）新物种大量涌现

在过去的十年里，新一代数字技术快速发展，引发了数字新物种的大量涌现。

数字新物种可以分成四类。第一类是新产品，如智能手机、数码相机、数字电视、数字马桶、智能机器人、无人驾驶汽车等。第二类是新业态，如微博、微信、视频直播、数字游戏、共享经济、平台经济、工业互联网等。第三类是新模式，如电子商务、电子政务、直播带货、远程办公、互联网医院、无人超市、云服务等。第四类是新职业，如电子竞技员、数据分析师、网约车司机、民宿房东、外卖小哥、直播网红等。

（三）移动生活成常态

作为人类历史上最伟大的发明之一，互联网带来的影响超出了所有人的想象，移动互联网的出现更使得人类生活出现了戏剧性的变化。

上一个十年完整地呈现了移动通信技术应用从3G到5G的演进。从功能手机到智能手机的演变，开辟了一个移动生活的新时代。2007年苹果手机的出现引爆了3G应用，人们可以通过手机上网、购物、社交。2013—2014年，4G时代来临，带来了扫码支付、共享经济、社交电商、短视频、自媒体的快速发展。到2015年，全球移动电话用户数已经超过人口基数。截至2021年1月，全球有52.2亿人使用手机（相当于世界总人口的66.6%），移动用户总数达到80.2亿人（一人可拥有多部设备）。

在过去的十年里，越来越多的人使用互联网，越来越多的物品接入互联网，越来越多的人类活动基于互联网。互联网不仅仅是一种技术、工具、手段，还是最重要的基础设施、生存环境、生产方式甚至思维模式。目前，互联网用户平均每天上网时长接近7小时，与人们工作、睡觉的时间差不多。对多数人而言，手机越来越成为生活的重要伴侣，甚至成为身体的一部分。人们通过手机看新闻、看电影、购物、炒股、交费、订票、聊天、游戏，甚至看病、学习、远程办公。人们使用手机的时间已经占到全球上网时间的53%。

（四）数字经济新动力

以2008年金融危机为界限，全球经济增长的动力源发生了根本性改变，以数字变革为特征的科技创新成为日益重要的推动力量。

玛丽·米克尔在2020年互联网发展报告《我们的新世界》里称，美国过去十年间增长最快的企业有4个特点：①以技术和创新为核心；②通常以数字业务为主，尤其是与云技术相关的业务；③企业CEO通常拥有工程和计算机领域的学位；④在过去30年内创立。排在前列的企业包括苹果、亚马逊、谷歌、Meta等。这种情况不只发生在美国，在其他许多国家也有类似的情况。

以数据成为新型生产要素为标志，数字经济为实体经济的发展提供了新动能，共享数字生产资料缓解了企业资金难，成为倍增经济的新动力。

与传统金融业、制造业、矿产业、零售业相比，电子商务、共享经济、大规模个性化定制、工业互联网等新业态更具活力。

来自中国的研究报告表明,"十三五"时期(2016—2020 年),中国数字经济年均增长 16.6%,对 GDP 增长的贡献率超过 67%。

(五)竞争能力新体现

任何一场深刻的技术变革都会引发产业变革、社会变革,乃至全球竞争格局的变化,有史以来最深刻的信息技术革命也不例外。

我们观察各类机构发布的全球 500 强企业、全球市值最大的公司排行榜就可以发现,十年前排在前面的多是金融、石油企业,但现在多数已经被科技企业所代替。生态型组织合作正逐步替代传统企业间的零和博弈。

随着世界多极化、经济全球化、文化多样化、社会信息化深入发展,全球治理体系深刻变革,谁在信息化上占据制高点,谁就能够掌握先机、赢得优势、赢得安全、赢得未来,国家间的经济力量对比也在发生变化。发达国家持续推动信息技术创新,不断加快经济社会数字化进程,全力巩固领先优势。美国提出工业互联网战略(2012 年),德国积极推进工业 4.0(2013 年),日本努力构建智能社会 5.0(2016 年)。一些新兴市场国家借助信息技术实现跨越式发展,有望一举突破"中等收入陷阱"。发展中国家和新兴经济体抢抓产业链重组和调整机遇,以信息化促转型发展,积极谋求主动,力图实现跨越式发展。世界各国加快网络空间战略布局,围绕关键资源获取、国际规则制定的博弈日趋尖锐复杂。加快信息化发展,建设数字国家已经成为全球共识。

二、创新

"凡属过往,皆为序章",数字变革引发的创新浪潮远未结束。在下一个十年,人类会看到更多的集聚创新,以及它们如何进一步改变我们的生活方式、工作方式、治理方式、思考方式。

(一)计算能力:计算机数据处理速度有望超过人脑

计算能力进一步提升,大数据研究和应用将取得巨大进步。未来计算机的处理速度可能不会像摩尔定律显示的那样每 18 个月翻一番,但也可能是每 30 个月翻一番。集群技术可以集中多台计算机的运算能力以满足需求，带来更高的性价比，提高可扩展性，增强可靠性。分布式计算、云计算、边缘计算加速演化，机器学习、深度学习进一步发展，计算机预测模型更加有效和准确，人机对话更加便捷，知识经济、数字经济、数据经济越来越趋近于自动化、智能化。以量子计算为基础的信息处理技术发展有望引发新的技术革命，为密码学、大数据和机器学习、人工智能、化学反应计算、材料设计、药物合成等许多领域的研究，提供前所未有的强力手段，对未来社会的科技、经济、金融，以及国防安全等产生革命性的影响。

（二）物联网：所有能联网的终将被联网

在大数据、识别系统（射频识别、图像识别、声波识别、指纹识别等）以及微电子传感器等新型技术发展的推动下，将有越来越多的物品通过网络相互连接起来，并与所有人建立联系。目前关于所有联网物品数量的预测可能都是保守甚至荒诞的，因为物联网革命性的产品一旦出现，其带来的影响可能会超出所有人的想象。物联网将与商业结合，使商业向情境化、场景化方向发展。

（三）人工智能：机器越来越聪明

下一个十年，企业各个独立的信息应用系统将广泛应用人工智能服务，私人服务机器人可以实现学习、交流、观察、播放音乐、购物、做家务、调动感情等功能。机器的灵敏度将达到人类手动的灵敏度，越来越多的手工劳动让位于机器人。人类和人工智能间的差别将越来越小，人类与人工智能相处的能力将决定财富的创造与分配。利用人工智能将使人们收获多样性红利。

（四）3D打印：生产方式出现重大变化

下一个十年，3D打印技术的全球市场交易规模将突破千亿美元。很多国家需要重新定位自己的产品，企业可以为消费者量身定制高端服装、餐具、乐器、手工艺品、家具以及各种类型的医用假肢。汽车、船舶、航空航天、建筑等领域越来越多地使用3D打印技术生产零部件。越来越多的个人通过3D打印技术实现创业就业。由3D打印技术引发的个性化定制，将极大地改变工业时代的大规模单一化生产方式。

（五）区块链：改变交易规则

区块链技术可以使人们无须借助平台就能实现安全交易，机构可以通过区块链平台依照岗位贡献直接为员工发放奖金。区块链技术的应用在为数字货币的普及提供有力支撑的同时，也有可能会对现有的平台经济（如电商平台、房屋短租平台、网约车平台、工业互联网平台等）带来一定冲击。区块链将与信息服务紧密融合，融入实体经济。

（六）语义网：跨界交流成为可能

使用人类自然语言与搜索引擎对话很快就会得到普及应用，医疗、教育、法律、金融、客服等咨询服务领域将普遍受益于语义网的发展。自动翻译器可以让人类跨越国界、语种，实现自由对话。语义网将使内容生产从作者中心，转向读者中心，读者将通过对文本的再阐释广泛参与内容的再生产。

（七）数字孪生：通往零成本试错之途

下一个十年，数字孪生技术将在产品设计制造、医学分析、工程建设、能源、公用事业等众多领域得到广泛应用。绝大多数物联网平台将整合模拟平台、系统、功能，创建数字孪生，几乎全部的制造商将使用数字孪生技术进行过程模拟和场景评估。数字孪生将深入数字要素复用，带来生产要素供给新方式，实现虚拟店铺与实体店铺孪生、虚拟工厂与实体工厂孪生、虚拟医院与实体医院孪生。

（八）纳米材料：改变物质属性

在微电子技术的帮助下，新型纳米材料研发取得新的进展。下一个十年，现有各种材料在添加碳纳米管后会变得更加轻巧耐用，甚至具有自我修复、自动除污、超强防护等全新属性。各种新材料将与信息技术融合，使数字化与绿色低碳更紧密结合。

（九）生命科技：走向精准医疗

细胞疗法可以使人体组织和器官利用干细胞实现再生。人类可以利用生物技术创造出各种新能源、新材料，用 3D 打印技术制造活体微型组织已经不是难事。脑科学获得长足进步，科学家将区分出不同类型的脑细胞，绘制详尽的神经网络图，并将其应用到评估和观察人类的神经活动中，分析它们在老年痴呆症、精神分裂症等疾病中扮演的角色。生命技术与信息技术将实现初步融合，脑机接口不仅应用于恢复人体的功能，还应用于增强人体功能。

三、趋势

数字变革还在加速，其深刻影响还在持续。我们可能无法准确描绘未来发展全景，但有些变化已经越来越清晰地呈现出来。

（一）疫情加速数字化转型

新冠肺炎疫情暴发以来，人类开始经历 21 世纪以来最大的劫难。大灾促大变，任何一次大劫难都会让人类前进一大步。这场灾难还在继续，其产生的影响还在持续发酵中，但人们已经看到疫情实际上是对全社会应急能力、治理能力、数字化生存能力的大考验、大检阅、大培训。

新冠肺炎疫情引发了新的数字化需求，一大批数字化黑科技、灰科技或应运而生，或找到了新的用武之地，行程码、健康码、红外测温仪、非接触服务机器人等大行其道。新冠肺炎疫情改变了很多人对数字化的认知，提升和强化了很多人的数字生存能力。在线教育、在线医疗、远程办公、直播带货提前迎来拐点。传统企业加速从线下转到线上，过去很多看似不可能转移到线上的业务后来在线上也做得很好。在世界范围内，各国政府都开始借用技术来不断优化和提升疫情冲击下的日常服务体系。在新冠肺炎疫情中，严重依赖线下场景的企业受伤最重，而数字化基础好、能力强的企业成了受益者。

以"数字战疫"为标志，人类社会开始进入数字化全面转型的新阶段。国家、城市、产业、企业乃至个人发展的数字化转型都在加速进行中，新冠肺炎疫情对数字经济发展起到了加速和催化作用。预计下一个十年，全球数字经济发展将呈现加速发展态势，数字产业化与产业数字化加速发展，数字经济占 GDP 的比重每年提升一个百分点以上，成为经济增长的主要推动力量，对经济增长的贡献度在

2/3 以上。数据要素作为新型生产要素将对国民经济产生叠加、倍增、放大作用。数字化、网络化、智能化不断催生新产业、新业态、新模式，平台经济、产业互联网、共享经济、个性化定制等进一步普及。

（二）百岁人生不是梦

很久以来，东西方都不断有人追求长生不老，但"人生七十古来稀"似乎是一个魔咒，于是"长命百岁"也成了一个祝福语。数字技术、基因科学和医疗科技的进步与融合，终于让我们看到了新的希望。远程问诊、远程治疗日渐普及，系统会提醒病人按时服药。微电子技术将有助于医生更有效地检测分子变异，帮助他们发现早期癌症并及时治疗。外科手术机器人可代替外科医生，提供快速、精准、无感染的外科手术。药物基因组学的进步极大地促进了新型药物和治疗手段的发明与发现，使得各类遗传病和疑难杂症不再成为人们的困扰。下一个十年，部分国家人均预期寿命达到 100 岁将成为现实，未来最大寿命可能会达到 130～150 岁。对于普通人而言，需要关心的不是能不能活到 100 岁或者 150 岁，而是需要重新设计人生，让漫长的人生更加精彩。对于很多国家而言，以老龄社会为特征的组织和制度重构不可避免。老有所为将促进社会进一步智慧化。

（三）终身学习是常态

下一个十年，VR 眼镜可以帮助学生更好地利用虚拟现实进行学习，游戏会变成教育的工具，教育学家可以和来自世界各地的学生突破时空阻隔、语言障碍进行深度交流。提升或修复人类注意力、记忆力、思考能力、合作能力、创新能力的各种临床方法得到推广应用。越来越多的孩子从一出生就有一个"机器人学习伴侣"与其一同成长，帮助解决学习中遇到的各类问题，并一起交流、娱乐。人们可以通过慕课、翻转课堂、远程大学、网络学院以及多种形式的线上培训，随时随地学习需要的通用知识、专业知识和特殊技能，在需要的情况下完成各种学历教育。大数据技术可以帮助企业和机构全面了解一个人的知识水平、能力水平，为精准招聘和使用人才提供依据，长久以来以考试为主的教育体系可能面临解体和重构。因材施教、按需学习、终身学习成为人生常态。随时学习与随地学习结合，将使学习的时空进一步扩展；因人施教将使人力资本更快增长，个人知识与技艺将造就劳动驱动型经济。

（四）灵活就业成主流

在过去的十年内，数字化对就业的影响逐渐体现出来。很多人担心的由技术进步引发大量失业的情况并没有出现，但就业结构、就业模式确实产生了大的变化。新业态成为经济发展新动能的同时，也成为最重要的就业蓄水池，提供了最多的新增就业岗位。一大批平台企业迅速崛起，创造了大量的新就业岗位。

下一个十年，灵活就业的比重还会快速增加。经济社会进步促进人们对自由、舒适、个性化的追求，灵活就业成为许多人的选择，而数字化技术应用为其提供了许多便利条件。在一些发达国家，灵活就业人口占所有就业人口的比重已经达到40%左右。

未来的工作将更多地以合作的方式进行，企业员工有很大的自由度，他们可选择和谁一起工作、加入哪个项目、在哪儿工作以及在什么时间工作。组织边界日益被打破，工作任务和企业组织正在分离，传统的雇佣关系越来越多地被合作关系所取代，全职岗位和全职员工逐步减少。永久在家办公模式被越来越多的生态型组织和公司所采用，员工招聘不再受地域或距离的限制。宅经济使得工作与家庭的界限消失，在家就业、在家创业成为更多人的选择。人工智能的普及会使现有的许多职业消失，但同时也会创造许多新的职业，学习新知识以适应时代需求变得更加重要。当然，自由工作者的增加也会带来一系列新的问题，随之而来的社会保障变革不可避免。

（五）数字生活新境界

下一个十年，数字化生存环境进一步改善，数字基础设施更加普惠、智能、安全。智能家居可能成为多数家庭的标配，智能化的冰箱、洗衣机、抽油烟机、床垫、马桶等家电、用具都有可能成为各类互联网平台的数据入口。电子钱包开始流行，购物、吃饭、交友、娱乐、旅行等更多通过数字货币交易完成。多数家庭拥有家政服务类智能机器人，人们能够通过智能系统更好地满足他们对房屋和装修设计的个性化需求。90%以上的大病小灾可以通过在线咨询、在线问诊和远程治疗解决。共享养老模式开始流行，在最合适的时间到最合适的地方旅居养老成为可能。交通出行领域的变化同样令人期待：电动汽车的续航里程普遍超过内燃机汽车，充一次电可以行驶超过 1000 千米；在率先推广无人驾驶的城市，汽车数量会减少，但汽车使用率会提高，按需用车成为常态，城市交通拥堵问题大大缓解；时速 1000 千米以上的超高速列车及超音速、低噪声飞机有可能实现，人们的距离感将大大减轻，体验感将大大提升；加载了智能化的交通使得"一小时经济圈""两小时经济圈""三小时经济圈"的内涵不断产生新的变化。

（六）公共服务大提升

下一个十年，基于互联网的公共服务设施、服务体系、保障能力更加完善、普及，优质教育资源、医疗资源、文化资源、科技资源严重不足和分布不均的状况得到较大缓解。供水、供电、供气等基础设施服务基本实现数字化、网络化、智能化。政府和公共机构提供的绝大多数公共服务都可以通过网络获得，并以更加智慧的方式提供。资源回收材料也将迎来变革，新的分子分离技术可以让有机物变成气体，对稀有金属的回收更加便利，生产过程所需的新材料数量大大减少。政府治理在理念、制度、模式、手段等方面借助数字技术取得明显创新成效，政府工作人员可以及时收集真实的群众意见反馈，并针对特定群体与个人提供精准及时的公共服务与需求回应。社会力量将成为提供公共服务的新主体，从而促进协同治理的发展。

（七）能源科技新进展

未来的能源将由物联网和智能电表协调分配。数字技术与能源技术的融合将极大地降低太阳能、风能和其他可再生能源的生产成本，能源存储技术获得新突破，对化石能源的依赖大幅降低。能源互联网建设基本完善，能源的分散化生产会更加普及。微电子技术可以使每栋建筑物的墙体具备储存和转化太阳能的功能，这样的智能建筑可以实现能源的自给自足甚至还会有富余。利用氢燃料、电力或者生物颗粒的新技术可以创造更加清洁的炉灶，以及更加安全的生活环境。"可燃冰"等新型洁净能源的发现和利用取得新进展。现代科技还使人类学会"制造"能源，比如通过微生物发酵制出"乙醇汽油"。智能电表可以随时洞察每台家电、机器的用电情况并进行实时调配，共享能源逐步推广。下一个十年，全球生态治理有望基本达成共识，绝大多数国家会制定碳达峰、碳中和的目标和路线图，比如欧盟已经确定到2050年可再生能源占全部能源需求的比例将从目前的10%上升到55%以上，中国将碳达峰、碳中和目标的完成时间分别确定在2030年和2060年。

（八）虚拟越来越现实

增强现实（AR）、虚拟现实（VR）、混合现实（MR）技术使人们能够在全息手机上看到3D效果图像。眼球追踪和脸部追踪技术将会使人们在真实世界和虚拟世界的互动更加便利。人们可以在虚拟的商场中试衣、购物，在虚拟的田野上散步，在虚拟的矿井下作业，在虚拟的冰原上滑雪，也可以在虚拟的战场上感受炮火连天，甚至可以在虚拟的未来城市里生存。

在科研和生产领域，数字孪生技术得到广泛应用。在商业领域，消费者将获得身临其境的体验。在艺术领域，科技的发展将为艺术家带来无尽的灵感，VR和3D打印等技术成为创新工具，观众和消费者既是创作者也是演绎者。在娱乐领域，VR技术颠覆了以往的娱乐方式，竞技类游戏将更加流行，沉浸式体验将更加完美。元宇宙概念和技术的成熟让人们可以用虚拟身份参加各类活动。

四、风险

上述变化让我们看到了信息技术带来的生产力繁荣，从产品极大丰富到服务极大丰富，都改变了资源短缺的情况。但另外，我们也必须看到，数字技术在一路高歌猛进的同时，也为人类发展带来了大量的风险。虽然这些风险有些在过去的十年里已经有所表现，但未来十年仍会继续存在并进一步发酵。更多的风险还在酝酿，这将使这个时代变得更加复杂、脆弱、不确定。

（一）数据治理难度增大

在过去的十年里，全球数据跨境流动对全球经济增长的贡献度高达10%以上。与此同时，全球数据治理"在矛盾中前行，在混沌中探索"，面临诸多难题。

网络双边效应会导致"赢者通吃"的市场格局，大型平台滥用市场支配地位、限制自由竞争规则，形成数字垄断，传统反垄断制度体系受到挑战。数字经济带来的全球性税基侵蚀、利润转移问题对现有国际税收规则形成冲击，引起了许多国家的担忧和不满。数字平台在运营过程中积累了海量数据，由此带来的数据滥用、隐私泄露等问题不容忽视。数字技术深化应用还会带来新的道德、伦理和社会问题，比如人工智能有可能会引发的大规模失业、安全事件责任认定困难、算法偏见与信息茧房、算法操纵公众舆论与干预政治等问题。

由于理论缺乏、手段不足、前景不明，所以限制发展还是促进发展、强调保护还是强调流动、如何做好域内管辖和域外管辖等都成为两难选择。在数字贸易、数据流通、数字税收、数字货币、平台竞争、平台责任、新型劳动关系、人工智能伦理等诸多重要议题上，世界主要国家和地区提出的治理方案差异很大，甚至彼此冲突，形成新的全球性治理体系难度加大。

（二）数据安全与网络犯罪事件频发

大数据在为组织创造价值的同时，也带来更为严峻的安全考验。

随着数据资源商业价值的凸显，针对数据的攻击、窃取、滥用、劫持等活动持续泛滥，并呈现出产业化、高科技化和跨国化等特点。在过去的十年里，大数据安全重大事件频发。我们几乎每天都会听到一些有关隐私或信息"泄露"的事件，重大事件影响到的人群数量扩大到几亿人甚至数十亿人。

自从有了网络，针对网络和利用网络进行的犯罪行为就没有间断过。网络越发达，网络越重要，网络犯罪的危害和影响就越大。全球网络犯罪呈现出一些新特点：传统犯罪趋于网络化；犯罪主体趋于多元化；犯罪行为趋于机构化；犯罪活动和影响趋于全球化。

（三）网络空间竞争加剧

数字变革引发了新一轮全球竞争格局的变化，也带来了贸易摩擦的升级，500多年的全球化进程正面临告别最辉煌50年的风险。中美两国之间的矛盾，已经不是原来的贸易摩擦那么简单。

人类似乎从来没有远离过战争的威胁，数字技术更为未来战争形态和战争趋势增加了变数，将更多的新一代数字技术应用于军事目的无可避免。如果出现国家之间的冲突，那么在瞬息万变的信息时代，网络也必然成为第二战场。随着计算机网络的广泛使用，在计算机网络中存储、传输着大量机密信息，许多网络间谍利用网络盗取国家机密，窃取知识产权，破坏他国金融机构、石油设施、核电站、电网、通信设施等基础设施，干涉他国内政，削弱他国军事实力。

网络空间甚至正在成为国家间政治利益争夺的主战场。很多人相信，即使某些国家有意推动建立缓解网络军备竞赛的多边机制，但考虑到网络空间的战略意义，他们仍会参与到网络军备竞赛中。

（四）数字鸿沟不容忽视

不同社会群体在拥有和使用数字技术方面存在的差距被称为数字鸿沟，这会使业已存在的社会分化进一步加剧，成为全球不稳定因素。

虽然全球互联网普及率增长很快，但国家间的差距仍十分明显。据国际电信联盟统计，2019年发达国家互联网普及率为86.6%，北美地区为95%，英国、日本等国家超过90%，发展中国家为47.0%，欠发达国家仅为19.1%，世界上仍有近一半的人口没有接触过互联网。

即使在一国内部，数字鸿沟问题也普遍存在。2021年6月，中国网民规模达10.11亿人，但仍有约4亿人没有接触过互联网，农村互联网普及率比城镇落后20个百分点，很多老年人不会使用智能手机，信息基础设施和信息产品服务的适老化改造还有很长的路要走。

（五）社会撕裂与信任危机

互联网打破了时空限制，让人们之间的联系更加方便，但也让各种思想的传播、聚集、分化变得更加容易。社会撕裂使得各种思潮都有了用武之地，在一些重大问题上很难形成一致意见。任何一种主张都有大量的支持者，也都有大量的反对者。大到技术变革、气候变化、疫情应对、移民政策、贸易规则、转基因食品等全球性问题，小到子女教育、夫妻伦理、健康养生等生活琐事，大面积意见相左甚至"互骂怒怼"变得司空见惯。社会撕裂容易导致思想和行动的极端化。宗教信仰、官民关系、政治理念都可能会走向极端分化,反过来还会进一步加剧社会撕裂。

人们期待以自由、平等、开放、合作、共享为特征的"互联网精神"可以把人类带入一个新的时代,但他们也在为充满霸权、壁垒、歧视、攻讦的互联网现状感到忧心忡忡。互联网技术可以提升信息交互的效率,但并不是必然能解决信息不对称问题,有时还会加剧信息不对称,使得以追逐利益为终极目标的物欲社会必然陷入的信任危机进一步升级。在国家层面,信任危机可表现为政治层面"官民"的信任问题、经济层面各市场主体间的互信问题、社会层面一般社会成员之间的信任问题。在国际层面,新的格局快速变化,新的秩序尚未建立,国家之间的信任受到严重侵蚀。国与国之间的信任被打破,谈判变得越来越艰难,全球治理难度加大。重新界定国家与社会的契约是加强国家和社会之间政治信任的必由之路,但这条道路并不平坦。

(六)复杂、脆弱与不确定

人类历史上的三大威胁——战争、瘟疫、饥饿并没有像尤瓦尔·赫拉利所说的那样不复存在,这个世界正变得更加复杂、脆弱、不确定。

世界的联系越来越紧密,任何一点风吹草动都可能引发全局的动荡不安。

人类社会的脆弱性正在增强,仅新冠肺炎病毒就会导致经济危机、社会紊乱。

在从工业社会向信息社会加速转型的过程中,个人、企业、国家都会面临诸多不适应,出现动作变形,导致乱象丛生,给社会未来的发展带来更多的不确定性。

五、选择

人类社会正处在一个历史性的十字路口,我们面临不同的选择。

我们可以选择,因为在我们面前有太多的选择;我们也可以放弃选择,因为我们总可以找到不想改变的理由。

我们可以选择让互联网造福人类，放弃选择、放任自流会让互联网成为罪恶的天堂，成为侵略、奴役的工具，带来更严重的不公与恐慌。

我们可以选择放慢些步伐，尽可能减少对未来的伤害；也可以选择发展得更快一些，不惜透支后代的资源。

我们可以选择信任、沟通、合作，也可以选择猜疑、孤立、对抗。

我们可以选择理性与克制，防止局部危机引发全球危机；也可以选择任性与放纵，不惜引爆规模空前的全面战争。

我们可以选择互利共赢、一起行动，解决人类面临的共同难题；也可以选择利己贪婪、特立独行，靠强权维持自身的既得。

未来怎么样取决于现在的选择，我们怎么思考、怎么行动，就会有怎么样的结局。如果我们希望明天更加光明而不是黑暗，就需要努力达成新的共识，继而共建新的秩序。

（一）拥抱改变

数字技术引发经济和社会变革是大趋势，任何人都不该与大趋势为敌。在从工业社会向信息社会转型的过程中，一定会经历阵痛，但必须将变化视为常态，承受变革成本，积极拥抱变革，从中把握机会，创造未来。

（二）互联网精神

站在历史发展的十字路口，互联网凝聚的人类智慧与精神内核可以为我们带来启示：封闭割裂的单边主义、保护主义是倒退逆流，自由、平等、开放、合作、共享才是繁荣与进步的原动力。

（三）以人为本

人是发展的根本目的，也是发展的根本动力。经济发展、社会进步的一切是为了人的全面发展，所有的一切也要靠人去实现。在数字经济发展中，人的基本权利要受到保护，人的能力、素养、生活水平要得到提高。

（四）互利共赢

西方谚语说，"只有过最高尚的生活才能拯救世界"。东方也有句古话叫"仁者爱人"。对他人充满爱是一个人幸福的关键，也是人类走向和谐的前提。互利共赢才是人类实现发展的根本，应停止一切损人利己的自私行为。

（五）鼓励创新

数字革命引发新产品、新模式、新业态、新职业的大量涌现，也为化解矛盾、解决问题、走出困境提供了无限可能。对待新经济的发展，应坚持"鼓励创新，包容审慎"的方针，坚持底线思维，坚持良法善治，在弘扬企业家首创精神的同时鼓励万众创新。

（六）科技向善

坚持科技伦理，打击网络不法行为，真正保护公平竞争和推动创新，合理界定数字产权，鼓励开发应用，克服"数字鸿沟"，实现包容性增长。坚守正义和公平，确保数字经济发展和智能治理所依据的各种算法合规、公正、透明。

（七）地球村

"地球只有一个"。这个地球已经变得越来越小，就像是一个村子、一片森林、一个命运共同体。寻求低碳发展是责任也是内在需要，不能以牺牲子孙利益的方式寻求发展。

（八）包容发展

数字文明建设需要多元思维，避免非此即彼的直线思维，要尊重不同国家在制度和路径上的选择。数字文明应该赋能并造福各国人民，通过普惠服务缩小数字鸿沟，"一个也不落下"。

（九）对话合作

面对气候变化、跨境犯罪、网络安全、疾病传染、数据治理等跨国性难题，需要通过合作去解决。合作的前提是对话而不是对抗，绝大多数问题只要通过坐下来一起讨论总能找到好的解决方案。

(十) 马上行动

每个人、每个组织、每个机构以及每个国家都应该自觉行动，从自身做起，从身边做起，为人类更美好的未来做出贡献。通往未来的航船上没有看客，我们的每个行动都在影响未来。"勿以恶小而为之，勿以善小而不为。"举手之劳，善莫大焉！

我们有理由相信，一个更加美好的明天不会自动到来，但一定会到来。

我们依然坚持守候十年前的期待。

我们希望，人人成为信息社会建设的实践者、受益者。

我们希望，诚信、负责、合作、共赢成为信息社会企业生存与发展的基本守则。

我们希望，科学决策、公开透明、高效治理、广泛参与的服务型政府在信息社会建设中发挥更好的作用。

我们希望，一个"以人为本、开放包容、全面协调与可持续发展"的信息社会的来临，能够为人类创造更美好的未来。

我们希望，我们的后代将因我们现在的选择而受益，为我们现在的行动而自豪。

寻路元宇宙

左鹏飞
元宇宙：演化逻辑、场景体系与现实瓶颈

左鹏飞，信息社会50人论坛成员、中国社会科学院信息化研究中心秘书长、中国社会科学院数量经济与技术经济研究所信息化与网络经济研究室副主任。主要研究方向：信息技术经济、互联网经济、信息化。

一、引言

2021年为元宇宙元年，2021年3月10日，游戏公司Roblox上市，促进了元宇宙的发展，引发了市场的强烈反应。下面我们对元宇宙的发展过程进行一个简要回顾：从一开始由少数科技巨头推动到如今得到各行各业的广泛关注，元宇宙的"波纹"辐射到多领域、多产业、多学科。从初期的企业发展计划到后来国内多个地方政府的发展规划，元宇宙从企业行为演变成为政府战略部署。当前，我国已有多个地方政府正在积极开展元宇宙产业布局，上海、武汉、合肥等城市把元宇宙写入2022年的《政府工作报告》，浙江、上海等省市把元宇宙纳入未来产业发展规划。同时，元宇宙热潮正从商业领域扩展到公共服务方面，元宇宙的影响从经济领域逐步投射到社会领域。总体来说，元宇宙正在以一个新物种的姿态进入传统经济社会的各个领域，掀起新一轮产业数字化发展浪潮，其中既有对于传统经济发展的破坏性，也有创造性。

当前，对于元宇宙的发展，既有支持的声音，也有反对的声音，并且支持与反对的对立程度不断加深。因此，我们需要思考一下元宇宙的根源性问题，以及元宇宙是否有未来。

笔者认为，元宇宙是未来的一个发展趋势，且元宇宙的最终定义在于市场。

本文的内容主要分为三个部分：一是元宇宙的演化逻辑，主要回答元宇宙为什么有未来；二是元宇宙的场景体系，主要探讨元宇宙有什么样的未来；三是元宇宙的现实瓶颈，主要分析元宇宙的发展面临哪些困难与挑战。

二、元宇宙的演化逻辑

对于元宇宙的演化逻辑的讨论，是从原理上回答元宇宙为什么有未来，也就是明确元宇宙的演化方向和演化动力，有助于我们从理论上厘清元宇宙发展的逻辑。从根源上来看，元宇宙的发展是两大范式的转变：技术经济范式与价值范式，二者同频共振、互为促进，共同推进元宇宙走向未来。

第一，技术经济范式的转变。通常来说，技术经济范式的转变主要有两类。第一类是重大通用性技术发生转变，比如从蒸汽机到电力技术，再到信息技术这样的重大技术变革，引发社会生产方式发生彻底改变，形成经济增长和社会进步的长周期，对文明的形态产生影响。第二类是突变的、跃迁的通用性技术创新，比如从传统能源车到新能源车的技术变革，会改变原有的技术特定轨迹，促进新技术范式的诞生。

从根源上来看，元宇宙的本质是一种基于信息技术的经济活动，因此元宇宙的出现符合第二类技术经济范式的转变，即元宇宙的发展改变了原有信息技术的特定轨迹，实现了信息技术从二维平面到三维立体空间的技术跃迁。具体来说，元宇宙的技术经济范式转变有三个方面的推动因素。首先是技术和市场双重推动。其中，技术就是信息展现形式，从二维到三维的技术变化趋势；市场主要是指市场需求，也就是用户对于更具可视性、更加立体化场景的需求。其次是产业转型与升级推动。近年来，由于传统互联网红利到顶并逐步消退，互联网领域一直在谋取和探索从消费互联网到产业互联网的整体转型，但是整体推进效果不尽人意。究其原因，一个重要的因素是产业场景比消费场景复杂得多，其中对于视觉立体化要求更高，元宇宙符合互联网产业转型与升级的这一要求。最后是在位企业与潜在进入者博弈推动。在技术经济范式转变的过程中，现有技术逐渐被新技术代替，产业间的边界逐渐模糊，机会和挑战不断增加。这个过程使得具有实力的潜在进入者拥有了弯道超车的机会，因此它们选择投入新的竞争赛道；同时，这个过程也逼迫有实力的在位企业，若想要守住市场，就要加码元宇宙赛道。

第二，价值范式的转变。元宇宙的发展过程是一种内在的价值范式变化过程，从线性的单一纵向价值模式，向网络的多点共享价值模式转变。本文提到的网络的多点共享价值模式，是指不同群体在立体化网络上共同创造并共享价值，其中共享有三个层面的含义：一是用户与用户之间的协同共享；二是企业与用户之间的协同共享；三是企业与企业之间的协同共享。

从某种意义上来说，价值范式预示着元宇宙未来的发展模式是基于立体化网络的价值共享模式。具体来说，元宇宙的价值范式转变有三个方面的推动因素。第一，覆盖与创建并行。元宇宙的价值网络是基于二维互联网形成的价值网络，是传统价值网络的覆盖与新价值网络的创建同时进行的过程。新的价值网络并非从零开始，而是以二维互联网形成价值网络为基础，为元宇宙市场结构由线性向网络和生态化的转变提供良好支撑。第二，规模经济与范围经济并驾。一方面，元宇宙作为一个新产业，仍然受到规模经济的支配，并逐步从内部规模经济向外部规模经济转变；另一方面，作为一种网络集合，元宇宙的发展必然受到网络效应的影响，造成范围报酬递增。第三，高竞争性和高合作性并存。信息技术的发展，让基于共享价值的竞合理念成为主流。在元宇宙这个新领域，高竞争性和高合作性将长期并存，而无论是高竞争还是高合作都会推动元宇宙场景的实现。一方面，高竞争会推动企业自身不断去拓展网络，促进元宇宙在各个领域的拓展；另一方面，高合作会推动不同网络实现连接，使得元宇宙形成超大规模的连接。回顾 VR 发展历史，我们发现，之前 VR 技术的发展都是企业各自为战，企业间缺乏合作，导致无法形成有效的 VR 网络生态。

三、元宇宙的场景体系

场景体系主要是指未来元宇宙主要由什么构成。笔者认为未来元宇宙主要由七种场景和五大体系构成，场景与体系的纵横交互、融合推进，形成一个高度开放的元宇宙场景体系。

因为人的需求存在差异，所以不同人对于场景的需求也同样存在较大差异；

由于企业不同，所以它们提供的场景也存在很大差异。场景的供给者主要是企业，综合来看，在技术能力和产业地位的约束下，各大企业纷纷基于自身的特性、资源等内在因素来布局元宇宙领域，主要可以分为七种场景。

第一，硬件和软件场景。互联网领域经过20多年的高竞争，使得核心技术的重要性日益提升。只有掌握关键核心技术，才能在竞争和发展中获得主动权，所以关键硬件和软件将是竞争焦点，也是未来元宇宙的主要应用场景。

第二，传统商业场景。预计未来超过90%以上的人类活动都可以在元宇宙中进行，并且元宇宙将会具有更大规模的场景连接，所以社交、电商、会议等传统商业场景依然是未来元宇宙的重点应用场景。

第三，基础设施供给场景。元宇宙的发展对算力、网络、数据中心等基础设施提出了更高要求，而这些基础设施的主要提供者，也就是运营商，将在其中发挥举足轻重的作用。

第四，公共服务场景。目前，元宇宙产业仍处在发展的萌芽期，相关布局主要聚焦在商业领域，但随着元宇宙进一步克服时间、空间、语言等客观条件的限制，其将在公共服务领域展开大规模应用。例如，韩国积极以国家力量推动元宇宙公共服务平台建设，韩国财政部、科技信息通信部、文化体育观光部等多个政府部门，积极制定元宇宙产业发展政策，推进韩国元宇宙在公共服务业的发展。

第五，智慧城市场景。元宇宙对于智慧城市建设具有重要推动作用。一方面，现实的物理城市空间将在元宇宙中实现数字化改造，因此元宇宙可以极大地增强用户的空间感；另一方面，在地理空间信息、数字孪生、大数据等数字技术的加持下，元宇宙赋能城市管理部门，实现其对城市的实时化、精细化、动态化运营。因此，智慧城市将成为元宇宙的重要应用场景。

第六，制造业应用场景。目前，元宇宙主要应用于娱乐、游戏等领域，而元宇宙只有在对物理世界有正向反馈时才有现实价值，尤其是在制造业领域，元宇宙只有与制造业结合才能真正挖掘其生命力。元宇宙的发展加速不同产业链条的构建，实现场景动态可视化，推动制造业可视化、场景化、个性化改造，促进制造业企业的组织形态发生重构，引发制造业产业范式变迁。

第七，立体文创产业场景。从互联网到元宇宙，由于视觉仿真因素的全面融入，信息的表达形式从二维平面升级到三维立体空间，因此用户的真实感、临场感和沉浸感将显著增强。元宇宙将以更加形象、具体、生动的方式实现内容输出，给影视、动画、音乐等文创产业带来一次全新的发展机遇。

随着元宇宙应用场景的不断成熟，未来元宇宙将演化成为一个超大规模、极致开放、动态优化的复杂系统。维持元宇宙系统的稳健运营，需要由五大体系来支撑。

其一，技术体系。作为一种多项数字技术的综合应用，元宇宙技术体系将呈现显著的集成化特征。元宇宙的发展既包括自身技术体系的发展，也包括其他产业技术体系的发展。一方面，元宇宙自身技术体系包括VR、数字孪生、区块链、人工智能等单项技术，保障元宇宙场景正常运转；另一方面，元宇宙将与人们的生产活动具有更加紧密的关联性，因此元宇宙技术体系将接入更多不同的产业技术，产业技术将成为元宇宙技术体系的重要组成部分。

其二，连接体系。随着新一代信息技术的持续深入发展，社会发展将日益网络化，元宇宙的连接体系拓展过程正好与社会网络化这一趋势相遇。未来，元宇宙的连接体系主要包括内部连接和外部连接两部分：内部连接，即元宇宙内部不同应用生态之间的连接，实现元宇宙内部的循环；外部连接，即元宇宙与现实世界的连接，实现现实世界与虚拟世界的内外循环。

其三，内容体系。由于视觉仿真因素的全面融入，推动信息传递从二维平面升级到三维立体空间，内容输出形式更加生动灵活，有力增强了用户的真实感、临场感和沉浸感，极大地扩充和丰富了元宇宙的内容体系。元宇宙的内容体系主要涵盖两类主要内容：第一类是娱乐、商业、服务等传统网络内容的立体化呈现；第二类是文化和创意产业将在元宇宙中进一步融合，衍生出一系列全新内容，即虚拟世界的创造物。

其四，经济体系。元宇宙经济是实体经济和虚拟经济深度融合的新型数字经济形态，具有始终在线、完整运行、高频发生等特征。从交易角度来看，一个正常运转的元宇宙经济体系包括四个基本要素：①商品，既有现实世界在元宇宙中的数字化复制物，也有虚拟世界全新的创造物；②市场，即在元宇宙中商品和服务的交易场所；③模式，元宇宙中将有去中心化金融（Decentralized Finance, DeFi）、不可替代代币（NFT）等多种共存的交易模式；④安全，保障交易活动规范有序的安全要素。

其五，法律体系。只有在法律的保驾护航下，才能有效解决元宇宙这一新生事物可能引发的各种问题，才能有效推进其健康发展。元宇宙的法律体系至少包括三部分内容：一是现实法律的重塑与调整，为规范虚拟主体人格做好铺垫；二是保障元宇宙经济社会系统正常运行的交易、支付、数据、安全等相关法律规范；三是对元宇宙的开发和应用进行外部监管的法律法规。

四、元宇宙的现实瓶颈

作为一种新兴产业，元宇宙的发展可以分为萌芽、成长、成熟三个阶段。从发展现状来看，目前元宇宙处于萌芽阶段，产业基础相对较为薄弱，距离成熟应用仍有较大差距。在萌芽阶段，除了技术制约，元宇宙目前主要存在五方面瓶颈。

第一，元宇宙基本框架的设计问题。经济社会系统的正常运转需要一系列规则和制度来支撑。元宇宙是现实经济社会的数字化场景模拟，将以更加形象、更加具体、更加生动的方式展现给用户，这其中会涉及制度设计、法律规范、文化习俗等一系列基本框架的选择和确立。比如，现实中城市风格多种多样，而元宇宙中的城市采取哪个国家或地区的城市风格，就很容易在用户中引发争议。

第二，数据安全和隐私保护问题。近年来，随着全球数据安全形势的日益严峻，加大数据安全治理力度成为各国的共同选择。元宇宙场景需要满足个体对智能感知的更高需求，因此对个人工作和生活相关数据的收集将呈指数级增加，这一过程会涉及大量的个人隐私和信息。在当前数据监管趋严的背景下，元宇宙相关数据的收集和使用也会面临更多限制。

第三，应用入口便捷化问题。当前，元宇宙的主要应用场景多为展示性的，人机交互、人人交互的应用场景相对较少，主要原因是元宇宙的应用入口仍不成熟、不便捷。综合用户的体验感需求和企业的可视化功能展示要求，未来元宇宙的主要应用入口将是虚拟形象或虚拟人。换句话说，未来在元宇宙中，我们点击的不是 App，而是一个个虚拟形象或虚拟人。然而，目前针对虚拟形象或虚拟人的设计和开发仍处于初级阶段，导致元宇宙应用的基本入口问题缺乏解决方案。

第四，生产端有效应用问题。由于元宇宙具有显著的动态可视化特征，并且数字孪生、混合现实等技术在产业链上具有深度应用前景，因此业内对元宇宙的未来应用预期更多是在生产端，尤其是在制造领域。然而，当前元宇宙主要应用于娱乐、游戏等领域，缺乏与生产领域深度融合的切入点和着力点，尚不能在生产端形成示范性、标杆性的落地应用。

第五，元宇宙的能源供给问题。当前，全球经济绿色转型步伐不断加速，现在及未来一段时期，能源供给短缺现象有可能加剧。作为一种大规模连接的虚拟现实应用场景，元宇宙的平稳运行离不开数据中心、算力中心、网络设备、通信基站等新型基础设施的支撑，而这些新型基础设施的运转需要更庞大的能源供给。能源供需矛盾有可能在元宇宙建设过程中表现突出。

吕琳媛、苟尤钊

元宇宙价值链与产业政策研究

吕琳媛，信息社会50人论坛成员、电子科技大学教授。主要从事网络信息挖掘与社会经济复杂性研究。

苟尤钊，杭州师范大学阿里巴巴商学院数字经济与战略系副主任，主要从事技术创新管理研究。

一、引言

元宇宙（Metaverse）这个概念首次提出于1992年的科幻小说《雪崩》，2021年，这个沉寂许久的概念又卷土重来。2021年3月，元宇宙第一股Roblox在美国纽约证券交易所上市；同年10月，脸书（Facebook）更名为Meta；几乎在同一时间，中国的上海、杭州等城市陆续提出大力发展元宇宙产业，掀起了一股元宇宙热潮（见图1）。虚拟现实、云计算、区块链，这些原本各自发展但又相互关联的技术，汇聚在元宇宙的概念下。这些智能技术的叠加和影响，推动着元宇宙朝着4.0版演进[1]。智能技术的发展加速了虚拟世界和现实世界的相互渗透，元宇宙重塑着社会经济活动的方方面面：加州伯克利大学在《我的世界》（Minecraft）举办毕业典礼；知名歌手Scott在《堡垒之夜》（Fortnite）举办虚拟演唱会；万人同屏的百度AI开发者大会在元宇宙《希壤》召开。① 元宇宙带来了人们沟通方式的改变、娱乐的全面升级、工作场景的变革、教育形式的探索，在社交、游戏、内容、消费等领域展现出丰富的想象力。

元宇宙是数字时代人类社会实践的一种人工物（Artifacts），嵌入具体的经济

---

① 《我的世界》《堡垒之夜》是全球受欢迎的两款游戏，《希壤》是百度公司发布的一款元宇宙产品，是一个平行于物理世界的沉浸式虚拟空间。

生产与生活之中。产业体现了人工物的社会化生产过程和社会化扩散过程，强调所蕴含的社会关系和社会力量。元宇宙作为一种新兴的人工物，其社会角色、社会功能只有通过产业化才能找到自身生存和发展的"生态位"，元宇宙的价值与意义需要在产业的整体运行中得以体现。

在万物互联时代，企业与企业之间的网络关联更加密切，整个产业生产与扩散的系统表现出极强的网络效应[2]。因此，产业视域下价值的生成也具有网络效应的系统性特征，产业的网络结构成为元宇宙价值生成与演变的重要途径。梳理和分析元宇宙产业的价值链和价值网，有助于我们认识元宇宙相关的创新，理解不同企业在元宇宙中的战略布局，从而推动元宇宙产业的发展。

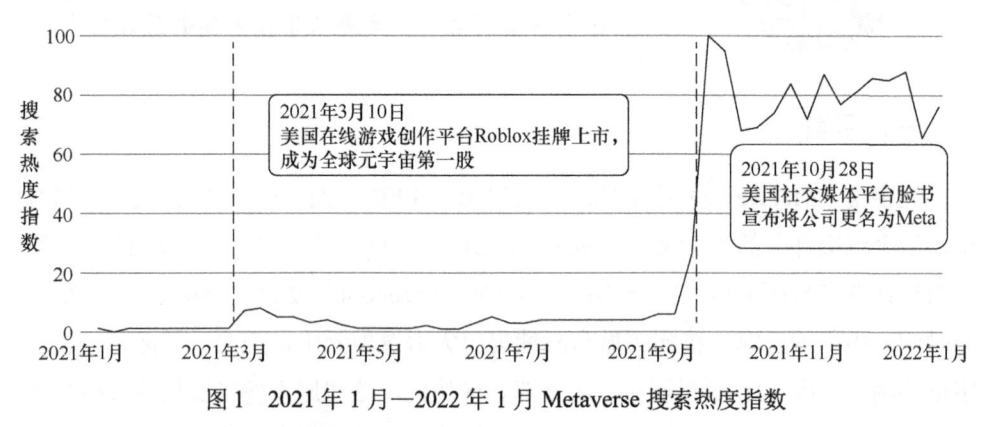

图 1　2021 年 1 月—2022 年 1 月 Metaverse 搜索热度指数

二、元宇宙的概念辨析

元宇宙预示着一种新的未来文明形态，它既是一种想象，也是一种现实，每个现实世界的人都可以凭借虚拟身份同时生活在虚拟世界和现实世界中。这个世界不仅建立在人工智能、区块链等技术的基础上，同时也构建了一套新的经济、社会系统。比如，科幻电影《头号玩家》中的角色可以在虚拟世界《绿洲》里购买装备，然后线下收货，凸显了元宇宙作为"新的经济、社会和文明形态"的典型特征[3]。

当前，学界和产业界还没有形成有关元宇宙的统一认识和定义：有的从技术视角，强调元宇宙是建立在扩展现实之上的技术；有的从整体功能出发，认为元宇宙是一个既与现实世界平行，又相对独立的虚拟数字空间；有的从用户场景的角度观察，关注相关技术在购物、社交、办公等领域的应用。虽然认识和定义不同，但如果以现实世界为参照，可以大致提炼出元宇宙的基本构成元素，即人、人的关系、生产资料、经济体系和技术体系。在元宇宙搭建的世界中对这五个基本元素进行了改造和重构。作为一个复杂系统，元宇宙的演进也符合人类社会发展的规律，通过数字技术创造了虚拟数字人，然后围绕不同的数字角色衍生出多样化的人际关系，继而在社会互动中继续产生各类基于关系的商品交易等人类活动。

这五个基本元素大致可划分为三个层级，分别为要素层（人、信息与物）、协作层（人与人、信息、物品的交互）和技术层（支撑元宇宙场景的技术体系）。在发展初期，元宇宙主要聚焦在要素层和技术层方面的创新，而协作层的要求较高，还需要制度规则方面的长期探索与创新，影响着元宇宙在内容生产、交易规则等生态的规范和完善。因此，元宇宙时代的真正到来还需要较长时间。

元宇宙是人们对虚拟世界的一种想象，但究竟这个世界会怎么实现和运行，显然受到物质环境和技术条件的制约[4]。早在30年前，VR技术就已率先应用在宇航员训练等领域[5]，那为什么要等到30年后这个概念才引起人们的广泛关注？这依赖于人工智能、云计算、5G、区块链等配套技术的发展成熟，需要元宇宙整个产业价值链各环节的协同与支撑。因此，元宇宙从来不是一个静态的概念，而是随着想象和技术的不同组合呈现出的一个动态演进过程。伴随着新技术的发展，虚实之间的互动变得更加容易[6]。过去，支撑元宇宙世界的技术还很初级，很多技术往往最终成为实验室中的"半成品"，无法进行大规模产业化应用。2021年，元宇宙如此火爆的背后原因，除了企业对商业利益的追求，以及新冠肺炎疫情的影响，还有一个很重要的原因，就是其发展已初步具备了产业化的基础。虚拟现实、人工智能等技术发展迅速，产业界对这些智能技术产生了强烈的需求。元宇宙顺应了数字经济时代新一轮产业革命的召唤，技术创新、产业升级、经济诉求、疫情影响，所有这一切都汇聚在了2021年这个时间节点，共同推动着元宇宙这个早已存在的概念成为全球关注的焦点。

三、元宇宙价值链

（一）价值链与价值网

在管理学中，有关价值链与价值网的研究大多是围绕产业链上下游之间的配合与协作关系来展开的。价值链最初强调的是单个企业的竞争优势，随着全球范围内社会分工和业务的扩展，企业跨地区、跨国之间的协作越来越频繁，研究视角也从企业内部扩展到不同企业之间。后来，随着 IT 技术的发展，有学者提出虚拟价值链（Virtual Value Chain）概念，并指出，一种具有非线性的矩阵关系的产业链关系模型，将会表现出更强的价值竞争优势[7]。价值链为企业实现市场最优价值目标、增强企业的价值管控能力提供了战略支持[8]。随着产业链不断向研发端延伸，企业的竞争优势也从传统的资源领域向知识信息管理等领域延伸[9]。2001年，Gereffi 等[10]提出全球商品链概念，把价值链与全球化的产业和组织分工关联起来，为后续研究全球价值链的结构、演进机制奠定了基础。全球价值链呈现多极化、分工精细化、专业化等新特征[11]。全球价值链对宏观经济的影响日益增强。受贸易战、新冠肺炎疫情等影响，国际格局与产业分工经受着巨大挑战，全球价值链面临优化调整[12]。人工智能、区块链等数字技术重塑着经济、社会的边界与运行模式，将越来越多的参与者卷入其中，特别是作为消费端的用户被吸纳进全球价值链成为新的驱动力[13]。因此，企业不仅要积极协调内部的业务流程，还需要主动捕捉市场中的用户需求，积极响应和调整市场策略。特别是在数字经济时代，公民—消费者被赋予新的角色，成为经济价值形成的一个重要来源[14]。数字驱动的升级成为全球价值链升级的新方向。

中国学者在价值链研究方面也进行了许多新的探索和发展。王海林[15]认为，价值链是一条从供应商到用户的链条，这些链条相互关联作用，构成一个完整的价值系统，将价值链的线性思维推向非线性的系统思维。田洪刚[16]指出，我们需要构建一个体系，以价值链来对企业的技术进行管理。此外，信息技术的发展使得知识与信息在企业生产经营中的重要性急剧增强，价值链之间的网络协同受到重视。以价值链理论为基础，价值网络得以形成和发展。

价值网的提出使得竞争战略由以产业链为基础的价值链转变为以产业网络为

基础的价值网[17]。区别于价值链，价值网所具有的网络化特征使得企业管理中的价值能力研究从产业链的上下游关系转向由行动主体、资源要素等组成的网络关系[18]。信息技术使得原本相互独立的客户和企业被联系在一起，构成一个庞大而复杂的网络[19]。价值网被视为一种新的产业运行模式，是将客户需求与企业业务及其他相关价值活动融为一体的快速供应系统[20]。价值网强调系统整体的协调运作，而不是传统价值链按上下游关系运作[21]。市场客户的价值需求、产业组织的核心能力和企业主体之间的相互关系是价值网的重要构成[22]。在价值网中，主体之间的价值关系不再是上下游的线性关系，而是由不同主体（节点）组合而成的网络（连边）关系。价值网整体的演化推动着企业的竞争优势从内部走向外部，增强自身内外部的价值调节和动态匹配能力[23]。

价值网理论凸显了复杂网络中，企业业务和组织之间的关联在增强竞争优势中的重要作用。从价值链到价值网的转变，正是从强调占据价值链中的生态位来获取竞争优势，转向关注构建价值网的整体协同能力来获取价值。

（二）元宇宙价值链

目前，有关元宇宙价值链的模型主要有拉多夫和波尔的元宇宙模型，特别是拉多夫的元宇宙模型应用最为广泛。在该模型中，元宇宙参与者大致可以分为四类：第一类是头部互联网企业，这类企业包括 Meta、Netflix 等，它们拥有完善的生态体系，方便连接终端用户，竞争格局相对稳定；第二类是大型软硬件企业，这类企业主要活跃在拉多夫模型中的人机交互层和空间计算层，如微软、IBM 等，长期专注于软硬件技术研发；第三类是基础设施提供商，包括英特尔，AMD、英伟达等厂商，它们是元宇宙新基建的主导者；第四类是专业型企业，这类企业数量众多，在价值链各环节分布最为广泛，成为元宇宙产业的生力军。这类企业的存在预示着人人经济时代的到来[24]，创造了一种新的工作形态，出现了以 Roblox 为代表的新型平台，这些企业成为创作者经济繁荣的受益者。

在波尔的元宇宙模型中，相关产业被划分为硬件、网络、用户行为等八个组成部分。这两个模型为人们认识元宇宙的产业结构提供了重要参考，但这两个模型也存在一些问题，如不同价值层之间的边界有所重叠、划分方式重视消费端而相对忽视产业端等。

针对这些问题，本文在借鉴拉多夫的元宇宙模型的基础上，构建了元宇宙五层价值链模型，具体包括感知体验层、网络计算层、平台算法层、内容生态层、经济架构层（见图2）。其中，价值链中的企业划分为头部互联网企业、大型软硬件企业、基础设施提供商、专业型企业四大类。

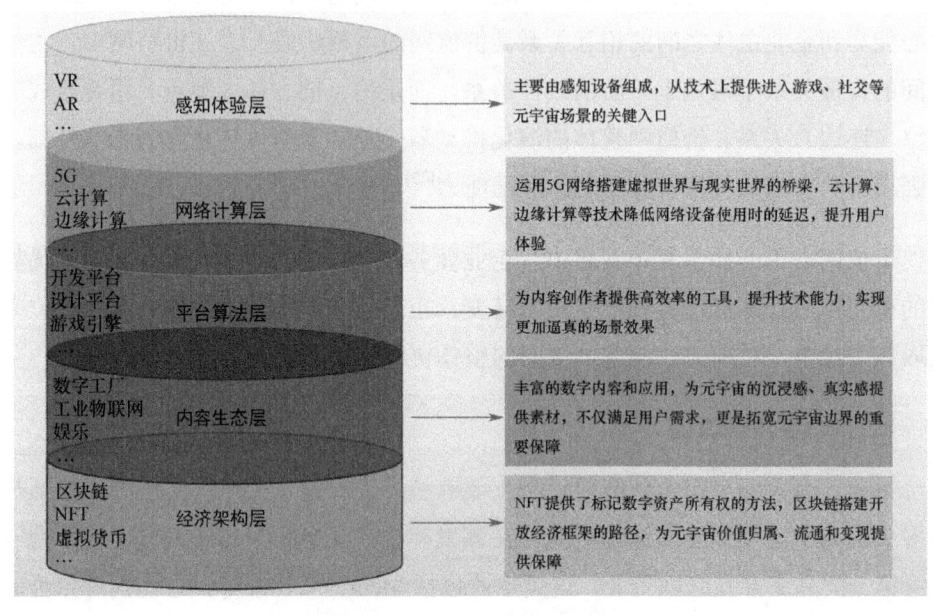

VR AR …	感知体验层	主要由感知设备组成，从技术上提供进入游戏、社交等元宇宙场景的关键入口
5G 云计算 边缘计算	网络计算层	运用5G网络搭建虚拟世界与现实世界的桥梁，云计算、边缘计算等技术降低网络设备使用时的延迟，提升用户体验
开发平台 设计平台 游戏引擎	平台算法层	为内容创作者提供高效率的工具，提升技术能力，实现更加逼真的场景效果
数字工厂 工业物联网 娱乐 …	内容生态层	丰富的数字内容和应用，为元宇宙的沉浸感、真实感提供素材，不仅满足用户需求，更是拓宽元宇宙边界的重要保障
区块链 NFT 虚拟货币 …	经济架构层	NFT提供了标记数字资产所有权的方法，区块链搭建开放经济框架的路径，为元宇宙价值归属、流通和变现提供保障

图2　元宇宙五层价值链模型

Roblox公司首席执行官Baszucki指出，构建元宇宙至少需要具备八大基本要素，分别是身份、朋友、沉浸感、低延迟、多元化、随地、经济系统、文明。中国企业也有类似观点。2020年，在腾讯提出的"全真互联网"的研究中就指出，实时真实、社交性、心流、可互操作性、平台性、拥有经济系统、开放性是构建元宇宙的七大基本要素。对比以上要素可以发现，当前元宇宙的发展主要聚集在价值链的游戏、社交等内容生产领域，以及VR头显等硬件研发环节，与元宇宙的成熟形态还存在较大差距。

本文提出的元宇宙五层价值链模型从产业视角考虑了元宇宙发展的技术特征及产业布局的现实性，也从沉浸性、真实性、便利性、多元性四个方面兼顾了用户的需求。元宇宙五层价值链模型对这四个方面的完善提供了结构性支撑，有助于元宇宙世界的搭建。

首先，在沉浸性方面，感知体验层中的虚拟现实（VR）技术让用户可以从过去只能通过文字等方式与智能技术进行交互的环境中解脱出来，采取更加自然的人机交互方式，使虚拟世界与现实世界的同步性更佳。网络计算层的 5G 等技术将满足用户在使用 VR 设备时对高吞吐、低延时的需求，云计算提供了更强的计算能力，支撑了大规模用户同时在线。平台算法层为各类数字内容的创作提供了丰富的创作工具，其中的游戏引擎更是数字场景效果的增强器，为身处不同数字场景的用户创造了更好的沉浸式体验。

其次，元宇宙数字内容的真实性一直受到人们诟病。受制于软硬件、感知设备等技术条件，数字内容的画面精度与真实世界存在较大差距。逼真效果离不开渲染技术，而这需要实现平台算法层在算法、算力方面的突破。英特尔高级副总裁 Koduri 指出，要实现真正的元宇宙还需要在当前算力的基础上提升 1000 倍。虚拟人物形象从表情到服饰都离不开网络计算层中高宽带、低延迟通信技术的发展，从而保障数据传输。在内容生态层，人工智能辅助数字内容的生产和流通降低了创作门槛。经济架构层中的区块链等技术有望提高数字商品、数字货币价值的真实性，实现实体与虚拟的深度融合。

再次，在便利性方面，当前各领域的元宇宙应用之间缺少连接，无法实现用户在元宇宙中的自由来往。传统客户端-服务器端的运行模式导致用户使用门槛较高，降低了用户进入元宇宙的便利性。网络计算层的边缘计算、云计算等技术未来将支撑海量用户同时在线，保证用户接入的便利性。感知体验层中的 VR 设备必然向轻量化、便捷化演进，当前宣称最轻便的 Oculus 头盔其重量也有 500g 左右。在经济架构层，NFT 和区块链构建了元宇宙的基本交易秩序和价值载体，为价值流动提供了便利性。

最后，在多样性方面，相比于现实世界，元宇宙对内容创作的数量、类型有着差异性的需求。在元宇宙中，内容的生产方式除了传统的 UGC（用户生产内容）、PGC（专业生产内容），网络计算层、平台算法层中的各种人工智能技术将为内容的创作提供技术支撑，提升内容生产的效率，丰富内容生产的多样性，以实时生成、实时反馈的方式提供给用户。随着大量高质量内容的涌现，用户在虚拟世界中将获得更加多元化的内容体验。在经济架构层，区块链、NFT 等技术将引导生产端的内容生产，帮助元宇宙中的数字产品实现价值发现和价值交换，丰富元宇宙的经济生态。

四、元宇宙产业布局的关键参与者

利用元宇宙五层价值链模型，从感知体验层、网络计算层、平台算法层、内容生态层和经济架构层对国内外不同价值链环节的产业布局进行分析，其中的关键参与者主要分为头部互联网企业、大型软硬件企业、基础设施提供商、专业型企业四类。

（一）国外元宇宙企业价值链

如表 1 所示，国外企业在元宇宙产业中的布局分布广泛，头部互联网企业、大型软硬件企业、基础设施服务商、专业型企业这四类创新物种在元宇宙价值链中的投资战略和侧重点各有不同。

从企业类型来看，以 Meta 为代表的头部互联网企业，凭借雄厚的资金实力，投资力度大，发展元宇宙的动机强烈，对从感知体验层到经济架构层的价值链全链条都进行了布局；以 IBM 为代表的传统 IT 公司，除微软外，整体上对元宇宙的发展态度相对保守。一方面，来自互联网巨头的挑战倒逼着这类企业加速进入元宇宙的赛道以实现防御性的战略布局；另一方面，这些企业已有的商业模式和资源禀赋条件尚未构建起未来市场竞争的明显优势。以亚马逊、英伟达为代表的一批基础设施服务商积极探索元宇宙，特别是在云计算等底层基础设施方面处于全球领先地位，但这类企业的布局主要集中在网络计算层和平台算法层，在硬件接入设备、内容创作、经济生态方面的布局较为薄弱，主要还是立足自身优势，关注元宇宙技术与其自身业务的结合。比如，亚马逊大力推进虚拟技术在电商领域的应用。总体来看，国外元宇宙生态已初步具备一定的多样性，各类专业型、成长型的创新企业覆盖价值链的多个环节。

表 1　国外企业价值链布局

关键参与者	代表企业	重点布局	感知体验层	网络计算层	平台算法层	内容生态层	经济架构层
头部互联网企业	谷歌、Meta、苹果等	拥有流量入口优势，能够便捷连接用户，在价值链各环节分布广泛，大量活跃在感知体验层和内容生态层	Meta Quest	谷歌 Iaas 云	苹果 Reality Converter	Meta AppLab、苹果 ARKit	Meta Libra、谷歌联合 Dapper Labs 发力区块链
大型软硬件企业	微软、IBM、甲骨文等	大量活跃在网络计算层和平台算法层，主要负责 3D、虚拟现实的软硬件技术研发	微软 Hololens、索尼 PS VR	微软云 Azure、Dynamics 365	微软 Mesh for Teams	PS Store、Orange "Immersive Now" beta	—
基础设施提供商	英伟达、AMD、亚马逊等	大量活跃在网络计算层和平台算法层，为元宇宙搭建数字基础平台	—	高通 Cloud AI 100、亚马逊 AWS、Amazon Private 5G	英伟达 Omniverse、亚马逊 Lumberyard	亚马逊 Room Decorator	—
专业型企业	以太坊、Roblox、Unity 等	覆盖价值链多个环节，数量众多，专业性强	Magic Leap、Valve Index	EdgeConneX、Matterport	Epic 虚幻引擎、Unity 3D 引擎、Niantic Lightship	Roblox、Sandbox	Dapper Labs、以太坊

（二）中国元宇宙企业价值链

如表 2 所示，中国企业综合实力与国外相比存在差距，大多数企业都在暗中推进元宇宙发展，以及通过投资其他公司进行生态布局。作为头部互联网企业的代表，腾讯是中国元宇宙产业的领头羊，与字节跳动一起，成为中国当前能够与国外企业竞争的实力选手。但是，这类企业主要聚集在内容生态层，在其他价值链环节虽有布局，但大多通过投资国外企业完成，而且发展也处在起步阶段，特别是在软硬件计算和平台建设方面与国外差距较为明显。以联想为代表的传统 IT 公司并未大举进军元宇宙产业，当前主要立足已有的技术和资源优势，聚焦细分领域积极试水，基本属于轻度参与。比如，联想通过"AR+AI"发挥制造业优势，重点关注工业元宇宙而非消费元宇宙。在基础平台层方面，以华为为代表的中国企业在技术储备和布局上特色较为明显，在感知设备、芯片、操作系统、VR引擎、内容搭建等方面均有布局。作为全球领先的云服务商，阿里巴巴更多聚焦在价值链的网络计算层和平台算法层，以云为基础构建硬件体系、软件体系和应用体系，发布"元境"平台，致力打造基于云的底层基础设施，对元宇宙保持跟进态度。活跃在内容生态层的专业型企业，虽然在其他价值链环节也有参与，但整体上讲，目前大多处在起步阶段，主要是以游戏、内容开发为主，无论是数量，还是技术能力，与国外同类企业相比差距明显。

表2 中国企业价值链布局

关键参与者	代表企业	重点布局	感知体验层	网络计算层	平台算法层	内容生态层	经济架构层
头部互联网企业	腾讯、百度、字节跳动等	具有流量优势，在社交、游戏领域地位稳固，在软硬件技术储备方面与国外企业仍有差距，大量活跃在感知体验层和内容生态层	字节跳动Pico	腾讯云	字节跳动投资代码乾坤、百度飞桨、京东OmniForce	百度希壤、腾讯幻核	腾讯至信链、百度超级链
大型软硬件企业	联想、中兴等	活跃在网络计算层和平台算法层，主要为3D、虚拟现实的软硬件技术公司	联想ThinkReality A3	联想通过"AR+AI"布局"工业元宇宙"	中兴于2021年成立技术团队，在引擎算法方面开始布局	—	—
基础设施提供商	华为、阿里巴巴等	活跃在网络计算层和平台算法层，为元宇宙搭建数字基础设施	华为VR Glass	阿里巴巴"元境"、XR实验室	华为AR Engine	华为"星光巨塔"	阿里巴巴蚂蚁链
专业型企业	莉莉丝、米哈游、Soul等	活跃在感知体验层和内容生态层，丰富数字内容生态	凌宇智控VR、大朋VR	—	商汤科技Sense MARS	莉莉丝"达芬奇计划"、米哈游HoYoverse、Soul	—

（三）国内外元宇宙企业价值链比较

从全球范围来看，国内外企业的元宇宙布局各具特色。整体上，美国企业的综合实力突出，从感知体验层到经济架构层都涌现出许多特色鲜明的企业，且企业类型较为多样化。美国的头部互联网企业涉足价值链多个环节，在市场份额和技术能力上占据全球领先位置。相比之下，中国互联网企业目前还处在发展初期，布局方式为自主研发和投资国外企业并重，技术积累需要增强。对于大型软硬件企业，美国企业在感知体验层、网络计算层和平台算法层已形成拳头产品，中国同类企业大多处在消费元宇宙的规划启动阶段，以联想为代表的传统IT企业主要布局工业元宇宙。以华为、阿里云为代表的中国企业在网络通信、云计算等基础设施建设方面势头良好，技术积累雄厚。

从短期来看，国外企业在感知体验、软硬件开发、基础设施建设方面占有优势，特别是在作为元宇宙重要入口的VR、AR设备方面，国外企业处于全球市场的绝对主导地位，中国企业的占比较低，主要是通过投资进行布局的。目前元宇宙发展最为火爆的领域是游戏领域，而游戏领域最依赖平台算法层的游戏引擎，它是搭建虚拟世界的底层基石。对于国外企业，无论是专业型企业Unity，还是基础服务商英伟达，它们在图形渲染、动画效果方面均处于世界领先地位，而中国尚未出现能够对标的企业。

从中长期来看，中国企业在5G通信、云计算、人工智能等基础设施方面发展势头良好，存在弯道超车的机会。凭借在用户基数、社交等方面的积累，中国企业在价值链的内容生态层发展态势良好，未来在内容创作和场景搭建方面的想象空间巨大。随着在人才建设和投资布局方面的加强，中国在网络计算层、平台算法层与国际巨头的差距正在逐步缩小。5G通信技术超前布局，市场成熟度较高，加上中国企业在互联网上半场积累的用户、人才和资本等优势，5G通信技术未来有望在价值链上的数字基建和内容生产等领域展现出巨大增长潜力。

（四）元宇宙产业未来发展路径与机遇

从微观个体的演化来看，国内外企业的成长表现出差异性，但如果从价值链整体的发展演化路径来看，两者又具有一定的相似性。从发展路径来看，元宇宙大致可以分为面向用户的消费元宇宙和面向企业的工业元宇宙。在消费元宇宙方面，国外以 Quest 2、Azure、Roblox、Epic、以太坊为代表的价值链发展模式为主导。相比国外，尽管在整体实力上有差距，以字节跳动 Pico、阿里云、华为 AR Engine、华为"星光巨塔"、阿里巴巴蚂蚁链等为组合已初步搭建起中国消费元宇宙的基础架构。在工业元宇宙方面，英伟达作为数字经济服务商，凭借其在物理引擎、算力等方面的强大能力，将元宇宙渗透到各产业，做强企业端；微软立足其在信息化、办公软件方面原有的优势，将沉浸式体验渗透到企业生产管理中，打造工业元宇宙生态。中国企业以华为、阿里巴巴、联想为代表，在芯片、操作系统及 5G 通信领域拥有较强的技术能力，在工业元宇宙的后端基建、人工智能等方面获得良好开局。

1. 发展路径演化的时间轨迹

从发展路径演化的时间轨迹来看，元宇宙大致可以分为短期、中期、长期三个阶段。整体上，当前元宇宙的发展还处在初期阶段，发展过程呈渐进式而非突变式特征。

从短期来看（5 年内），价值链中的感知体验层和内容生态层将率先发展，一大批娱乐、内容、社交等虚拟平台将会出现，沉浸性、真实性的用户体验是该阶段发展的关键目标。网络计算层的软件工具将围绕构建虚拟社交关系平台来展开，逐步实现人工智能技术辅助内容生产。

从中期来看（5~10 年），感知体验层的新型智能终端的全面发展将成为该阶段的重要标志。在这个阶段，元宇宙开始从消费端向生产端转移，虚拟现实技术与网络计算层的 5G、云计算相结合，线上线下连接构成的数字服务，以及经济架构层中更加成熟的数字设施和规则的完善将成为元宇宙生态的关键组成部分。到那时，元宇宙将向更多的体验方向拓展，教育、会议等将转移至虚拟世界，同时，随着数字货币和数字信息资产化的发展，经济系统开始萌芽。

从长期来看（10 年以上），人类需求的升级、技术变革的加速将贯通元宇宙价值链的各环节，虚拟与现实、软件与硬件都将找到更有效的结合模式，用户的体验将得到实质性的提升，使用便捷性、内容多元性等特征更为显著，数字孪生、虚拟数字人等领域将在用户端与生产端同步发展，在云计算、5G技术的网络环境下，元宇宙将产生更大的社会价值和经济价值，成为人类生产生活的新实践场景。经济架构层也将逐步形成一套完整的标准协议，打通各个虚拟平台。

2. 短期机遇和长期机遇

对应元宇宙发展的三个阶段，我们可以看到，在短期机遇方面，元宇宙的应用当前主要还是聚焦在娱乐、设计和游戏等内容领域。在这个方面，中国具有竞争力的代表企业是腾讯和字节跳动，它们基于对用户需求的全方位感知，利用前期积累的流量优势提前布局。可以预见，短期内拥有更大用户规模、更好用户体验、更丰富内容创作的头部互联网企业将继续成为元宇宙产业的关键参与者。此外，用户要接入元宇宙就需要使用感知体验层的终端设备，而这会创造出更多新的产业链，催生出新的制造需求。对于制造业大国的中国而言，元宇宙将会是一个新的机会，我们有望推动元宇宙产业演进到高速成长期。

从长期来看，元宇宙发展的机遇在于技术体系和多元化经济生态的完善。只有满足沉浸性、真实性、便利性、多元性之后，元宇宙时代才可能真正到来。然而，从价值链环节来看，这既取决于5G、云计算等技术的发展，又依赖于经济架构层中区块链、NFT等技术和规则的完善，只有上述条件都满足才能保证用户身份和数字内容、数字资产的唯一性与真实性。因此，围绕经济架构层搭建完整且与真实世界相互关联的经济系统，将具有重要战略意义。

五、产业政策建议

当前元宇宙的发展主要聚焦在游戏、社交等有限的场景内，离真正元宇宙的到来还有很大距离。用户端的沉浸性、真实性、便利性、多元性四个方面还需要提升，而这都依赖元宇宙五层价值链模型各环节关键技术的突破。与过去所有的新事物一样，元宇宙在给人们带来无限想象的同时，也面临着新的挑战，需要探索新的政策思路。

（一）夯实平台，加大基础设施投入

在产业发展初期，企业的布局相对分散，尚未形成完善高效的产业价值链，

无法实现规模效应。特别是对于元宇宙中的创新型企业，由于其发展初期基础设施不完善，其成长速度和成长能力受到限制，不利于产业生态的健康持续发展。当前，中国正着力推进基础设施建设，但总体上，中国的元宇宙产业发展仍处于起步阶段。2021 年，《上海市电子信息产业发展"十四五"规划》明确提出，要"加强元宇宙底层核心技术基础能力的前瞻研发"。《武汉市 2022 年政府工作报告》指出，要"加快壮大数字产业，推动元宇宙等与实体经济融合"。各地政府正在加快布局元宇宙，但目前的状况与实现产业成熟所需的底层技术支撑条件还有很大差距。应加大平台层的关键技术投入，优化产业生态。

（二）提升计算能力，强化技术研发

元宇宙的交互式和沉浸式体验需要以通信技术和计算能力的提升为保障，当前，技术条件仍然是企业进入元宇宙产业的主要瓶颈，硬件产品的画质与流畅度、沉浸感不佳，信号传输、算力等领域都亟待突破。因此，应进一步加强关键技术的国产化研发，降低技术门槛，特别是在价值链的计算层，加快机器学习、人工智能技术研发，运用云计算等技术加强 VR、AR 设备升级，提升设备、云计算平台、内容应用之间的互联互通，提升用户端的体验感，提高国产设备全球出货量并扩大市场规模。加快 5G、云计算建设布局，强化元宇宙的技术基础。

（三）优化感知体验，增强用户沉浸感

随着应用场景的丰富、技术成本的下降，感知体验层的企业迎来高速成长。但是，整体来看，头显等硬件设备的性价比依然不高，加上用户对数据隐私、佩戴舒适度和便捷性的更高需求，用户普及率并不令人满意，VR 等设备在技术参数、应用场景等方面与理想状态相比还有很大差距。因此，在价值链的感知体验层，相关企业应继续加强关键技术研发、加快设备升级迭代、降低研发成本，提升元宇宙的体验感。相比于国外企业，中国的终端设备市场规模小、渗透率低，缺少标杆性企业，整体处于起步阶段，消费级内容和生态尚未成熟。技术研发会带来体验的改善，这也将进一步形成技术与内容、硬件与软件的闭环，加速推进内容生态升级。

（四）探索商业模式，丰富内容生态

元宇宙需要海量、优质的内容为保障。目前元宇宙的商业模式不够清晰，部分企业单纯追求技术性能提升以争取最大的资本关注度，缺少对用户真实需求的挖掘，盈利方式简单粗暴，拓展性较弱，主要出售终端设备和相对简单的付费内容。因此，在价值链的内容生态层，应加强商业模式的探索，满足用户对应用和内容的需求。一方面，企业可以利用元宇宙相关技术进行数字化改造；另一方面，元宇宙所需要的大量内容，图像、音乐、IP 资源等都需要研发创新，由此引发的需求巨大。仅以虚拟人为例，就已催生出成百上千家企业，而现在还仅仅是元宇宙产业发展的初期。随着元宇宙产业的发展成熟，相关市场规模将十分可观，这更需要多元化、可持续的商业模式作为支撑。

（五）监管松弛有度，给发展留足空间

产业发展中技术的因素固然重要，但只有搭配上相应的基础设施，它们的作用才能有效发挥。要完成高水平的基础设施建设，政府必然要发挥重要作用。元宇宙产业在交易监管、数据隐私等方面面临着巨大挑战，需要政府的协调和监督。历史经验证明，没有政府介入、没有法律存在的网络世界只会弊病丛生，元宇宙也不例外。当然，监管需要松弛有度，要给企业发展留有空间。政府部门需要积极引导，加快顶层设计，提升风险管控能力。允许有基础、有现实应用场景的领先企业先行先试，在探索中出台相关产业标准和规范，制定好预防性措施。元宇宙作为新兴产业形态，需要科学化、专业化的政府监管。协调多方力量，做好前瞻布局，及时总结经验和教训，对新生事物多一些理性，为元宇宙产业的健康发展提供更好的保障。

（原文发表于《财经问题研究》）

参 考 文 献

[1] 袁园，杨永忠. 走向元宇宙：一种新型数字经济的机理与逻辑[J]. 深圳大学学报（人文社会科学版），2022，39(1)：86-87.

[2] Baud-Lavigne B, Agard B, Penz B. Mutual impacts of product standardization and supply chain

design[J]. International journal of production economics, 2012, 135(1): 50-60.

[3] 喻国明. 未来媒介的进化逻辑："人的连接"的迭代、重组与升维——从"场景时代"到"元宇宙"再到"心世界"的未来[J]. 新闻界，2021(10)：54-60.

[4] 胡泳，刘纯懿."元宇宙社会"：话语之外的内在潜能与变革影响[J]. 南京社会科学，2022(1)：106-108.

[5] 汪成为，高文，王行仁. 灵境（虚拟现实）技术的理论、实现及应用[M]. 北京：清华大学出版社，1996：31.

[6] 陈永伟，程华. 元宇宙经济：与现实经济的比较[J]. 财经问题研究，2022(5)：3-16.

[7] Rayport J F, Sviokla J J. Exploiting the virtual value chain[J]. Harvard business review, 1995, 73(6): 75-99.

[8] Magretta J. Fast global, and entrepreneurial: supply chain management, Hong Kong style, an interview with Victor Fung[J]. Harvard business review, 1998, 76(5): 102-114.

[9] Wise R, Morrison D. Beyond the exchange: the future of B2B[J]. Harvard business review, 2000, 78(6): 86-96.

[10] Gereffi G, Humphrey J, Sturgeon T. The governance of global value chains[J]. Review of international political economy, 2005, 12(1):78-104.

[11] 程健，王奎倩. 全球价值链发展的新趋势及我国的应对之策[J]. 现代管理科学，2017(7)：112-114.

[12] 汤铎铎，刘学良，倪红福，等. 全球经济大变局、中国潜在增长率与后疫情时期高质量发展[J]. 经济研究，2020，55(8)：4-23.

[13] 荆林波，袁平红. 全球价值链变化新趋势及中国对策[J]. 管理世界，2019，35(11)：72-79.

[14] Lammi M, Pantzar M. The data economy: how technological change has altered the role of the citizen- consumer[J]. Technology in society, 2019(59): 1-8.

[15] 王海林. 价值链内部控制模型研究[J]. 会计研究，2006(2)：60-65.

[16] 田洪刚. 企业成本管理与价值链管理模式的融合创新[J]. 商业经济研究，2020(3)：130-132.

[17] 亚德里安·J. 斯莱沃斯基，大卫·J. 莫里森，劳伦斯·H. 艾伯茨，等. 发现利润区[M]. 凌晓东，刘文军，张春子等译. 北京：中信出版社，2000：1-30.

[18] Gulati R. Network location and leaning: the influence of network resources and firm capabilities on alliance formation[J]. Strategic management journal, 1999, 20(5): 397-420.

[19] Andrews P, Hahnj. Transforming supply chains into valuewebs[J]. Strategy and leadership, 1998(7): 7-11.

[20] Bovet D, Martha J. Value nets: breaking the supply chain to unlock hidden profits[J]. Soundview executive book summaries, 2000, 22(7): 1-8.

[21] Preblej F, Reichel A, Hoffman R C. Strategy alliances for competitive advantage: evidence from Israe's hospitality and tourism industry[J]. International journal of hospitality management, 2000, 19(3): 327-341.

[22] Kathandaraman P, Wilson D T. The future of competition: value-creating networks[J]. Industrial marketing management, 2001, 30(4): 379-389.

[23] 荀昂,廖飞. 基于组织模块化的价值网研究[J]. 中国工业经济,2005(2): 66-72.

[24] 克莱·舍基. 人人时代：无组织的组织力量[M]. 胡泳,沈满琳译. 杭州：浙江人民出版社,2015：37-39.

| 高红冰 |
元宇宙将带来巨大的产业和生态变革

高红冰，信息社会 50 人论坛理事、阿里巴巴集团副总裁、阿里研究院院长、中国社会科学院信息化研究中心理事和特邀研究员、清华大学经管学院新商业学堂特聘教授、北京大学国家发展研究院 EMBA 特聘教授。

元宇宙是游戏，是社交，还是娱乐？相比面向消费者市场的 2C 元宇宙场景，面向企业市场的 2B 元宇宙场景更有可能因为元宇宙技术的发展产生革命性变化。中国正从制造大国向制造强国转变，更需要关注元宇宙技术在工业数字化领域的应用以及可能带来的产业变革。

包括元宇宙在内的未来技术不断改变着商业世界，也改变着人们的日常生活和社会治理方式。在技术规模普及的当代，如何预防技术给人和社会带来负面影响？如何让科技力量发挥对人更有用的价值？在备受关注的"热话题"元宇宙的背后，我们更需要进行冷思考，从多个角度探讨技术发展如何更普惠、更负责。

一、元宇宙将加速发展

关注元宇宙，要关注技术的发展，更要关注元宇宙从何而来，未来存在哪些挑战和问题。

元宇宙不是新鲜事物，之前就已经存在。2004—2005 年出现的应用程序《第二人生》就已把元宇宙的表现方式呈现出来。在《第二人生》中，人们可以在网上建立虚拟的个人世界，创建数字身份，通过 ID 号拥有第二份人生。《第二人生》实际上就是今天探讨的元宇宙雏形。

当然，那时并没有NFT、数字资产的概念，没有区块链等技术。随着元宇宙的发展，还会不断有创新技术加入，让元宇宙获得更大发展。但在《第二人生》中，我们就已经可以窥探元宇宙的秩序：应用程序里的"居民"可以购买网络虚拟资产、虚拟地产，创建和发行各种数字作品，对虚拟地产和数字产品拥有所有权、命名权、转让权。

《第二人生》还发明了虚拟货币Linden Dollar，在这个应用程序中设有虚拟交易所，用户甚至可以将Linden Dollar与美元进行兑换，实现与现实社会的互动。《第二人生》也为用户提供了虚拟工作场景，很多企业可以创建虚拟场景来给员工开会、举办活动、提供培训。《第二人生》还给企业客户提供了新品的演示、培训中心。IBM就在《第二人生》中建立了十几个岛屿。马尔代夫、瑞典、爱沙尼亚、哥伦比亚、菲律宾、阿尔巴尼亚、以色列、马耳他等主权国家也在《第二人生》开办大使馆。《第二人生》中有虚拟艺术展、体育比赛、远程教育、宗教仪式，甚至游行示威，《第二人生》就是一个数字社会。

《第二人生》的媒体属性、社交属性成为大众传播的重要渠道，程序中传播的信息对现实社会产生了重要影响。2006年5月，《第二人生》登上《商业周刊》封面，并特别报道了在《第二人生》中通过数字产品交易诞生了一位百万富翁。当时很多人预测，《第二人生》开辟了数字虚拟世界，也就是今天的元宇宙。

但《第二人生》并没有延续至今，反而慢慢衰退。那么，为什么它没有发展起来？一个重要原因是它在当时基于PC的互联网上构建起来，缺乏能让用户长时间使用的应用和内容。当年，3G、4G技术还没有兴起，与5G技术广泛应用和普及的当代相比，局限很大，云计算尚未成为主要的算力基础。由于技术和基础设施限制，《第二人生》没有成为元宇宙的现实，但的确为今天的元宇宙培育了雏形。

随着新的网络空间和技术的出现，元宇宙时代已经到来。其实它在十几年前就已经出现，今天会加速发展。随着今后新的技术浪潮的出现，更多应用和内容会进入元宇宙，广泛的应用场景会推动元宇宙加速发展。

二、元宇宙是下一代互联网的主流代表

互联网的发展经历了三个阶段。

从 1994 年"中国互联网元年"开始，人们开始使用个人计算机进入互联网，进行游戏和社交等活动。PC 互联网时代的典型应用是淘宝。通过登录淘宝网站，用户在个人计算机上查询商品信息、交互、下单，并通过物流获得商品。

2008 年前后，智能手机和多点触控技术出现。PC 端的社交转向了今天移动端的社交。淘宝也从 PC 端转向移动端，还有很多新型电商，如直播带货兴起。在淘宝直播中，除了商品交易，甚至还出现了虚拟商品的交易和交互。

元宇宙正在开辟下一代互联网，即基于 VR 和 AR 眼镜或其他 XR 终端来构建新的互联网体系。在这个新的互联网体系中，人们会拥有新的身份或数字虚拟人。在元宇宙中，人与人交往，虚拟人与虚拟人交互，虚拟人和现实中的人也会交互。人们的社交呈现出立体化和虚实结合的交互体系。

元宇宙中的购买和交易，将会是在虚拟场景中进行的，人们可以与数字商品互动。未来，越来越多的购买和交互不再是实物商品交易，可能会以数字产品或比特产品形式进行交互。在新的元宇宙空间中，会出现新领土、新大陆，会有代币体系和 NFT 出现，契合和对应现实社会的货币体系。VR 和 AR 这样的新终端接入到互联网新系统中，会构建更多内容应用，促进新互联网时代的到来。

从 1994 年的个人计算机，到 2008 年的智能手机，到 2025 年会广泛普及的 AR、VR 眼镜或脑机接口等其他终端，新的创新空间会不断出现。当大规模应用和大量人群都在使用这些终端时，元宇宙就已经来到我们身边，成为我们生活的一部分。类似于现在的智能手机几乎成为我们身体的一部分，将来的 VR、AR 会进一步小型化，甚至进入我们的身体，变成"第六器官""第七器官""第八器官"。凭借背后的云计算系统，这些新器官会比原来的器官功能更强大，来延展生存和生活方式。

三、从 2C 到 2B，元宇宙的主战场在哪里？

今天的元宇宙更多来自面向消费者和规模用户市场的 2C 场景。出现更多的形式是数字人社交，用数字人去开会、娱乐、学习、购物，在不同场景中体验和交互，并可以拥有资产、购买资产。这些都是 2C 场景，是用户间互动产生的。这种互动带来了各种应用，创造了各种内容，会推动元宇宙早期的发展。这种积累会推动产业、应用生态、虚拟空间进一步发展，是元宇宙发展必然经历的一个重要阶段。

但随着 2C 场景的进一步饱满和应用的复杂化，元宇宙应用战场会进入到 2B 场景，会形成 2C 和 2B 的交互与融合。在元宇宙中也可以实施生产流程的设计，设计者可以轻松地用手指去拖拽生产设备。这些设备可能是虚拟的，也可能是实体的。通过虚拟世界仿真模拟，可以优化生产效率，提高生产安全性。在一些情况下，我们可以在元宇宙中创造仿真环境、模拟现实中的生产流程，来观察生产流程是否可行、效率有多高，这可以显著提高生产流程的精细化程度，实现高质量、高效率。因此，元宇宙在生产流程中会大有作为。

另外，在产品设计方面，元宇宙可以通过构建开放的互动产品设计平台，把消费者、生产者、设计师，甚至批发商、零售商集成在一处，一起去共创产品设计，甚至产品生产的过程。虚拟空间的平台更容易支持众包模式的产品设计，也可以更加快速地反馈产品设计效果，让产品设计不断迭代。通过规模化的协同，产品创新体系能够演化得更快。

四、元宇宙将带来全行业、全产业的生态变革

除了具体产品的生产和设计，元宇宙还可以提供全供应链的可视化。也就是说，客户可以在仿真环境中看到全产业链的数字孪生体系。在 3D 系统或 4D 系统中，产品生产、流转、交付，甚至物流，都可以通过数字化把可视化程度提升到前所未有的高度。

在未来智能经济或智能制造领域，元宇宙发展空间非常广阔。通过元宇宙提供虚拟环境，人们不需要真实生产、设计或者制造，就已经可以模拟出产业全流程，

能够更好地匹配消费端，帮助人们做好消费或决策，做到真正意义的按需定制。

通过 2C 场景和 2B 场景全链条打通或互动，元宇宙会帮助数字经济获得更高级的发展，创造全新的智能经济，生产、制造与消费零售的完美结合，能够创造新的经济增量。这会创造出今天无法预想的未来产品，让产品生产制造进入新的发展阶段。

在之前提到的不同互联网发展阶段，硬件设施发生了重要变化。从个人计算机到智能手机，再到操作系统、应用软件、社交形式，甚至产业发展都发生了很大变化。进入元宇宙时代，终端会由 VR/AR 承载，接下来还会有大量新终端出现，替换原来的个人计算机、智能手机，或者改造这些设备以帮助人们进入元宇宙。另外，操作系统、架构体系、应用软件都会发生全新的变化，分布式的多中心操作系统会逐步替代个人计算机和智能手机时代形成的操作系统和硬件系统。

在时代发展过程中，行业生态和产业生态会发生重大的变革，没有哪个企业可以脱离这个趋势，所有的企业都会被卷入其中。

五、Web3.0 与云原生

可以说，个人计算机是 Web1.0 时代，智能手机是 Web2.0 时代。那么，VR、AR 眼镜就是 Web3.0 时代。

在 Web3.0 时代，云计算会以云原生的方式出现。什么是云原生？当电灯出现时，用电的主要目的是照明，之后人们发现电的用途还可以更多，于是出现了冰箱、彩电、洗衣机等家用电器。因为有了电，我们开始创造发明各种终端的用电工具。云计算也一样，云计算原本是为数据存储和终端提供平台，但当云计算平台系统和生态建立起来时，大量的应用基于云计算产生。也就是说，云计算的出现会激发更多基于云计算的应用出现。

云计算应用大规模兴起后，数据和计算还在云计算平台。所以，云计算会变成原生的应用平台，帮助元宇宙的应用广泛发展。所以，元宇宙的世界一定是由云计算承载的云原生世界。

云原生什么时候会到来？元宇宙大规模、大范围的应用，以及其产业生态或规模经济的呈现，还需要更长时间的孵化和酝酿。虽然现在有 NFT 等元宇宙的活动，但要把实体制造业搬到云平台，形成更好的互动，取决于 VR、AR 眼镜的规模化普及。如果有 10 亿甚至 20 亿名用户每天长时间使用 VR、AR 眼镜，元宇宙时代就会像智能手机时代一样到来。我们只需要去关注 AR、VR 眼镜的普及率，包括购买率、使用时长，就可以判断元宇宙什么时候能够到来。

六、元宇宙的公平与正义、法律与伦理

随着元宇宙不断地演进，我们需要冷静思考元宇宙导致的公平与正义的新问题，思考在元宇宙中如何处理法律与伦理。我们必须要去构建一个以人为中心的元宇宙，而不能背离、贬低或摧毁人类的尊严，这是底线。

如何预防技术创新和变革给人类社会带来的负面影响？比如虚拟形象与现实中的人是什么关系？法律责任如何界定？一个人是否可以设置多个虚拟形象？一个人是否可以制造别人的虚拟形象？这些问题都会大量出现。另外，数字资产应该适用什么样的法律？权益如何保护？数字虚拟形象有没有性别？需不需要性别？如何设置性别？要不要创造新的法律，还是通过技术就可以解决？

另外，当我们在元宇宙中创造数字人时，可不可以把思想数据化以后放置到元宇宙中得以"永生"？能不能一键把人的思想传给数字虚拟人，缩短学习过程？在热热闹闹的元宇宙话题讨论中，要不要做一些冷静的思考，元宇宙的风险与原则是什么？社会问题、数字鸿沟等如何解决？

当我们能同步讨论这些问题时，就有可能更有效地保障元宇宙健康发展，避免技术走偏。

陈德人

元宇宙：数字化的下半场——技术与文化视角

陈德人，信息社会50人论坛成员、浙江大学计算机科学与技术学院教授、博士生导师，浙江外国语学院资深教授。长期研究信息技术与数字化应用，曾获国家科技进步奖、国家级教学成果奖等，被评选为首届"中国服务业科技创新人物"和"杭州数字人物"。

一、引言

在新冠肺炎疫情期间，我们足不出户，就利用互联网知道了很多的事和很多的人。其中，有两个人频频出境，其才识如今被公众普遍认可，除了大家熟知的医学专家张文宏，还有生命科普专家、生物学家尹烨。尹烨从自身专业的视角解读了创新的意义与方向，用通俗的话讲，人类进步的本质就是每一代都在颠覆上一代的理念，这就是基因的传承。他还特别提出了人类最需要探索的三个起源，即宇宙起源、生命起源和意识起源。这恰好就是元宇宙正在面临的问题。

二、宇宙起源：宇宙、地球与人类进化

根据科学家的研究考证，宇宙已经存在至少138亿年了，地球在宇宙中的存在也已经超过45亿年。人类在地球上的生存时间，根据迄今为止的考古结论，差不多也有300万年以上。目前最可靠的考古文物收藏于位于东非的肯尼亚国家博物馆和埃塞俄比亚国家博物馆（见图1）。

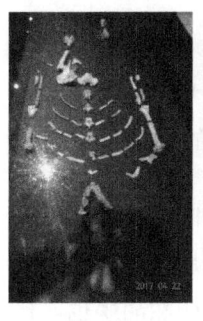

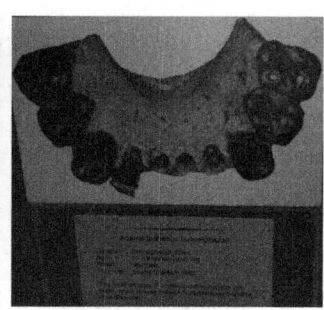

(a) 露西　　　(b) 露西复制品　　　(c) 肯尼亚平脸人　　　(d) 牙槽骨

图1　源自肯尼亚国家博物馆和埃塞俄比亚国家博物馆的藏品

人类在漫长的岁月里从无到有、从出生到死亡、从生存到发展、从小众到主流，直至成为地球的主人，除了使用双手双脚和牙齿等功能，主要通过视觉、听觉、触觉、嗅觉和味觉5种感官来收集信息，然后传输到大脑这一"中央处理器"中进行分析，进而做出自己的行为动作。更进一步说，人类利用高级灵长类动物具有强大思维意识的优势，通过不断地思考和学习，逐渐掌握了越来越多和越来越复杂的各种技能。

回顾人类关于计算机和互联网的研究与应用，就像初期的地球人，从无知的婴幼儿起步慢慢地学会使用那5种感官收集信息一样，信息技术的功能逐步从触觉感知（人机交互等）延伸到视觉（计算机图形学和图像处理等）、听觉（语音识别等）等功能上，再结合生物和医学等科学技术将人类的思维意识和行为意识通过身体器官表现出来（脑机接口等），使人类能够想什么就做什么。人类正在利用这些已经掌握的或未来将要掌握的新科技看得更远、走得更长、爬得更高、影响更广，在思维认知上能够想得更深、认得更准，而元宇宙正在成为这些科技成果的集大成者。

三、生命起源：庄周梦蝶——历史故事引出的遐想

在人类历史上，关于地球与人类生命的起源一直有着各种不同的观点，生物、天文、地理、历史、医学、宗教、哲学等学派都各抒己见。很多无关对错，大多与境界有关。下面举例来说明思想与狂想之间的区别。

道家是指先秦诸子百家中以"老庄"思想为代表、以"道"为最高范畴的学派。这里的"老庄"指道家奠基人之一的老子和庄子。作为与唯一发源于中国本土宗教——道教相关的学派，道家学派两千多年来一直影响着中国的主流社会发展。

在黄河入鲁第一县的山东东明县黄河边的南华山上，有一座南华庄子观［见图2（a）］，那是庄子的隐居地和安葬地。南华庄子观中有一副《庄子·齐物论》中《庄周梦蝶》的图解［见图 2（b）］，"昔者庄周梦为胡蝶，栩栩然胡蝶也。自喻适志与！不知周也。俄然觉，则蘧蘧然周也。不知周之梦为胡蝶与，胡蝶之梦为周与？周与蝴蝶则必有分矣。此之谓物化。"庄周梦见自己变成一只蝴蝶，飘飘荡荡，十分轻松惬意，他这时完全忘记了自己是庄周。过一会儿，他醒来了，对自己还是庄周感到十分惊奇疑惑。他认真地想了又想，不知道是庄周做梦变成了蝴蝶，还是蝴蝶做梦变成了庄周？这便称为"物我合一"。

（a）东明南华庄子观　　　　　　（b）庄子观内的庄子插图

图2　南华庄子观

先秦诸子百家都在探求在世界万物的真理中建立各自的理想和学说，但是在儒、墨、道各家及后学支脉中，庄子的道家学派明显不同于其他学派，他以抽象思辨的本体论，而非通过某种具体的政治主张来实现他对宇宙万物的探求。庄子塑造的"逍遥处世"人生境界是一种洒脱，正所谓"宠辱不惊，闲看庭前花开花落；去留无意，漫随天外云卷云舒"。用今天的眼光来看，这是一种哲学思想，体现了虚拟与现实的一种关联，而非狂想。

四、意识起源：从赛博格、超元域到元宇宙

关于元宇宙的定义或来龙去脉的讨论，专家们通过文章、专著或网站发表了很多精辟的观点，如朱嘉明的《元宇宙与数字经济》[1]、于佳宁的《元宇宙》[2]

等。下面笔者按照个人的理解从时间纬度做一个简要归纳。

在"元宇宙"这个词出现以前，还有一些出现较早的相关名词，第一个就是赛博格（Cyborg）。1960 年，纽约罗克兰医院医学中心首席科学家克莱恩斯和研究中心主任克莱恩在《航空杂志》（*Astronautics*）上发表论文《赛博格与空间》（*Cyborgs and Space*），提出用生物机电技术改造人的机能，以使宇航员适应空间生存。1985 年，人类学家、哲学家唐娜·哈拉维发表《赛博格宣言》（*A Cyborg Manifesto*），她提出"一个赛博格就是一个生控体系统，是机器和有机体的一种组合，是社会现实，同时也是小说里虚构的生物"。1992 年，尼尔·斯蒂芬森的科幻小说《雪崩》中的一段话首次提到了 Metaverse，中文翻译是"超元域"。小说想象了一个政府被公司取代的未来，描述了脱胎于现实世界的一代互联网人对两个平行世界的感知和认识，最终认为在 Metaverse 里的行为和资产与在物理世界里的一样有意义。

如果说赛博格仅仅是一种幻想空间，超元域是一个理想世界，那么元宇宙就是人类可实操的虚拟世界平台，Roblox 于 2021 年首个将"元宇宙"写进招股书并成功登陆纽约证券交易所。

大多数关于元宇宙的定义都是围绕虚拟世界展开的。例如在《维基百科》中，元宇宙的定义是"通过虚拟增强的物理现实，呈现收敛性和物理持久性特征的，基于未来互联网的，具有链接感知和共享特征的 3D 虚拟空间"。这里强调了元宇宙基于未来互联网。亚马逊的 AWS 则将元宇宙定义为"现实世界中的所有人和事都被数字化投射到了一个云端世界里。你可以在这个世界里做任何你在现实世界中想做的事"。凡此种种，其共性就是元宇宙基于现实世界拓展了一个新的世界。从数学理论去理解，此拓展或超越的一个含义就是从现实世界这个"域"到多个虚拟世界的一个同态，而不是同构，因为虚拟世界应该比现实世界更加丰富多彩。这里我们不妨用数学的观点来定义元宇宙。

如同今天再多的世界万物和再复杂的经济困境都可以通过计算机的"0"和"1"的反复组合与计算得出一个结论一样，我们同样也可以把这个世界、这个地球，甚至这个宇宙用稍微复杂一点的数学方法进行定义。我们把现实世界抽象地定义成一个域（$A,+,*,-$），这里的 A 就是地球上全部物种（包括人类及其他所有数字化的元素）的集合，"+"可以看作地球上满足一定条件的基本生存规则，"*"是高级生存规则（满足与"+"规则关联的一些要求），而"-"类似于生存的平衡规则（如符合非正即负的一般原则）。（$B_i,+',*',-'$）是另一个域，这里的 B 是另一个世界（或空间或星球）上全部物种的集合，3 个运算依次对应。f 是 A 域到 B 域的一个同态，该同态可以看作一个元宇宙。由此理解，元宇宙既包括 A 域和 B 域这两个影射空间，也包括从 A 域到 B 域的同态关系，其表达式如下。

$$f:(A,+,*,-) \sim (B_i,+',*',-') \quad i=1,2,3,\cdots$$

以上的数学表达式的合理性还需要有心的读者进一步思考论证。许多抽象的数学表达往往需要联想，如运算符"-"属于一元运算，理论上，除了域中的那个零点，其他任何一个元素 a 都有负数 $-a$ 存在。这非常符合相对论的观点，而那个零点，是否就意味着宇宙里的黑洞？

元宇宙从幻想、理想到实操平台，既是科学技术不断发展的趋势，也是人类社会经济驱动和意识变迁的体现，元宇宙涉及的科学技术包括信息与数学物理、生命与生物医学、人文与哲学心理等跨学科的文理知识。它不仅仅是个数字世界，也包括现实世界到数字世界的延伸，从而也将深刻影响人类对时间、空间、思维、生存、教育等的重新认知。

五、元宇宙的技术基础：从信息化到数字化

多学科、多领域、多行业的长期发展和融合才成就了今天我们所能够讨论和预见的元宇宙。这里仅从笔者相对熟悉的信息技术及其应用视角展开元宇宙基础性技术的历史由来与正在成型的部分内容。其中重点围绕作为元宇宙信息技术基础的图形显示和人机交互这两大技术的发展过程展开讨论。

信息化从 20 世纪 40 年代起步[①]，计算机和互联网的问世是标志。信息化大致经历了从信息化 1.0 到信息化 2.0，再到如今数字化的几个不同阶段。从信息化 1.0 到信息化 2.0 一般以 20 世纪 90 年代初以 WWW 为代表的互联网问世为界，从信

---
① 注意，中国的信息化从 1956 年中国科学院计算技术研究所成立起步。

息化2.0到如今数字化启航大致以2008年提出的"智慧地球"概念为界。

在信息化1.0时期，早期信息化隶属于单机版时代，每台计算机都特别昂贵。1969年阿帕网的应用开启了计算机联网时代，但那时的联网属于局域网。在信息化2.0时期，信息显示技术从二维到三维、从三维到全息、从线框建模到实体建模再到体元建模、从VR到AR再到HR渲染技术演变，清华大学、北京大学、浙江大学、中国科学院等高校和科研院所都做了大量的研究与应用，为元宇宙的开发应用取得了前期技术积累。

在计算机问世后的很长一段时间，人们都采用字符终端，图形显示的硬件设备滞后于软件，例如，光栅图形显示器在计算机发明后的20多年才问世应用，20世纪80年代至21世纪初，专门的图形工作站（Apollo、SUN、SGI、HP等）设立，与一般科学计算用的计算机系统区别开来。用于游戏、控制或设计的虚拟现实装置（从手套到头盔等）也是在计算机发明后的50多年才得到应用。近30多年来，从虚拟现实、增强现实、混合现实到扩展现实（从模拟、叠加到融合），装置需求除了硬件水平的提升，也越来越依赖智能计算、云计算平台、物联网和5G网络等信息技术的支持。

计算机问世70多年以来，人类与计算机之间的交流在人机交互界面领域不断地有创新模式出现。人机交互技术演进如表1所示。

表1 人机交互技术演进

大致年代	人机交互界面与方式
20世纪70年代及以前	中央控制操作台
20世纪70—80年代	CRT字符终端+键盘+鼠标
20世纪80—90年代	+光栅图形终端+GUI
20世纪90年代—21世纪00年代	+等离子+LED+多媒体
21世纪00—10年代	+触摸屏+3D+无线
21世纪10—20年代	+声控+行控
21世纪20年代至今	+脑机接口+意控

可以看出，人机交互界面方式的变化促使信息技术应用从科学计算可视化、服务功能可视化发展到人类行为（从游戏到战争等）乃至思维意念的可视化。信

息技术越来越需要得到生物学、生命学、医学甚至心理学、哲学或宗教学等的支持和融合，60 年前所设想的赛博格空间也正得以真正实现。

六、元宇宙的文化基础：从信息文化到赛博文化

任何重要的科技创新不只是加快经济发展、改变生存方式、提高生活质量、促进社会进步，它们也同样会提升人类的文化素质。在信息化开启的半个多世纪中，逐步形成人类独特的信息文化。信息文化是以信息技术广泛应用于社会生活为主要特征而形成的新的文化形态。信息文化是继农业文化和工业文化所形成的人类科技的又一次腾飞，其无处不在的快速演化过程至少体现在以下 7 个方面。

（1）信息获取的渠道会发生变化。互联网上每天会增加数十亿条各类信息资源，人们能够通过互联网，第一时间了解世界上任何突发事件的发生。

（2）生活与社交方式会发生变化。脸书和微信等已经成为人类沟通的主要渠道，电子商务和外卖快递成为新冠肺炎疫情防控期间生存物资的主要流通渠道。

（3）网络新生代正在成为地球主人。网络新生代指在 20 世纪 80—90 年代和 21 世纪出生的两大群体，前者与互联网一起共同出生和成长，后者从一出生就已经离不开互联网，他们比长辈们更具有互联网创新的思维和能力。

（4）网络游戏会融合越来越多的文化元素。例如，诸葛亮能够出现在网络游戏中，庄子梦蝴蝶的故事场景也能在网络游戏中以不同方式呈现。用户可以一边在虚拟世界里玩游戏，一边思索现实空间中的文化知识，学习模式与网络游戏紧密结合，信息文化正在走向赛博文化。

（5）文物珍宝会逐渐过渡到数字藏品。现实世界里最贵重的私有财产不是房子和车子，而是珍稀文物或字画古董。2022 年，毕加索的一幅油画竟然预估拍卖价超过 6000 万美元。此类现象也开始在赛博空间里出现。2021 年 5 月，在佳士得的一次拍卖会上，拍品竟然是 9 个纯数字化的加密朋克 NFT 头像，最终以 1696 万美元成交。中国的此类数字藏品尚在试水阶段。例如，在 2022 年 6 月，浙江大学国际联合商学院为庆祝首届学生毕业,在 2022 年 6 月毕业季特别制作了 3 款限量版的校友纪念数字藏品,并通过网络发布,限时领取。

(6)虚拟货币与 NFT。能够与现实世界同态的任何赛博空间或虚拟世界最终都离不开经济活动,虚拟世界里的交易对象是数字资产,数字资产可以是图片、视频或任何混合数字体验。这就需要相应的货币或类似介质作为中介。NFT 可与实体资产一样进行买卖,前面提及的加密朋克就是 NFT 最早开发的数字产品。2017 年,在加密朋克刚开发出来时,任何拥有以太坊钱包的人都可以免费领取,如今要想拥有或交易只能通过二级市场,在项目官网购买、竞价和出售加密朋克。可见这类游戏的规则与现实世界的规则越来越同态。

(7)去中心化自治组织(DAO)与道家哲学虚拟世界理论上都应该基于区块链的去中心化网络环境,而 DAO 则是区块链中的去中心化自治组织。中文将 DAO 译为"岛",但笔者更愿意将其译为"道",因为它不仅仅是一个范围、区域或地理概念,更应该是一个文化概念,与中国唯一土生土长的宗教——道教有很多异曲同工之妙。例如,老子《道德经》里提到的"天下万物生于有,有生于无";本文前面的例子"庄周梦蝶";屈原《天问》里写到"圜则九重,孰营度之";《周易上经·乾》里提及元、亨、利、贞;《聊斋》《宝莲灯》等神话故事里的虚迷幻境;《红楼梦》中的太虚幻境等场景;它们都代表了道家的哲学思想,它们与 DAO 都不受现实物理世界的空间限制,具有充分开放、自主交互、去中心化控制、复杂多样等特点。其演化过程的特征与元宇宙的特征非常相似,可以从不同视角进行类比和探究。

七、结论

如今,各类媒体上关于元宇宙的概念五花八门,科技工作者、经济管理学界、金融投资方、企业家、社科工作者、媒体工作者、游戏爱好者等各有观点和行动。笔者几十年来感悟出一个真理:越是有争议的话题往往越有前途,没有任何争议且大家都看得清楚、想得明白的事情没有任何开发或投资的必要。元宇宙就是一个看似荒诞却可能后劲十足的概念,从它的名称 Metaverse 前缀"Meta"的"超越"之意就可以想象得出,此"超越"不仅仅代表从"智慧地球"迈向星空宇宙的科技进步，还意味着人类的思维模式有了更宽广、更深刻的创新，人类文化体系也有了更自信、更高尚的升华。元宇宙将使得科技与文化产生深度的融合，由此引领人类新文明的方向，成为未来人们生活的常态。

轰轰烈烈的数字化源于信息化，但绝不局限于信息化的那些初级目标。2008年，IBM推出"智慧地球"的宏大设想。设想一下，当"智慧地球"到来时，人类肯定会走得更远，走向浩瀚的星空，包括月球和火星（实际上人类已经开始行动了）。因此可以说，如果"智慧地球"是数字化的上半场，那么元宇宙就是数字化的下半场。

参 考 文 献

[1] 朱嘉明. 元宇宙与数字经济[M]. 北京：中译出版社. 2022.
[2] 于佳宁，何超. 元宇宙[M]. 北京：中信出版集团. 2021.

段永朝
技术的喧嚣与思想的隐忧

段永朝，信息社会50人论坛执行主席、北京苇草智酷科技文化公司创始合伙人、杭州师范大学阿里巴巴商学院特聘教授；著有《意义互联网：新轴心时代的认知重启》《互联网思想十讲：北大讲义》《新物种起源：互联网的思想基石》等。

随着进入21世纪后的第3个10年，"元宇宙"成为引领数字时代先河的新头羊。一时间，各种预测未来大变局、大转型和大危机的文章甚嚣尘上，仿佛天翻地覆的变化近在眼前。与这种躁动情绪伴随而来的，是对未来深深的不安，以及某种难以察觉的"大忧虑"，笔者称之为"旧世界最后的盛宴"。

一、元宇宙：旧世界最后的盛宴

从近两年讨论元宇宙的各种观点来看，这无疑是一场"盛宴"，人们视元宇宙为正在兴起的风口，所有人都不希望错过。那为什么又是"最后的"呢？这里是想表达这样一种期望：期望元宇宙不要再度演变成一场话语狂欢和资本盛宴。

在数字时代，人们的生存状态虽已焕然一新，但历史的巨大惯性使得人们的思想仍然处于旧世界的束缚当中，旧世界给我们带来的烙印难以消除。"日用而不知"，我们今天是日"处"而不知。每当我们以为自己已经一只脚迈进了新世界门槛的时候，登高一望却发现自己依然处于旧世界中。虽然用新、旧世界的两分法不能完整描绘时代变迁的全貌，但暗藏在这种两分话语背后的思想情感，却折射出每当数字科技带来一波新概念之后，内心的落差与焦灼。

时至今日，各种以元宇宙为题的商业投资，都在全力捕捉每个商机，但其底层逻辑依然重复着过去 20 余年互联网、大数据的故事和想象。唯一不同的是，随着智能技术对生活的介入日渐紧密，技术伦理和治理的张力日趋紧绷。但这还只是小忧虑，也可以说是"发展中必然出现的现象"。这种小忧虑所面对的挑战，还只是在努力延长和提高元宇宙作为新一轮商机的生命力与价值产出。但在思想层面，元宇宙所聚合的智能技术已经显现出更大的隐忧。

恺撒大帝在《内战记》中曾讲过这样一句话：没有人愿意看到事实的全部，人们往往只希望看到自己想看的现实。如果说人的认知往往受制于其感知束缚，那么在元宇宙中，就需要思考，当人们熟悉的感知方式发生变化的时候，人的认知将会如何重构这一问题。在这种情形下，深入思考元宇宙可能需要这样 3 个关键词：感知、想象和秩序。

第一个关键词是感知。过去 10 年间，笔者在各种演讲和授课中，对互联网、数字时代进行讲述，其中一个主题为"认知重启"。所谓"认知重启"，就是伴随互联网、智能科技对人们生产、生活的深度嵌入，原本工具意义的科技产品，已经日益超越它的应用价值，进入重新塑造人的行为和认知的层面。元宇宙作为一种聚合技术，高度融合大数据、人工智能、物联网、区块链、虚拟现实等现代科技手段，涌现出从底层逻辑形塑认知的力量，借用"六根"这个通俗术语，笔者将其称作"六根重塑"。

人的感官（眼、耳、鼻、舌、身、意）是我们与这个世界交流的唯一通道。但是我们的感觉系统正在被智能技术重塑，就像过去 10 年来我们被手机重塑行为一样。很多人平均每天在手机上花费 6 个小时，做的无非是两个动作：刷屏和扫码。可见技术对人们感知的影响有多么深刻，而且这不过是刚刚开始，还很难预料未来它们对人们感官的重塑会发展到何种地步。

第二个关键词是想象。近年来在区块链领域，各界对非同质化代币的讨论（Non-Fungible Token，NFT）异常激烈。今天我们讨论这样的热点话题，就与 5 年前我们讨论人工智能一样，很快会出现选边站队的现象，人们看待技术改变世界的立场很快会将人群划分成两类：乐观派和悲观派。无论是乐观派还是悲观派其实都身处在同一个世界，都深受同样低维度认知的困扰。低维度空间指的是沿用农业社会、工业社会的时空结构、物质运动、精神文化现象的知识体系，这一体系的基本特征是认为"世界是确定性的"。我们如何想象高维度空间？如何认知高维度空间？如何面对错综复杂、不确定的世界？这是今天摆在所有工程师、企业家、学者、政治家，以及每个寻常百姓面前的共同问题。所以想象是对人的重大挑战。

第三个关键词是秩序。关于秩序，朱嘉明老师曾在谈到元宇宙时，提到有三次大变革、大转型，即轴心时代、文艺复兴、工业革命。这三次大变革、大转型有一个共同特征，就是这三个词语的诠释都来自西方，而不是本土文化的原生思想。这是否意味着人们对"秩序"这两个字的理解，从一开始就陷入了话语"失衡"。从今天我们花大量笔墨来争论元宇宙的未来前景开始，我们可能就已经陷入这样一种被编纂的"他者"境地。

这三个关键词提醒人们，面对元宇宙这样的流行语，仅仅从技术、产业的维度来理解，恐怕不能很好地驾驭其携带的文化基因，更难以在平等的意义上展开文化对话。以技术面孔出现的元宇宙，必将通过产业应用深度介入人们的日常生活，也必将深度改变人们感知世界的方式，打开新的思想空间，从而塑造全新的世界秩序。

二、理解世界的三个模型

西方文化的母题，在那幅著名的西斯廷教堂天顶画中有直观的表达。这是米开朗基罗 500 年前的作品，表现上帝和人的关系。我们在学术研究、课堂教学和日常交流中每每使用"上帝""悲剧""宇宙"和"世界"等词语时，需要意识到这些词语背后的联系可能是我们所不熟悉的。我们看这幅天顶画的时候内心会奔涌出一种莫名的悲悯吗？会奔涌出来一种渴望上帝的眷顾，感受到那两个手指将碰却没有碰到一起的刹那间的那种惆怅吗？可能不会。

在这种情形下，我们很难理解在上帝观念之下，为什么西方人会把存在物看作一个层级结构的"存在巨链"[①]。有人可能认为这与古印度婆罗门教、印度佛学

---

① 存在巨链（The Great Chain of Being）：18 世纪欧洲神学的概念，是自上而下万物的分级。在"存在巨链"中，上帝居首，其下有九个等级的天使，天使之下是人类，其下为动物、植物、矿物。这一观念源自柏拉图、亚里士多德、普罗提诺和普罗克洛斯等人的思想。

所讲的三十三重天的观念，以及中国古代盖天说、浑天说的思想如此相似。然而细想下去，其实东西方文化对于宇宙的想象，以及对于宇宙层级的想象大有不同。西方思想中的层级结构，注重跨越层级的相通性；而东方思想中的层级结构则看重层级的稳定性。此外，"存在巨链"这种对宇宙结构和秩序的想象，也是西方万物理论的雏形，这一雏形在某种程度上支配着西方思想的滋生和演化。

这里简单讨论三个世界模型。

第一个世界模型来自古罗马普罗提诺著名的"喷射说"：普照万物的光线，来自至高无上的"太一"（The One），这是生命唯一的能量源泉；这个光线普照大地，养育万物。"喷射说"强调生命存在上升和下降通道。普罗提诺的模型中所有人都居于中间一层，再往下生命力由强而弱，直至无生命的层级；由人这一层向上，是天使、先知和神的层级。"喷射说"的思想基础是，人的灵魂受到玷污而堕落了，所以命运跌宕起伏，这是一种生命的遮蔽状态。正是对这种人的生命状态的觉醒，导致普罗提诺被贴上了新柏拉图主义（Neo-Platonism）的标签，认为通过"太一"光芒的指引，人的灵魂有可能逆向升华——灵魂获得拯救、净化和上升。笔者认为普罗提诺的思想要分成两半来理解：一半是"万物生长靠太阳"，这一点东西方皆然；但是另一半是有温度的，有情感寄托与"堕落和拯救"的意义，这在我们的文化土壤中从来没有出现过。普罗提诺为基督教神学家奥古斯丁扫除了思想障碍，所以奥古斯丁完成了古希腊思想和古希伯来思想的合流。

第二个世界模型来自著名的英国哲学家波普尔。波普尔曾划分了三个层级的世界，分别为物理世界、心理世界和观念与文化世界。重要的是波普尔的这三个世界是"壳状"的，每一层都包裹着下一层，而且包裹得非常密实，密不透风。波普尔的三个世界综合了笛卡尔的心物二元、康德的客观知识和对自在世界的追求。但这个模型其实是对西方知识体系的巨大挑战，这个模型将会毁灭普罗提诺世界用于灵魂拯救的那个上升通道。事实上，波普尔的世界模型也充分展现了西方文明在近300年前启蒙运动之后所遭遇的"大忧虑"，这个"大忧虑"逐渐以反思理性至上、批判工业资本主义、探求人的精神解放的可能方式，在最近30年互联网、智能科技、数字经济的时代重新呈现出来。但是，波普尔的世界模型在某种程度上继承了 14 世纪以来西方"钟表世界"的隐喻，依然在强调世界的"确定性"，从而越来越成为一个封闭的、自足的世界。

第三个世界模型由王飞跃提出。王飞跃在 2004 年从复杂系统研究的角度提出 ACP 模型[1]（人工社会、计算实验、平行执行）。这一模型综合了控制论、系统论、自组织理论、模型论和社会经济系统的思想，将智能技术视为社会经济运行结构的有机组成部分。在今天元宇宙的氛围下，笔者认为这个模型恰恰展现了东方的智慧。具有漫长演化过程的人类史充斥着无休止的灾难，人类今天再也折腾不起了，今天的物理世界再也不能用如此高昂的代价做无休止的重复实验，再不能为探索更好的社会组织架构、更好的生产方式在这个现实世界中做破坏性的尝试，而等待一个优化的结果在几十年、几百年甚至上千年之后出现。从这个意义上说，数字世界的出现，为重新审视人类探索文明世界秩序的方式提供了全新的可能。人们可以在赛博空间中充分展现对未来可能世界的想象，充分构筑充满异域风情的比特之城，进而对于在赛博交流中出现的诸多难题，能够低成本地探寻可能的平衡，保留异域文化的多样性和彼此鉴赏的可能性。

当然，这也应合了朱嘉明等多次提到的关于"大危机"的论断：数字世界对人类文明史的价值和启示在于，数字世界为人们提供了重新认识和塑造世界秩序的可能性，但这一可能性中却蕴含价值冲突、信念冲突、知识冲突的大危机。无论如何，数字世界的存在为人类文明进程提供了新的选项，拓展了新的疆域。

王飞跃的世界模型改造了波普尔的世界模型，非常难得地突破了波普尔提出的世界模型中三个世界之间密不透风的包裹状态。他在三个世界之间捅了一个窟窿，这个窟窿是具有独立存在价值的人工世界。自农业社会以来，人类使用工具开展大规模生产活动，所谓纯天然的自然世界已经一去不复返了。事实上，自人类学会扔石头、打棍子的石器时代起，人类就进入到一个与自然彼此驯化的新阶段。只是启蒙运动以来西方理性主义高扬，带来一个"恶果"，就是我们从内心深处不承认这种"与自然彼此驯化"的关系，总是以人类为中心。例如，我们总以为自己在遛狗，从来不承认狗也在遛我们。今天数字世界的最大启示，就是我们必须承认"人遛狗"和"狗遛人"是同时存在、并行不悖的世界状态。从这个角度看，人工智能、区块链、虚拟现实等，只不过是在通过大数据、人的造物，推动"狗遛人"的世界快速地呈现出来，并与"人遛狗"的世界交织在一起。

借用普罗提诺的思考框架，如果在不同的物种层级之间重新找回自由跃迁的通道，那就意味着堕落为魔鬼和成就为天使，具有同等的可能性。这样一来，现实世界和虚拟世界将会等量齐观，拥有同样的权重。在价值判断的问题上谁战、谁胜，谁为主、谁为辅，谁更有优先权都是不重要的，重要的是这种虚实交互、虚实纠缠的世界，将会带来何种新的世界秩序。反过来这也对我们提出了"更高的挑战"，"更高的挑战"就在于我们可能不得不深入思考"新世界和旧世界"的表述方法，不得不检讨我们思考整个世界所使用的思想框架是不是出现了极大的盲区和眼障。

例如，在西方葡萄酒的叙事中，新世界葡萄酒的关键词是"调制"，即工业化的生产；而旧世界葡萄酒的关键词是"酿造"。旧世界押上的是时间代价，愿意通过"耐心等待""被动等待"，让事情自然发生。但是新世界的人们已经不愿意等了，他们恨不得一步跨入一个非常光明、和谐、人人平等和自由的世界，他们开始用技术的手段干预这个世界的节奏，介入这个世界的演化。这一点对人类来说其实并不陌生，但在数字时代里，这种技术对世界的干预、对生命的介入，有了全新的意蕴，已经完全不能采用过去的思想范式，必须要看到这种并发性、同时性、叠加性带来的新特征、新挑战。

但是非常遗憾的是，我们今天正处在一个深深的"眼障危机"中，这个"眼障危机"在于互联网、计算机和虚拟世界已经让一个我们过去熟悉的、沿着时间线实时展开的物理世界演变成一个在空间上并发的世界，但是我们浑然不觉。另外，在这个并发的世界中，大量的算法通过卓有成效的产出，似乎再次印证着科技作为工具的巨大力量。所以我们今天最大的忧虑，是我们的欲望似乎是可以遍历的，我们可以足不出户遍吃百味、遍览天下，但是我们完全没有意识到今天这种并发的情境意味着什么。今天的人们依然在沿用工业时代对速度的崇拜之情，认为通过数字化转型、数字化装备，通过所描绘的数字世界的美好蓝图，就能够达成一个美满富足的新世界。然而，真正为算法、算力所驱使的世界，恐怕存在这样的隐忧——世界将会变成一个"鸡笼世界"。我们正处在这样一个"鸡笼世界"的边缘。在这个"鸡笼世界"中，借用以色列历史学家赫拉利的话，99%的人都将成为"无用之人"，这无疑是令人难以接受的未来景象。

若我们回顾过去200年来数学家和物理学家刻画这个世界时所用的方法，就可以多少感受到在他们眼里的世界图景到底是何种模样的。

第一波"数字化"，用统计数学打造了所谓"正常人的社会"。在18世纪、19世纪概率统计大行其道的时候，无论是统计学家、地理学家，还是社会学家、经济学家都在使用统计学方法背后的观念。这个观念假设了一个"正常人社会"的存在。通过抽样数据分析，得出对社会人群中人口统计、经济统计、健康状况、心理测评、口味偏好等的"社会学画像"，从而捏造出某种"平均人"的形象，将这种平均人视为"正常人"。一切偏离这一画像的人都属于需要行为矫正、心理治疗的"另类人"。一切社会治理的努力方向都在于驯化那些"另类人"，这些驯化的社会机构包括福柯讲的精神病院、军队、监狱、学校等，也包括现代生活中的职场。

第二波"数字化"就是当下炙手可热的智能时代。有一句话揭示了数字时代的技术信仰："一切皆计算，代码即法律"。"一切皆计算"的思想源于阿兰·图灵和他的老师阿隆佐·邱奇，以及另外一位物理学家戴维·多伊奇给出的一个命题：一切计算过程都能用图灵机来实现（包括量子计算）。"代码即法律"的思想源于近20年来美国互联网法学界日渐占据主流的一股思潮，以哈佛法学院教授莱斯格为代表。这种技术思想其实并非空穴来风。将世界的运行秩序和治理问题归结为计算问题和算法、代码问题，是西方数学思想中一条绵长的暗线，可以追溯到古希腊的毕达哥拉斯、柏拉图，也可以追溯到霍布斯、莱布尼茨、拉普拉斯。

对于不熟悉西方思想脉络的普罗大众而言，这种暗藏在数学公式背后的思想源流，仿佛为当代智能科技做出了某种可信背书，以至于天下人不假思索地将"一切皆计算，代码即法律"的信念奉为圭臬。这背后真的没有更大的隐忧吗？过去5年来，智能科技在机器翻译、图像识别、自然语言理解、机器人等领域表现优异，掩盖了其所植根的文化土壤和思想脉络，以至于人们——特别是不熟悉西方文化源流的人们——只能在技术的功能层面与价值层面做出评判，无法参与底层思想的考察与建构。下面通过"可解释的人工智能"来阐释这一重要问题。

三、为什么"可解释的人工智能"如此重要？

自 2016 年以来，谷歌公司的 AlphaGo 战胜了一众世界顶尖围棋高手，大众在赞叹其神勇功力的同时，忽略了一个问题，就是人工智能的可解释问题。"可解释的人工智能"（Explainable Artificial Intelligence，XAI）来自美国国防部高级研究计划署（DARPA）在 2015 年提出的一个说法，指的是可以提供细节和原因，使得智能模型能够被简单、清晰地理解。这一问题的严重性和紧迫性在于，倘若我们大量使用的人工智能算法，仅表现优异、功力非凡，而缺乏必要的机理解释和理解，这意味着我们将面对一个巨大的智能黑箱，我们将无法从伦理道德、价值评价、治理合规等方面，对智能机器的表现做出判断，我们将被迫成为机器的接受者而不是驾驭者。近年来，量子计算的飞速发展，使得这一问题更加雪上加霜。

从半个多世纪以前提出量子计算的概念，到最近几年谷歌等公司推出量子计算机以来，XAI 问题更加紧迫。但迄今为止，似乎一众物理学家都无法很好地解释什么是量子。在众说纷纭的量子解释中，一个隐藏的哲学命题是：世界的本原是连续的，还是离散的？对此，著名美国物理学家费曼的老师惠勒提出的"万物源于比特"（It From Bit），可能是一个影响未来千年的重要思想，但是惠勒的观点依然缺乏更为深入细致的阐发。

按照惠勒的思想，这个世界的底层结构，极有可能并不是像我们的肉身所感知的那样，是一个连续的、光滑的数学曲线所描绘的那样；它有可能是不连续的，是"一跳一跳"的。我们过去认为这种"一跳一跳"的状态只是从技术的角度对连续世界的采样，是连续世界的某种"数字化"，并且在计算技术、数字技术已经大行其道的时代，我们依然会在思想上坚持某种古典的、连续的自然观。但这种看上去习惯的认知状态是否合理是一个问题。

最近几年，人工智能界在探讨"可解释的人工智能"这个重要课题，但社会公众对这件事情似乎并无多少感知。例如，有机构将"大模型"列为2022年度值得关注的技术前沿趋势之一。何谓"大模型"？通俗说，就是智能模型中的参数数量达到或超过惊人的数千万、数亿的量级。例如，2020年5月，美国一家名为OpenAI的人工智能公司推出基于自然语言处理技术的GPT-3算法，其中用到多达1700亿个参数，这让机器学习的效果突飞猛进，也让人瞠目结舌。

毫不夸张地说，假以时日，这些算法会撰写越来越多的报告、论文、小说、诗歌，而且水准丝毫不亚于专业的高级文秘、咨询顾问、科研工作者、作家和诗人。这意味着什么？

这个问题被抛出来后，一定会有一大波所谓观察家为受到惊吓的普罗大众做出解释，但是，笔者认为，当这些蛮力算法、疯狂算法在不知疲倦地生产"内容""观点""意见"，甚至"忠告""判断""选择"的时候，对那些算法来说这"意味着什么"？

算法自己当然不能回答这个问题，算法工程师也无法回答这个问题。那么问题就来了：假如算法自己不能"解释"自己，算法工程师其实也只是"知其然不知其所以然"，那些喋喋不休的观察家、评论家、主播、博主、意见领袖，又如何可以解释这个问题。因此我们需要先静下心来，认真思考技术背后的思想、哲学乃至文化的根由。

在互联网商业化近30年的历程中，人们已经充分感受到互联网、智能科技对人们日常生活、经济生产和社会文化的巨大影响。然而，它们除了会使人们在日常生活和工作中感受到更快、更强的节奏，还是数字时代认知重启的重要内核。

最近5年，智能科技领域中的单一技术已经向聚合的方向发展。人工智能、大数据、云计算、物联网、区块链等，基本被"元宇宙"这个概念包笼。如果再加上纳米技术、生物技术、神经科学和脑科学、能源技术等，这个世界的"jù变"（巨变，剧变，聚变）应该是毫无悬念的。问题的关键并不是它对人的影响有多大，而是人会在这样的"jù变"中发生何种内在的变化。

美国畅销书作家温伯格在《混沌：技术、复杂性和互联网的未来》中，将思考的焦点对准这场前所未有的"jù 变"在底层逻辑上带来的认知重塑。温伯格认为，确定性的世界无可挽回地被不可预测甚至不可解释的新世界替代。创造更多的可能性和意义，是人与自己的创造物共生演化的内在动力。

用大众语言重新翻译一下温伯格的观点就是：我们将面临一个"没有答案"的世界。

对数百年来被工业思维和工业产品滋养、塑造的人们来说，这个世界是确定的、"有答案"的，这不仅是世界有条不紊运转的前提，也是幸福感、安全感的重要支撑。可以想象，如果人们不得不接受一个"没有确定的答案"，或者"不能肯定所知道的这个答案是不是可靠"的世界，那么人们内心的失落、沮丧、惶恐、迷茫，甚至抑郁、绝望将会多么深重。

四、没有答案，不等于没有思想

美国哲学家杜威，1929 年在爱丁堡大学的演讲中就以"确定性的寻求"为题，把人们对确定性的偏爱作为一个问题提了出来。10 年前，以色列历史学家赫拉利，以《人类简史》一书奠定了他全球畅销书作者的地位。在这本被译成 45 种语言的书中，赫拉利用惊人的口吻写道：农业革命是一个巨大的骗局。赫拉利对此给出的解释是：定居。

一万年前的定居生活，让物种驯化成为耕作农业和畜牧业的基础。漫长的物种驯化史，不经意间将"定数崇拜"深深地刻写在人们的肌肉记忆中，刻写在人们创造的神灵、祭祀的观念底座上。

今天的互联网和智能科技，将再次从底层改变这一切。

1999 年，温伯格与哈佛伯克曼中心的多克·希尔斯，以及另外两位作者，共同撰写了著名的《线车宣言》（*The Cluetrain Manifesto*）。这部气势非凡的著作，直接模仿 1517 年被马丁·路德张贴在维滕贝格教堂门口的《九十五条论纲》，对工业时代的组织模式、市场模式、营销理念发起了猛烈的批判。比如宣言中的第一条，就是这样一句明快的语言："市场就是对话"。20 多年后，这句话依然振聋发聩，发人深思。元宇宙、区块链、人工智能、数字经济背景下的市场，不再是商家向消费者"填鸭""喂食"式的倾泻商品，不再是"买买买"；消费者也不再是待"宰"的羔羊，被动的消费者。那么这种"对话"究竟是什么样子的？显然不是那种伪装在推荐算法里面的"大数据杀熟"，也不是那种不停地渲染"焦虑""创造需求"的消费者精准营销。那是什么呢？在静心思考这个问题之前，我们首先要放下的，是对确定性的迷恋。

温伯格和很多我们熟悉的数字思想家，如托夫勒、尼葛洛庞蒂、彼得·蒂尔、凯文·凯利等一样，是互联网商业化以来的 30 年中为数不多的独特"物种"。这些独特的思想家，更像是某种善于夜行的猫头鹰，就像黑格尔在《法哲学原理》中的一句话：密涅瓦的猫头鹰在黄昏起飞。

我们读温伯格的这本书，不能指望从中得到"刀枪剑戟"那样的实用兵器，而是需要花些力气解读，要超越字面含义，并将其置于更大的历史背景中去审视。如果只停留在字面上，那么书中的某些内容看着就像宏大的宣言了。

比如，温伯格的这本书对"预测"的观点和立场确有可商榷之处：温伯格将可预测性转换到可解释性，进而又放弃可解释性，追求多重可能性和意义。这条思想进路是典型的西方文脉，有以下两点值得注意。

一是温伯格所指的"可解释性"诉求，是他所定义的"建立在概念模型"之上，扎根于牛顿图景的确定性世界的"可解释性"。这一论断无疑是正确的。复杂性科学的历程印证了这一点，但"可解释"的含义也在深化。"可解释"遂与"可理解"这个概念靠得更近了，以至胡泳老师一针见血地提出"相信机器，还是相信人"这个终极拷问。也就是说，关于"可解释"诉求，并不是简单地"丢弃""淡化"就可以释然的。

二是关于进化（进步）的方向。温伯格提出的"意义"问题是一个好问题，也是过去至少 50 年来不同领域的思想者共同聚焦的问题。"意义"的生产过程、涌现过程如何，其弥漫、撒播过程如何，其塑造人性的过程如何，作者都没有给予太多的深究，反倒诉诸类似基督精神的信仰，从"对人的重要性"的角度，最终将其归结为"新悖论"、敬畏等,这就留下了太多空白。

阅读即对话。这个飞速变化的世界需要少数人从不同的角度提出自己的观点,来与我们的内心世界对话。面对日益突飞猛进的数字科技,人文学者们除了需要通过精彩纷呈的技术产品,通过投身于数字社会建构的大潮,领略数字技术的惊艳和美妙,还肩负着从思想上深究隐藏在这些数字产品背后文化符码的重任。更重要的是,需要在异域文化交流的大背景下,展开更深层的思想对话。否则,我们就只能是面对技术高声喝彩之后,别无他语了。

在智能技术日益陷入"解释和理解"的困境之时,我们需要对智能技术发展的方向加以警惕。20 年前,在美国政府关于聚合科技 NBIC(Nanotechnology、Biotechnology、Information Technology、Cognitive Science)的报告[2]中,对聚合科技如何改变未来有这样一个判断:NBIC 将会改变人类未来的物种。从西方文脉的演进历程来看,他们对"改变物种"这件事情从来都没有心理障碍,从普罗提诺到奥古斯丁,从文艺复兴到启蒙运动,一众科学家、企业家和政治家似乎都没有心理障碍,这恰恰是一个非常值得忧虑的大问题。

过去 10 年来,很多人总是在不同场合引用这样一句话:未来已来。以此来表达对飞速变化的数字世界的感叹。然而,必须要问的是,这是谁的未来?如何决定现在?这些"未来已来家"的鼻祖,就像托夫勒一样,过去被称为"未来学家",今天对其恰当的称谓是"未来已来家",比尔·盖茨于 1996 年出版的《未来之路》是经典。吉布森的"未来已来,只是分布不均"的这些话语,使许多人信以为真。

以近几年对数据的思考为例就可见一斑。在探讨数据作为新的生产要素时,如果仅仅聚焦在对"权属""权益"的探讨上,可能不足以解开数据死结(采集、利用和保护三元矛盾)。"数据财产化"是一个可行的方向,但需要考虑"广义数据",即数据行为和行为数据的超集。

从原本的意义来看,数据不是自然资源。从这些年"未来已来家"们的说法看,数据已经成为"类"自然资源:其一,随处可见、随时可见(万物皆比特);

其二，举手投足皆数据；其三，生命的休养生息皆依赖数据（无数据不生存）。

从这个角度看，数据与空气、水、阳光其实是被同等看待了，差别只在于，过去人们从来没有为空气、水和阳光付过费。所以，当如今连空气、水、阳光已经开始"有偿享用"时，数据这个"类"自然资源，一定也需要有偿使用。

所谓"考虑"，即数据计量。一切数据行为和行为数据均自动触发计价、分配、再分配机制。比如每采集一个对象，便向该对象支付一个"微量值"；每使用一次数据，也支付一个"微量值"，如万分之一货币单位。

数据是与空气、水、阳光相似的"自然资源"。大自然在这些看上去"免费"的资源分配、流动、使用中，有一个内在的生态机制，例如，水资源必然在微观层面有蒸发、渗漏、化合作用等"交换/支付"过程；在宏观层面以降雨、气流、洋流、山洪等形态，调节宏观态。数据只有同时刻画、把握微观和宏观的变化，才可能描述"数据作为资源"的运行形态。因此，理解数据治理的思路，需要建立在理解数据的结构、动力、传播机理的基础上。

由此可见，这个"大忧虑"其实才刚刚开始。元宇宙作为时下流行的一个概念，很好地聚合了大数据、云计算、人工智能、区块链、物联网、虚拟现实等新兴智能科技，它将为世界剧变注入何种巨大能量？世界的意义和生命的意义，将会发生何种深刻的变化？这背后一系列基本问题值得深思。

例如，笔者认为在今天智能技术渗透很深的境况下，符号学家乔治·莱考夫关于"亲自性/具身性"的思想值得进一步思考：人亲自做事情的空间，被大大挤压了，这意味着什么？如果普遍基本收入（Universal Basic Income，UBI）的制度普遍化，那么人们不需要亲自开车，不需要亲自烹饪，不需要亲自做家务，甚至不需要亲自阅读、亲自工作。这些令人瞠目结舌的景象，皆源于"亲自性"的大幅度削减。如果这种情况势不可挡地发生，那么一开始笔者所说的"大忧虑"才刚刚开始。我们在继续人类驯服自然的史诗般的演化历程时，以为是在驯服命运，像贝多芬那样扼住命运的喉咙，但真实情况可能是被某种命运紧紧地扼住了喉咙。

参 考 文 献

[1] 王飞跃. 人工社会,计算实验,平行系统—关于复杂社会经济系统计算研究的讨论[J]. 复杂系统与复杂性科学, 2004 (4): 25-35.

[2] Roco M C, Bainbridge W S. Converging technologies for improving human performance: Integrating from the nanoscale[J]. Journal of nanoparticle research, 2002, 4(4): 281-295.

邬 焜
哲学的最高范式与信息哲学基础理论

邬焜，信息社会50人论坛成员。西安交通大学国际信息哲学研究中心主任、教授、博士生导师。国际信息研究学会（IS4SI）副主席及其中国分会（IS4SI-CC）副主席、中国自然辩证法研究会常务理事及其复杂性与系统科学哲学专业委员会副理事长、陕西省自然辩证法研究会理事长。主要研究领域：信息哲学和复杂信息系统理论。

马克思曾经说过："任何真正的哲学都是自己时代的精神上的精华"[1]。信息哲学乃是体现信息时代精神的精华的哲学。

一、哲学的最高范式：存在领域的划分

1886年，恩格斯强调说："全部哲学，特别是近代哲学的重大的基本问题，是思维和存在的关系问题。"[2]

事实上，要具体回答"思维和存在的关系"，必须首先解决一个前提性问题，那就是何物存在，即世界上有多少种存在？这就是"存在领域的划分问题"。这样，"存在领域的划分问题"便比"思维和存在的关系问题"更基本了。所以，我们得出的结论是：存在领域的划分是哲学的最高范式。

在西方哲学传统中，存在被分割为三大领域：客观精神世界（上帝、客观理念、绝对精神）；物质世界；人的精神世界。随着科学的发展，客观精神世界逐步退出了一般科学和哲学的领域。这样，便只遗传下来了两个世界，即物质世界和人的精神世界。"存在=物质+精神"，这就是传统哲学的最高范式，也是传统哲学的立论之基。正是因为这样，在传统哲学的一般表述中，"思维和存在的关系问题"

也往往被表述为"物质和精神的关系问题"[3]。

20世纪中叶以来，伴随当代复杂信息系统学科群的崛起，一个全新的世界领域——信息世界日益清晰地得以展现。到20世纪80年代之后，随着中国信息哲学的诞生和发展，这个信息世界更是在哲学存在论的层面获得了规定和阐释。

中国信息哲学认为，传统唯物主义哲学所认定的"客观的都是实在的物质世界"的理论是难以成立的，因为，客观的并不都是实在的，在客观事物的相互作用中普遍存在着各种各样的事物自身显示、相互映射、相互表征的普遍联系的复杂现象。虽然，这些现象是客观存在的，但是，它们却并不具有实在的性质。此类现象是区别于客观实在的物质世界的"客观不实在"或"客观虚在"的客观信息的世界。另外，精神世界作为对客观世界的主观反映和理性建构也不具有实在的性质，其实质是"主观不实在"或"主观虚在"的主观信息的世界。

中国信息哲学具有辩证唯物主义哲学的性质。在逻辑上，由于信息是由物质在相互作用中派生出来的，能够对物质世界的显示、反映和理性进行建构，所以，物质世界仍然是第一性的本原性存在，而信息世界则是第二性的派生性存在。在此，中国信息哲学仍然坚持了唯物主义的一元论学说。

虽然在信息产生机制的逻辑推论上中国信息哲学强调了物质的第一性和信息的第二性，但是，在现实性上中国信息哲学又主张世界的物质和信息的二重存在性。这是因为，世界演化的时间没有开端，相互作用又是事物存在的普遍方式，所以，世界上现存的所有物的结构都是在漫长演化过程中生成的，这种演化生成的结构都同时凝结了相应演化过程的时间和空间的信息。这就导致了一种现象的发生：世界上现存的所有物的结构，乃至世界整体本身都已经被二重化，它们都既是物质体，又是信息体，并且这两个世界又是镶嵌在一起的。

由此，中国信息哲学提出了一种全新的在物质统一性的基础上，物质和信息双重存在与双重演化的理论，正是这一理论，在哲学存在论的最高范式的层面导致了哲学的根本性变革，从而实现了哲学的信息转向。实现这一转向的根据恰恰在于在哲学的最高范式的层面提出了新的存在领域划分方式，即"存在 = 物质 + 信息"。

二、信息哲学的性质

从一般科学的层次来看，材料、能源和信息已经被看作构成世界的三大基本要素。这就导致人类科学世界图景和科学思维方式的根本性变革。

信息所具有的普遍性品格，使其无论在哲学上还是在科学上都展示出了根本范式变革的韵味。由此揭示了信息范式所具有的跨学科、贯通性、多层次和多维度的性质。

长期以来，国内外科学界和哲学界对信息哲学的学科性质的一般性理解存在很大的局限。许多学者仅仅在信息科学和信息技术中的哲学问题的层面来理解信息哲学的性质。依据这种看法，信息哲学只能是一种部门性或领域性的哲学，正如物理哲学、化学哲学、生命哲学、地理哲学、经济哲学、文化哲学等。另有一些学者，总是倾向于把信息哲学纳入已有的某些传统或哲学范式之中来进行解读。在这两种方向上，发展出了多条研究进路：计算主义进路、信息伦理进路、通信信息进路、信息认知进路、语义信息学进路、逻辑概念信息学进路、符号信息学进路、信息因果动力学进路、信息现象学进路等。然而，因为这些研究进路采用的都是依附于已有的某些相关具体哲学或科学技术的理论，所以它们都自觉或不自觉地受到了这些原有理论和学科性质的狭隘性与局限性的束缚，这就使他们的学说不能很好地揭示信息问题所具有的真正独特性和革命性的意义与价值，由此发展起来的信息理论并不属于高层次的信息科学，更不具有一般信息哲学或统一信息科学的性质。

中国信息哲学认为，信息哲学是区别于所有其他哲学的一种元哲学或最高哲学。信息哲学把信息作为一种普遍化的存在形式、认识方式、价值尺度、进化原则来予以探讨，并相应从元哲学的高度建构出全新的信息本体论、信息认识论、信息生产论、信息社会论、信息价值论、信息方法论、信息进化论等，在这些信息哲学的大的领域之下还可以再包括若干分支哲学，从而派生出第二、第三或更深层次的信息哲学学科。[4]

在笔者看来，信息哲学具有元哲学的性质，信息科学具有元科学的性质。信息科学发展到今天已经不再仅仅是一门单一的学科和某种交叉性、横断性学科，而是一个具有诸多层次、涉及众多学科领域的学科体系。信息科学最一般、最普遍的理论和方法是一种新的科学范式，这一新的科学范式具有极强的渗透力、贯穿力和改造力。当把一些相关的信息科学的原理和方法拓展开来应用到已有的传统学科时，这些学科便会立即被赋予某种崭新意义的全方位改造。到目前为止，还没有发现哪一门传统学科是信息概念、信息科学的最一般性的品格、理论和方法所绝对不可涉入的。信息时代的科学也如这一时代的社会、经济、生活一样，正在面临着一个全面信息化的发展过程。这一科学发展的信息化过程可以更为贴切地称为"科学的信息科学化"。[5]

三、信息哲学的基础理论

（一）信息存在论

信息存在论所确立的是物质和信息双重存在的世界，这是信息哲学对存在领域的一个新的划分方式（见图1）。

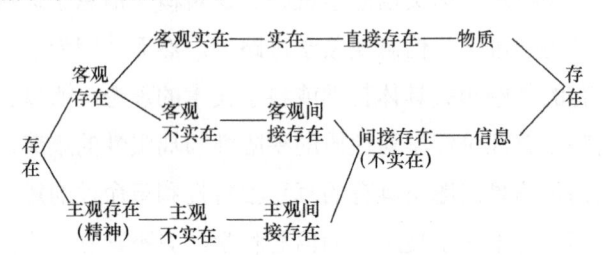

图1 存在领域的新划分：存在=物质+信息[6, 39]

中国信息哲学确立了信息世界的三个基本形态和六种基本形式。另外还有一个综合形态，这是在人类文化世界中创造的社会信息的形态（见图2）。

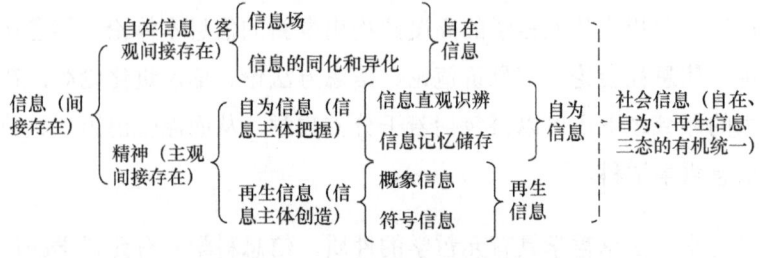

图2 信息形态分类图[6, 60]

中国信息哲学从存在论的高度把信息规定为区别于直接存在的物质世界的间接存在的世界。间接存在的世界在它最深的根基上是物质存在方式和状态的自身显示，但是这种显示在后续的发展过程中可以有多重交织的再构造、再显示，另外，在认识主体和实践主体中存在着对信息的主观把握和创造，同时也包括人类创造的文化世界。从这样几个层面出发，我们便可以把信息的本质概括为："信息是标志间接存在的哲学范畴，它是物质（直接存在）存在方式和状态的自身显示、再显示，以及认识和实践主体对信息的主观把握与创造，其中也包括创造的文化世界。"[7]

这样，中国信息哲学提出了包括一个物质世界和三个信息世界的复杂综合的全新世界图景（见图3）。

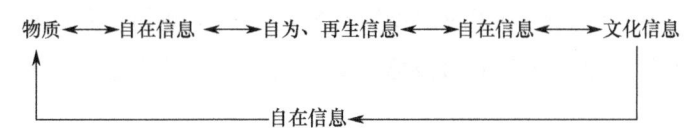

物质 ←→ 自在信息 ←→ 自为、再生信息 ←→ 自在信息 ←→ 文化信息
　　　　　　　　　　　　　　自在信息

图3　包括一个物质世界和三个信息世界的复杂综合的全新世界图景[8]

（二）信息演化论

物质和信息双重存在的理论必然导致物质和信息双重演化的理论。事物是在相互作用中演化的，相互作用同时实现着双重的演化效应：一个是物质形态的演化效应；另一个是信息形态的演化效应。

双重演化效应的呈现对于时空观也有一个全新的改变，传统的科学的时空观基本上都是时空割裂的理论，牛顿的时空观是时间和空间绝对的割裂，爱因斯坦的时空观是时间和空间外在协变的统一。

真正的信息时空观是要建立一个时间和空间内在融合的统一性的关联：时间的空间化和空间的时间化。什么是时间的空间化呢？在相互作用中的改变实际上是由改变了的空间构造凝聚了时间效应，这样时间并未完全消失，它转化成特定的空间构造保留下来。空间的时间化是由于空间自身凝结着时间的信息，所以任何一个空间构造都有它的时间维度，是一种时空内在融合的构造。

这种双重演化的效应所构造的双重存在，同时引出了一个全息存在的问题，事物的普遍联系的机制、过程和结果就应当从这种双重存在和双重演化，以及它们的多重效应的时空融合的统一中呈现出来，这就是事物存在的全息境界。全息指的是事物在自身结构中映射凝结着自身现存性之外的多重而复杂的信息关系和内容，事物除了它当下的存在，还凝结着历史的、现实的、未来的多重关系，这些多重关系超越了它存在的当下性，使它成为一种全息性的存在。我们可以将全息性分为五类：历史关系全息；未来关系全息；把历史关系全息和未来关系全息统一起来的系列关系全息；演化内在关系全息；演化结构全息。系列关系全息和内在关系全息是两类基本的全息现象。我们在对全息问题进行考察的时候不能简单地将其看作绝对的，因为在相互作用中，很多相关信息的内容都可能被耗散掉。因为信息是由相应的物质结构的编码呈现的，而这种编码在后续的过程中可能会被部分甚至全部毁掉，这样又存在一种全息不全的基本定律和认知方式。

（三）信息认识论

信息认识论涉及的是认识和实践的关系，从而也涉及信息、知识、智能和实践等诸多概念之间的关系。

知识仅仅是主观把握和创造的系统化的信息，所以从这一意义上来看，它不是信息的全部，只是信息的一部分。

数字化并不是超越信息化的形式，数字只是目前我们借助机器进行的信息编码的一种方式，其实信息化还有其他编码方式。

有一种流行的理论认为数据不是信息，数据只有加了意义才是信息，其实，在我们观察和实验中所获得的所有数据都是自为信息存在的一种方式，否则我们依据这些数据所破译的相关意义，便失去了任何根据。

传统的实践理论把实践看作物质性的活动，其实实践是一个多级信息反馈环链运行的过程，当实践还没展开的时候，主体创作的再生信息以目的性和计划性的方式表现出来，通过主体行为启动的指令信息、运动器官的行动、操作工具作用于客体，然后生产出实践的产品。实践是人所创造的目的性信息，是通过人创造的计划性信息的实施在客体中实现的过程，它本身最重要的是主观的信息流通过实践的具体的活动而转化为客体的信息结构。

智能不是外在于人的认识和实践活动的东西，也不是从外部强加于认识和实践中的因素。在认识和实践的过程中，智能表现为把握、处理、创造、开发、利用和实现信息的能动方式和方法。智能是内在于认识和实践过程的能动的方面，在人的所有认识和实践活动的层次上，智能都起着相应的方式和方法的作用，这样它既在认识和实践活动之中，同时又驾驭引导和支配着认识与实践的活动，并且它又必须以信息的方式存在。

人的信息活动具有诸多层次，各层次之间存在着复杂的相互作用关系。在最为一般的层次上，人是以自在的方式与环境打交道的，这样，自在信息的活动就成了人的信息活动的最基础的层次和过程，在这个基础上，我们把部分自在信息通过我们的感知和记忆上升为自为信息的层次，再通过相应的信息处理加工创造出再生信息的层次，再生信息中的某些内容转化为我们对对象世界进行改造的目的、计划、方式的信息，从而通达于实践，对世界加以改造。在所有信息活动的层次中都存在着智能化制控和递进构建的相应作用方式。

首先是层次递进的建构关系，在这个关系中体现出智能化逐步升华超越的性质，其次，当我们的认识和实践活动产生之后，它又反过来会制控和参与到相应的低层信息的活动之中，在其中起到规范、制约、引导的作用，同时也可以把我们创造的认识和实践的相应的信息成果转化为我们感知记忆的对象，这就是相互转化的智能化过程。综合起来表述便是全息制控、综合参与、相互转化的智能化过程。其中有两个基本路径：一个是由下而上的递进建构路径；另一个是由上至下的制控参与转化的路径。

人的信息活动层次和层次间的相互作用如图4所示。

寻路：信息社会新格局下的选择

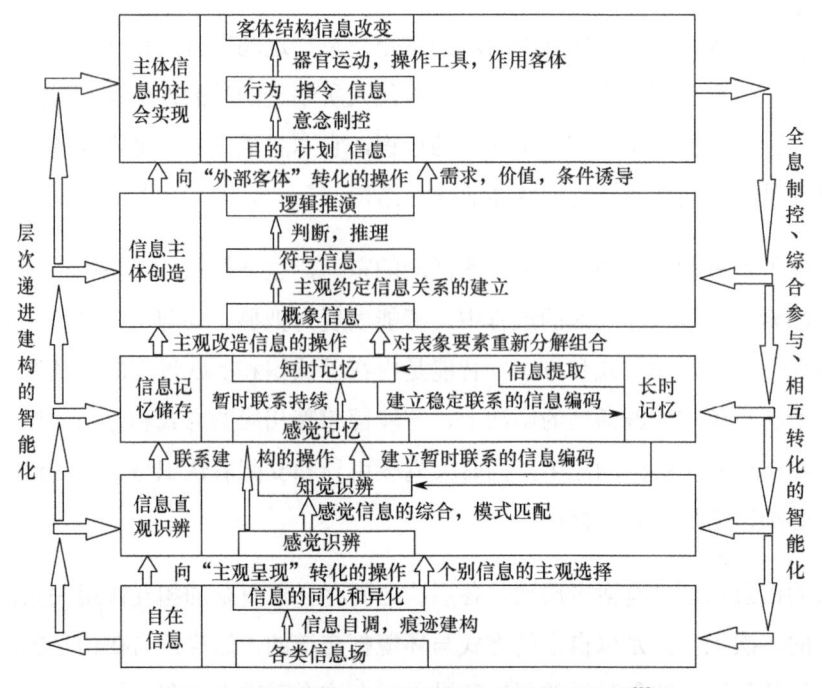

图4 人的信息活动层次和层次间的相互作用[9]

信息哲学提出了哲学认识论的信息中介论，这个理论包括两个部分。第一个部分是认识发生的信息中介说，这个学说提出了3个观点：①主体的产生以信息凝结为中介，这是主体进化的发生学的过程；②个体认知结构的建构需要有两个中介，一个是受之父母的先天中介，另一个是发之天地的后天中介；③认识本身也只是以信息为中介的信息活动过程。

哲学认识论的信息中介论的第二个部分是认识过程和机制的信息建构与虚拟说。其中有5个关键的命题。

第1个命题是"信息在差异关系中被识辨"。我们所认识的外界的信息是一种差异关系的把握，这个差异关系有两个：一个是认识的对象和它环境信息强度的差异；另一个是这个差异和我们认识能力阈值之间的差异。只有这两个差异都恰到好处的时候，我们才能把自在信息升华为主观把握的信息。

第2个命题是"主客体之间没有直接的接触"。我们所有的感知过程都是通过客体所生发的信息场为中介的，没有信息场的作用我们无法认识对象，所以我们和对象之间是以中介信息的传递为认识发生的起点的。我们要认识什么东西，不能让这个东西和我们的感官直接接触，直接接触我们感官的东西并不是我们当下认识的对象，它只传达另外一个事物的特征内容，这就是"主客体之间没有直接的接触"。

第3个命题是"被多级中介的认识"。那么共有哪几种中介呢？我们最起码可以区分出四种：一是客体信息场；二是我们的生理结构，不同的生理结构对同样的信息场进行接受和作用的时候会产生不同的认知效果；三是主体认知结构，已形成的主体认知结构会对之后发生的认知过程起到一个匹配、参照、规范的作用；四是工具、物化手段，尤其在对微观、宇观世界进行认识的过程中，没有庞大复杂的物化工具是不可想象的。

第4个命题是"在中介中建构的认识"。中介并不是我们的认识对象，它只是起着某种信息变换、选择、匹配和重建的作用。对象信息通过中介的转换和再造通达于我们的感官。

第5个命题是"在建构中虚拟的认识"。既然信息被中介建构了，那么将会发生什么结果呢？这就是在中介建构中被虚拟的一种形态，这种虚拟既有形式的也有内容的。

关于认识的过程和机制我们可以概括为：凭差异而识辨，依中介而建构，借建构而虚拟。

既然我们的认识是被多极中介所左右的，那么这就涉及我们认识的相对性问题，一个是主体的相对性，一个是真理的相对性。

我们的认识主体和中介的环节构成了当下认识的参照系，这个参照系自身的性质决定了我们认识的意向、范围以及我们所能够达到的认知结果的样态，这就是主体的相对性，任何一种中介系统的差异都会带来对认识对象、认识结果和认识程度的一种差异。

主体的相对性规定了认识过程遵循一个客体和主体双向整合的互逆综合原则，而不是像西方意识哲学所强调的那样只是一种主观意向的活动和构造。在这里我们强调了客体和主体之间的互动关系，从而由此关系涌现出我们的认识结果。由于中介参考系统的多样性和可变性，人的认识可能达到的认知状态以及具体真理呈现方式也是相对的，不同的认知系统将会给我们带来不同的认知结果，而在这样的一些结果之间并不能简单地判定谁是对的，谁是错的，只能判定通过什么样的中介，我们认识的是什么样的模式。这样的一种效果在对微观世界的考察中体现得很清楚，所谓互补原理、不确定性原理，也包括"薛定谔的猫"等，都是通过人的认识的主体相对性、真理的相对性和多元性提出来的。其实微观世界既不是粒子，也不是波，它是一种非粒子非波的第三种存在，而在我们的观测中，通过不同的中介系统看到的是波，或者是粒子。

"薛定谔的猫"并不是以或死或活的方式存在的，它是另外一种既非死也非活的存在方式，只不过在我们对它的考察中，这样的考察路径看到的是活的猫，另外一种考察路径看到的是死的猫。另外活和死的概念、波和粒子的概念都是我们对微观认识进行宏观认识的一种方式，其实微观世界的存在方式并不简单地等同于我们用宏观方式所描述的这种存在。

（四）多维存在的人

传统的对人的本质的认识是自然和社会的割裂，是生理、心理和行为的割裂。我们提出了一种人是在多维综合中生成和创造着的存在。那么有哪些维度呢？一个是自然和社会的维度，一个是生理、心理和行为的维度。人的本质并不简单直接来源和存在于某一独立的维度之中，而是来源和存在于多维之间相互作用的综合建构。在最为抽象的意义上，人是自然和社会存在的统一，自然的人只有在社会关系中才能成为真正意义上的人。我们说狼孩、熊孩、豹孩，他们实际上并不具有人的真正的存在方式，他们和他们的"养父母"具有同样的行为。另外，社会关系只有根植于人的自然遗传结构之上才是人的社会关系，没有自然遗传结构的个体，即使在人的社会中生存也不能成为人。狼孩、豹孩脱离了人的社会关系不能成为人，猫和狗和我们一起生活，由于没有自然遗传机制，它们也不能成为人。这样，在割裂的状态下人的自然存在、社会存在都不再是人的。马克思曾经有一句名言："人是一切社会关系的总和"，如果我们把它绝对化，那么人真的就是社会关系的总和吗？

在具体活动的层面上，人是生理、心理和行为活动的统一。这三个方面不能简单地区分出谁先谁后的发展，它从动物的生理、心理和行为活动过渡到准动物，然后再过渡到人、成熟的人、发展的人这样一些层面。这三个方面是协同进化的，并没有谁决定谁、谁先谁后的关系。

恩格斯讲到"劳动创造了人"，这个命题是行为主义的，它分出了先后，劳动改造了人脑的结构，产生了人的意识心理。其实没有初级的目的性、计划性就没有最初的劳动，而目的和计划是人的心理活动的特征。我们说劳动是有目的的改造世界的活动，它区别于动物的本能活动，所以在这个意义上，生理、心理、行为就不能割裂。

在人的机体中同时编码着两种不同的信息发育程序，分别为决定论的程序和非决定论的程序。决定论的程序能够保证个体一般的基础性生理、心理和行为活动的方式与模式的发育生成，我们把它称为第一维的结构，当然在不适宜的环境下，第一维的结构也不可能完全以决定论的方式完整地发育出来，因为它还可能被夭折。

还有一个层次的结构是按非决定论程序表达出来的，我们称之为第二维的结构。在第一维的结构之上可以建构的非决定论的第二维的结构是分叉的，可以为兽，也可以为人。我们对动物养大的孩童进行解剖学分析发现，无论是在生理结构上，还是在心理结构上，或是在行为活动的方式上，动物养大的小孩都不具有人的生理、心理和行为的主要特征。

（五）信息价值论、社会信息论和信息生产论

中国信息哲学建立了一种能够包容自然价值和信息价值的新的价值论学说。信息哲学把价值规定为"事物通过内部和外部相互作用所实现的效应"。这里强调的事物是一种广义的存在。物质的、信息的，也包括信息的高级形式精神的，它

们之间、它们内部各个不同层次间的相互作用所引起的相互改变的效应都是价值。同时，信息哲学提出天道价值高于人道价值，而物质价值、自在信息价值、精神价值，是三个最基本的价值形态。这样一种能够兼容自然价值和信息价值的价值学说可以成为建构人类信息生态文明和可持续发展理论与实践的一般哲学基础。

社会信息论是一种关于社会性质和社会进化方式的新理论。信息哲学从信息活动的层次规定了人类社会的本质以及人类社会进化的尺度：能动地把握、利用、开发和创造信息是人类社会的本质，而这种把握、利用、开发、创造信息的间接化程度是人类社会进化的尺度。因为信息是间接存在的方式，所以间接化也可以理解为中介环节的强化。

另外，信息哲学提出人类的不同文明以不同的信息处理创制和传播方式为基础性前提，传统的农业社会、工业社会的社会结构，包括政治的、经济的、社会组织的和生活的，都与它当时信息处理创制的方式直接相关联。在信息时代，全新的信息网络、智能科技、虚拟现实、纳米科技的兴起必然会带来一种全新的信息处理创制传播方式，同时它也是一种全新的生产方式、组织模式和发展模式。全新的信息文明形态要求建立一种适合于未来智能社会发展的新型政治体制、经济模式和社会秩序。目前遵循的西方体制和东方体制都不能成为这种全新体制的现成模式，而目前产生的各种各样的、世界不同层次上的、国家不同层级间的各种冲突和矛盾现象都大概源于传统的模式已经过时了，而新兴的模式尚未被建立起来。

从科学的一般原理出发，物质是守恒的，但信息可以不守恒，所以人类在生产过程中不可能创造物质，只可能创造信息，人的生产和实践都具有物质和信息双重活动的意义和价值。从信息活动的维度看，人类的生产和实践活动是主体目的性信息转化为客体结构信息，并在客体中实现的过程。信息哲学不仅关注物质资料的生产，还关注精神生产、人本身生产、人的交往关系生产、虚拟化生产。同时，信息哲学还把不同的生产形式看作相互交织、内在融合、互为基础和前提的一个统一性过程。

（六）信息思维论

中国信息哲学提出了人类近代以来产生的三次科技革命的理论。其具体的划分方式和现有的其他类型的划分方式有本质的区别，我们是以科学范式、科学世界图景和科学思维方式的统一变革的这样一种标准来区分不同的科学技术革命的。相应的三次科技革命凸现的世界图景和思维方式是不一样的，第一次凸现的是实体实在论的世界图景和实体思维，第二次凸现的是场能实在论的世界图景和能量思维，第三次凸现的是信息系统复杂综合的世界图景和信息思维。

最初，科学家们认为世界是由有质量的微粒构造的，这个有质量的微粒被亚里士多德和古希腊原子论命名为实体，所以这是一种实体思维的方式，也是一种实体实在论的世界图景。

后来，科学家们又揭示了能量比质量更为基本的性质，这就是第二个范式的兴起，即场能实在论、能量思维的兴起。

现在科学家们意识到，要对世界及世界上的事物进行全面的认识，除了从质量和能量维度进行考察，还有必要从信息维度进行考察。这就是我们所说的三次科学范式和科学世界图景及科学思维方式的转变。

信息思维凸现了以下三个内容层次。

第一个层次是从结构、关系、程序、过程去把握对象，而不是简单地从质量和能量去把握对象。

第二个层次是把结构、关系、程序、过程看作一个双重存在的信息编码载体，可以从中破译出相关信息内容。

第三个层次是对相应的结构、关系、程序和过程进行泛符号化的处理，从而建构出我们的文化世界，以及自动化、虚拟化、智能化处理信息的方式。

基于信息思维，中国信息哲学提出了"顶天立地的统一信息科学"的论断，也就是"科学的信息科学化"的当代科学发展方式的理论。不仅信息哲学具有元哲学的性质，信息科学也具有元科学的性质。发展到今天的信息科学已经不再仅仅是一门单一的学科和某种交叉性、横断性学科，而是贯穿人类知识的所有层次，涉及众多学科领域的学科体系。信息科学的普通理论和方法是一种新的科学与哲学范式，这种新的范式能够对传统的学科进行全方位的改造。因为传统的学科都主要是基于物质范式建立的，所以现在我们提出的双重存在的世界增加了一个信息维度，我们必须对信息做出重新的考量，给它以定位，这样所有的学科都可能被改造。只有尚未被改造的学科，没有不可被改造的学科。

关于哲学的发展，西方哲学界有一个一般的说法，即两次转向论：本体论到认识论的转向；认识论再到语言论的转向。除了这两次转向论，还有学者提出了更多转向的说法：现象学转向、价值论转向、生存论转向、实践论转向、身体论转向等。然而，细究起来，这些种种转向都不是哲学的根本转向。

按照我们提出的标准，哲学的根本转向只有在最高范式层面发生的变革中才可能发生，这就是存在领域的划分方式。迄今为止，人类哲学理论的发展虽然在某些研究领域中实现了研究重点和关注问题的转换，但是在其存在论和认识论的根基上却从未实现过任何根本性改变，这就是对物质和精神的二元对立关系，以及对主体和客体的二元对立关系的基本性承诺与具体化解读。因为只有在哲学最高范式层面发生的变革才是根本性变革，所以迄今为止人类哲学的发展从未发生过真正意义上的根本性的理论转换。20世纪80年代以来，在中国兴起的信息哲学的相关研究也许能够为人类哲学的发展提供第一次具有根本性变革意义的理论转换。正是信息世界的发现打破了传统的物质和精神、主体和客体的二元对立模式，从而在哲学最高范式层面发生了变革，由此又导致在哲学的所有领域都实现了全新意义的根本性变革。

参 考 文 献

[1] 中共中央马克思恩格斯列宁斯大林著作编译局. 马克思恩格斯全集：第 1 卷[M]. 北京：人民出版社. 1995：220.
[2] 中共中央马克思恩格斯列宁斯大林著作编译局. 马克思恩格斯选集：第 4 卷 [M]. 北京：人民出版社. 1995：223.

[3] 肖前，黄楠森，陈晏清. 马克思主义哲学原理（上册）[M]. 北京：中国人民大学出版社. 1994：10-11.

[4] 邬焜. 亦谈什么是信息哲学与信息哲学的兴起——与弗洛里迪和刘钢先生讨论[J]. 自然辩证法研究， 2003(10): 6-9，14.

[5] 邬焜. 科学的信息科学化[J]. 青海社会科学，1997(2)：53-59.

[6] 邬焜. 信息哲学——理论、体系、方法[M]. 北京：商务印书馆. 2005.

[7] 邬焜，王健，邬天启. 信息哲学概论[M]. 西安：西安交通大学出版社. 2021：143.

[8] 邬焜. 信息哲学的基本理论及其对哲学的全新突破[J]. 西安交通大学学报（社会科学版），2006(2)：1-15.

[9] 邬焜，罗丽. 试论信息、知识、智能、实践的全息统一性[J]. 情报杂志，2018，37(5)：21-25，51.

五化大协同（绿色化、老龄化、数字化、普惠化、共享化）

张永生
生态文明如何深刻改变中国

张永生，信息社会 50 人论坛成员，中国社会科学院生态文明研究所所长、研究员、经济学博士。

一、跳出传统思维陷阱

工业革命以来，人类的生产力取得了巨大飞跃，物质财富也获得了巨大增长。但是，工业革命后建立的发展范式，在创造了发达工业文明的同时，也带来了前所未有的全球不可持续发展危机。为走出这场危机，我们需要生态文明和新的发展范式。

（一）人类面临的思维困境

人类目前面临的最大困境是，我们现有的知识体系、世界观、思维方式，很大程度上都是在传统工业时代建立的。就像农业时代的人们无法想象工业时代面临的挑战一样，我们也无法用传统工业时代的思维，理解当今人类面临的危机，并为其提供有效的解决方案。

当今人类面临的困境，类似柏拉图的"洞穴寓言"。一帮囚徒被关在洞穴里，只能背对洞口面向墙壁，不能回头，背后有火光将他们的影子投在墙上。他们能看到的，只是墙上的影子。他们以为，世界就是墙上的影子。有一天，一个囚徒跑出去看到了外面的世界，回来告诉他的同伴世界的真相，但是，他的同伴断不相信，即使相信，他们也无法适应一个新的世界。这个寓言里的困境，就是现在人类社会面临的思维困境。我们习惯了传统工业时代形成的思维方式，很难跳出来面对一个新的生态文明时代。

在世界银行发布的《2015年世界发展报告》中，有一张图片，呈现的是从窗户望出去，只能看到一片树林，屋子里的人会以为窗外是一片大的森林。实际上，窗外并不是一片大森林，只是居民小区的一片绿化树林。

换句话说，工业革命后建立的经济活动，只是人与自然关系的一部分。但是，我们看待世界的角度，大都是狭隘的经济视角。因此，在这个狭隘的经济视角下，我们不仅无法真正理解与解决人类面临的不可持续发展危机，反而有可能加剧危机。

（二）跳出传统思维框架

从传统的工业文明到生态文明，就如同从地心说到日心说，视野要发生大的转变。我们先来看一下，标准经济学视角的三个局限。

第一，新古典经济学是在给定分工结构下研究资源配置问题，但绿色转型是一个从0到1的"创造性毁灭"过程。比如，在"燃油车—加油站"的经济结构下，标准经济学就是研究建多少个加油站、生产多少辆汽车为最优资源配置。但是，这种分析忽略了另一个可能更有效率的结构，即"电动车—充电桩"结构。因此，如果思维只限于"燃油车—加油站"结构，那减排就是一个负担；如果跳出这个旧思维框架，就可以预见到减排还可以驱动经济跃升到一种更优的结构，减排就可能从过去的负担变成一种机遇。

第二，传统工业化模式以物质财富的生产和消费为中心，相应的价值观念更多的是强调产品的物理功用。比如，经济学经典的钻石与水的悖论，问钻石没有什么用但为什么那么贵。实际上，钻石非常有用，其有用不在于只是用来划玻璃，而在于它能彰显一个人的身份地位、表达"坚固"的情感等，而这些非物质的价值，往往不在传统的经济学分析范畴之内，也难以用标准经济学分析工具进行分析。

第三，要跳出经济学的视野，从多学科视野来看问题。标准经济学更多的是传统工业时代的产物，视野局限于狭隘的"人与商品"之间的关系，而"人与商品"之间的关系，只是"人与自然"更宏大关系的一部分。如果从这种非常狭隘的视野看问题，就会得出非常有误导性的结论。现在，时不时会有非经济学科班出身的学者获得诺贝尔经济学奖，原因就在于他们从另一个视野来看待经济学问题，能够发现标准经济学视野下难以发现的问题，也就更容易取得原创性成果。

二、工业时代如何改变世界

要跳出传统工业时代的思维，我们需要了解什么是传统工业时代的思维方式。工业革命后，生产力大幅跃升，形成了以物质财富生产和消费为中心的发展范式，世界彻底被工业化的逻辑改造。这种改造带来人类文明前所未有的进步，也带来前所未有的不可持续发展危机。人类活动成为自然变化的主导因素，即进入所谓的人类世（Anthropocene）。

（一）三个维度

从经济学视角看，我们可以从三个维度来看工业时代是如何改变世界的。

一是发展内容（What）。工业革命之后，发展内容发生了变化，从以农产品为主转向以工业财富为主。传统工业化模式以物质财富的生产和消费为中心，物质财富大大膨胀。

二是生产方式（How）。从农业时代的小农自给自足，转向以大规模生产、流水线、股份制、同质化产品、非人格化市场等为主的生产组织方式，生产力得到飞跃。非人格化市场意味着，生产者和消费者只在乎产品价格与质量，买者和卖者互相不在乎对方是谁。

三是价值观念。工业社会彻底重塑了传统农业社会的价值观念和社会心理，过去"节俭"的生活方式被"多多益善"的消费主义取代，消费的商品越多，就被认为福祉越高。消费主义为工业大生产开辟市场，重构了人与商品之间的关系。

所以，从农业社会到工业社会，是发展范式的一个从0到1的系统性转变。

价值观念转变就是关于"什么是美好生活"概念的转变。美好生活的概念发生变化后，就需要有相应的内容来满足，而相应的内容对应不同的资源，不同的资源又有不同的技术属性，需要不同的组织方式、商业模式来运行。

（二）农业社会向工业社会转变的"两个障碍"及如何克服

实现从农业社会到工业社会的转变，需要克服两个障碍：一是农业时代形成的勤俭消费习惯；二是对物质消费的生理限制。彻底改变人与商品的关系，将过去"节俭的人"变成"饥饿的消费动物"。比如，厂家每年更新产品款式，引诱消费者不断购买最新款的产品。

如图1所示，这是美国加利福尼亚州Livermore一个消防站的"百年灯泡"。这个灯泡使用115年未坏，可以在其官网看到灯泡实况，视频每30秒更新一次。

图1 "百年灯泡"

这个"百年灯泡"生动地显示了工业化背后的商业逻辑是如何发生改变的。过去产品的使用寿命都非常长，但是后来由于需求饱和，经济难以增长，"人为设计寿命"（Planned Obsolescence）的做法就开始盛行。我们现在使用的家具、手机、打印机等产品，会有人为的"设计寿命"。使用一定年限就会损坏，必须更新，从而不断地创造新的市场需求。当然，并非所有产品都是如此。

（三）工业化逻辑如何改造传统农业

我们先来讨论一个很基本的问题：什么是农业？从两个维度来回答，即农业生产什么内容（What），以及农业如何生产（How）。

从生产方式来讲，过去传统农业是复合种养的生态模式，"现代"农业则是单一种养、化学农业、工业化农业。从农业生产内容来讲，农业除了生产农产品，还"生产"很多文化价值、体验价值、体育价值、健康价值等。单就生产农产品而言，我们还要问它是生产什么样的农产品，是生产植物性产品还是动物性产品？二者占比如何？但是，所谓"现代"农业大都是由传统工业化的逻辑在驱动，走向了不可持续和不健康的方向。

我们可以看看农业结构的变化。由于肉类生产更适用于工厂化生产（不受季节影响、流水线生产等），所以可以带来更大的利润，差不多50%以上的粮食都被用于生产肉类；大部分农业土地资源和水资源都直接或间接地用于生产动物性产品。比如，全球超过70%的农业用地都直接（牧场、集中养殖场等）或间接（生产饲料用地等）地用于肉类生产。在农业生产方式方面，工业化农业和化学农业带来大量农业污染，并造成生物多样性丧失。

这种"现代"农业结构及与之对应的所谓现代饮食模式，带来大量现代疾病（"富贵病"），造成医疗支出大幅增加、生态环境破坏等后果。如果我们观察饮食模式和农业结构的变化、中国慢性疾病及医疗负担的支出情况、生态环境破坏的变化情况，就会发现它们之间的内在关系，进而就会发现，很多我们一直接受的概念和理论其实并不可靠。

印第安人的"三姐妹"（Three Sisters）农业就是一个生动的例子，说明了传统农业如何被现代农业改造及其改造后果。"三姐妹"是指玉米、豆类和瓜类三种农作物共生的组合。其中，高秆的玉米为豆类生长提供支撑，豆类通过固氮为作物提供肥料，底部是瓜类，其阔叶会为土地保墒，其藤茎的刺可以防止小动物入侵。所以，这三种农作物是生态农业的典范，具有生物多样性，产生了非常完美的共生效应。这三种农作物不仅在生产上形成完美组合，不需要化肥农药，充分利用土地空间，而且提供了人体需要的营养组合，被印第安人视为文化图腾。

然而，工业化逻辑对这种相互依存的生态农业的改造，就是将"三姐妹"强行分离，使其成为单一农业、化学农业，实现工厂化生产，同时依赖大量的农药化肥、添加剂、抗生素。这个过程反映了过去农业的"现代化"过程。虽然看起来单一作物的产量有所提高，但因为产生大量生态环境问题而不可持续。

在互联网和新的技术条件下，化学农业、工业化农业转向生态农业的道路，不仅可以提高生产力，还可以产生大量非农的附加值，如生态旅游、文化、体育、健康、体验等。

前面提到，消费主义背后是商业力量在驱动。这并非意味着商业力量不好，而是说商业的成功并不总是意味着社会价值的增进。在缺少相应的约束条件下，商业上的成功同样可能会推动经济向一个不太好的方向演进。商业力量既是推动社会进步的力量，也是造成不可持续危机的力量。

比如，从以植物性饮食为主到以动物性饮食为主的现代饮食模式，带来了大量的健康问题，而不健康的饮食结构又对应着农业结构问题（饮食和农业分别代表食物的需求与供给，二者相互决定），不同的农业结构问题又对应着大量的资源环境问题。比如，世界上超过70%以上的农业用地，都直接或间接地用来生产肉类，包括生产饲料的土地、牧场等，但根据WHO和中国的健康膳食指南，超量食用肉类会带来大量"富贵病"。

总之，如果现有农业结构和饮食结构不发生改变，其环境代价和健康代价就会非常高昂。

（四）扭曲如何形成

那么，上述这些经济扭曲如何形成？要回答这个问题，就要先看什么是现代经济。下面我们以饮食为例来说明现代经济增长的机制。因为人类有生理极限，对食物的需求总有限度，吃饱喝足之后经济怎么办？消费主义的方案就是，无节制地饮食，引发肥胖和疾病，再去减肥和治疗。整个过程会不断产生GDP。但是，这个"过度消费"的过程对人类福祉不仅没有好处，还会产生危害。换句话说，相当多的现代经济活动，本质上都是凯恩斯意义上的"挖沟填沟"。

但是，如果人类对物质商品的需求存在生理极限，经济就难以继续增长。解决办法之一，就是将人们对商品的物质需求转化成一种心理需求。如果将消费同生活品质、幸福程度、事业成功、社会地位等挂钩，消费就不再只是简单地满足人们生理需求的活动，也成为满足人们精神需求的活动。这样，消费者的消费心理就被商业力量重新塑造，消费主义也就成为现代化经济的基础。

要强调的是，从农业社会到工业社会，消费心理的转变及消费主义的盛行，不是单个企业的单个行为，也不是政府或者中央计划者能够操纵的行为，而是一个系统性结果。对于消费者、企业和政府而言，消费、生产、增长都是"多多益善"。这就是现代经济背后的底层逻辑。

大危机之后，有效需求不足带来了经济萧条，凯恩斯给出了他的解决方案：通过政府干预扩大投资，刺激有效需求。

我认为他可能走到了一个错误的方向，解决有效需求不足的问题不应靠刺激投资和消费，这是饮鸩止渴，而是应该转向绿色的供给和需求。比如，吃饱喝足后不是刺激大家吃更多，而是做其他有益于身心健康的活动。这同样会产生经济增长，而且是更健康持续的增长。凯恩斯的做法，本质上相当于吃饱喝足后遇到有效需求不足的瓶颈时，让人们吃胖吃病再去减肥治病，以此刺激经济。因此，相当多的所谓现代经济活动，本质上都是凯恩斯意义上的"挖沟填沟"。

凯恩斯于 1930 年在《我们后代的经济前景》(*Economic Possibilities for Our Grandchildren*) 中曾预言，100 年后，生产力会非常发达，人类可以过上非常悠闲的生活，每周只需要工作 3 天，每天工作 5 个小时。但是 100 年差不多要过去了，凯恩斯的预言并没有实现。

凯恩斯及其宏观经济政策，不是去进行发展模式的转型，而是试图在不改变传统发展模式的前提下，通过政府力量扩大投资和消费，以解决所谓有效需求不足的问题。结果，大量资源被浪费在"挖沟填沟"的无效活动上，经济走上一条"高增长、低福祉、不可持续"的道路。

工业革命后的发展模式面临着"现代化的悖论"。这种建立在高碳排放、高资源消耗、高环境破坏条件下的现代化模式，可以让世界上的少数人口享受富裕的生活，但一旦这种生活扩大到全球，就会出现资源环境方面的危机。很多标准经济学家不太接受这一点，相信市场可以自动解决资源环境约束问题。但是，气候变化的例子说明，资源环境空间是有限度的。

一直以来，人们对现代化概念的理解，都是以发达国家的标准为标准。但是，现代化有两个维度，一个是 What，另一个是 How。What 是"现代化的内容"，How 是"如何实现现代化"。

后发国家的现代化进程，更多的集中在 How 的问题上，对 What 的问题没有过多的反思，更多的是跟着工业化国家往物质消费主义的扩张道路上走。这种现代化模式，终于导致人类现在前所未有的不可持续危机。

因此，我们需要对传统工业时代形成的现代化概念进行重新反思和定义，重构人与自然之间的关系。

正如爱因斯坦所说，"我们不能用过去导致这些问题的思维，来解决这些问题。"解决全球面临的不可持续危机，我们需要超越传统工业文明，进入生态文明。

三、什么是生态文明

（一）理解生态文明的三个层面

生态文明是一个很抽象的概念，我们将其具象化，从三个层面来理解。

一是狭义的生态环境资源等问题。生态文明概念的提出，始于生态环境危机，终于生态环境改善。但是，若只是就环境论环境，则无法解决环境问题，因为环境问题背后，是发展范式的问题。

二是研究如何通过发展范式转变（生产与生活方式转变），建立环境与发展相互促进的机制。工业革命后建立的发展模式，以物质财富的生产和消费为中心，环境与发展难以兼容，更不用说相互促进。要做到相互促进，就需要从发展理念、价值观念、发展内容、组织方式、体制机制等方面进行系统转型。

三是新的生态文明分析视角，即从以"绿水青山就是金山银山"为代表的新价值理念和"人与自然"更宏大的视野，揭示人类经济活动对经济社会环境及地理空间的不同含义。

看到生态文明这个词，人们会想到生态环境问题。这当然是对的，生态环境问题是生态文明的起点，也是我们要达到的目的。早在1983年，中国就将环境保护列为基本国策，但在后来的工业化进程中，环境却越来越恶化。这是因为环境问题实际上是发展范式的问题。因此，我们必须解决第二个层面的问题，即转变发展范式，建立一个环境和发展之间相互促进的关系，才能够真正地解决生态环境问题。

但是，仅有这些还不够，还需要新的生态文明的分析视角。这其中有两个核心：一是视野的变化，从过去人与商品之间关系的狭隘视野，扩大到人与自然更宏大的视野；二是关于美好生活的价值理念也要发生变化。这两点意味着，成本、收益、福祉、最优化等概念都会发生变化，很多传统工业时代被广泛接受的观点和结论，可能就都不再成立了。

当前全球生态环境问题带来的危机冲击，为从工业文明转向生态文明提供了驱动力。传统工业文明的基础是传统工业化模式，生态文明的经济基础是绿色发展。实现绿色转型，要解决两个方面的问题：一是要给经济活动施加更多的约束条件，要从人与自然的视角审视人类的经济活动，把社会成本内部化；二是要重新塑造我们的价值观念。

（二）生态文明如何改变中国

目前，生态文明正在深刻地改变中国。但是，人们普遍对目前正在发生的这场深刻变革浑然不觉。我们2021年曾做过一个涵盖上万人的网络调查，得出三个主要结论。

结论一：生态文明建设明显提升中国发展质量和民众福祉。在经济因为进入新发展阶段而增速放缓的情况下，民众生活满意度持续提升。

结论二：生态文明正在引领一场全面而深刻的发展范式转型，包括发展理念、美好生活、消费观念、商业模式、就业观念、福祉等概念，均在发生深刻变化。

结论三：传统工业时代建立的发展理论，很多都明显同现有事实不符。需要在生态文明新的视角下，对传统工业时代形成的发展理论和现代化概念进行深刻反思与重建。

那么，什么是民众心目当中的美好生活？我们在调查中列出一些选项，让每个人选择其认为最重要的 5 项。民众心目中美好生活排序如图 2 所示。

1. (社会保障体系) 医疗、教育、住房，有安全感 (生命和财产)
2. 衣食住行等基本生活无忧，精神文化生活丰富
3. 身体健康
4. 生态环境优美
5. 家庭幸福
6. 社会收入差距小
7. 有大量自由时间
8. 收入越高越好
9. 受人尊重
10. 有成就感
11. 其他

图 2　民众心目中美好生活排序

从图 2 中我们可以看到，民众心目中的美好生活排序的第一位是社会保障体系，包括医疗、教育、住房，有安全感。

有意思的是，收入在民众心目中美好生活排序中排名第 8 位，只有约 20%的人认为"收入越高越好"。背后的原因在于，"美好生活"中的很多东西是金钱无法买到的。

由于美好生活的概念发生变化，人们的消费观也在发生变化。我们通常认为，物质消费多多益善，但实际上不是这样。调查显示，75%的人认为，如果适当减少物质消费的 10%，生活品质不会下降；甚至有一些人认为生活会更充实。

与此同时，消费行为也会发生变化，通常我们认为，如果有两个产品的物理品质完全一样，那么消费者对这两个产品的偏好是无差异的。

但是，如果告诉消费者 A 款产品是由对环境友好、有社会责任感的企业生产的，B 款产品是由对环境不太友好的企业生产的，那么绝大部分消费者都会选择 A 款产品。这在标准经济学里面很难被解释，但是行为经济学中有很多这样的案例。

与此同时，人们的就业观也在发生深刻转变。如果可以选择在两家企业就业，其中一家企业的收入明显比另一家高，但是其企业文化和环境却不是那么好，则大部分人不会选择那家收入更高的企业。

绿色转型意味着商业模式将发生深刻转变。以电动汽车为例，为什么这么多互联网企业会进入电动汽车行业？因为现在汽车的定义已经发生了改变，智能电动汽车不再只是一个交通工具，而是正成为一个新的产品，就同现在的智能手机可以做很多事情，不再是过去只有通话功能一样。对汽车进行重新定义后，其创造的价值就会不同，商业模式也会相应发生改变。市场结构也会部分地从非人格化的市场，向人格化的市场转变，买者与卖者之间建立起直接的联系，因为其中隐藏着大量物质以外的无形价值。

与此同时，企业治理结构也会发生变化。过去企业治理结构更多关注股东利益最大化，而忽略利益相关者的利益，利益相关者往往指的是供应商等价值链环节的参与者，而现在则包括社会和环境等方面的利益相关者。企业必须在同时满足这些利益相关者利益的前提下，实现股东利益最大化。

最后，政府和市场职能也需要进行重新定位。现有政府和市场的职能，很大程度上是在传统工业时代的要求下进行定义的。

现在很多问题的根源，都在于发展偏离了初心。发展的根本目的是提高人的福祉，GDP 只是手段。亚当·斯密在 1759 年《道德情操论》中说过，"市场经济的高生产力，是由财富可以带来幸福这一误导的信念所驱动的。正是这种欺骗，唤起并持续推动人类的产业活动，从而完全改变了整个地球的面貌。"同样地，凯恩斯的思想似乎也没有被真正理解，他在 1930 年《我们后代的经济前景》（*Economic Possibilities for Our Grandchildren*）中指出，"如果我们把眼光关注到比较遥远的将来，就可以看到，经济问题并不是人类永远存在的问题""除了经济问题,还有在意义上更加重大、在性质上更加持久的别的问题"。因此,财富的增长和经济问题,只是发展根本目的的一部分。遗憾的是,亚当·斯密和凯恩斯的这些深刻思想,却被其后来专门讨论财富增长的《国富论》和《通论》思想所掩盖或曲解。

因此,走出不可持续的发展危机,我们需要跳出传统工业时代形成的思维框架,对很多过去被奉为圭臬的概念进行重新思考,转变我们的价值观念、发展内容和发展方式。这样,我们才能获得更多的增长、更高的福祉、更好的环境。

马旗戟
中国老龄社会建设中若干问题思考

马旗戟,信息社会 50 人论坛成员,老龄社会 30 人论坛成员,盘古智库老龄社会研究院院长,国家广告研究院研究员,中国商务广告协会数字营销研究院院长。曾主持或参与多项电子商务、数字科技、市场创新和数字营销等相关研究课题和项目。

老龄化趋势已经成为中国经济社会未来发展的最主要社会背景和最重要约束条件之一,积极应对人口老龄化不仅成为中国的国家战略,也成为经济、文化、社会和科技等领域进行制度变革、文化创造、社会创新和产业增长的驱动力。同时,在诸如高质量发展、共同富裕、乡村振兴、科技创新等若干重点工作中,如何更好地认识老龄化的内涵、本质、特征、趋势、机遇和挑战,制定有针对性的国家与地方的人口政策、基本保障制度、产业规划,并催生社会活力,共同努力探索和落地,是一项长期艰巨的任务。

老龄化是一项前所未有的挑战,老龄社会建设是一项崭新的实践,充满了复杂性、不确定性,具有一定的创新风险,在具体工作和公众认识中也存在大量需要从概念到内涵、从理论到方法进行厘清的地方,笔者根据日常工作中的思考和经验,围绕媒体、公众和企业经常提出的老龄社会方面的问题,总结了自己的一些粗浅认识,希望可以获得大家的批评指正。

一、如何准确理解中国"新老人"?

中国"第二次婴儿潮"期间出生人口的老龄化问题,在中国老龄化趋势和未来老龄谁建设中具有特别重要的意义,它是中国未来十年老龄化的一个"新起点"。关于"第二次婴儿潮"的具体起止年份,有不同的说法,但基本上都是指 20 世纪

60年代初至70年代中，在此我们取1962—1975年。在"第二次婴儿潮"期间（1962—1975年），年均出生人口达到2583万人，合计约3.6亿人，几乎等于当下美国总人口。其中，1962年出生的人在2022年开始进入老年期（60岁），也就是说，此后十几年一直到2035年，中国要增加3亿多名"新老人"，加上原先的老人规模，估计超过4亿人，这是一个巨大的数字。这个婴儿潮人口（"新老人"）有一些基本的社会特征和特点。

首先，他们基本都是在改革开放之后，开始进入工作岗位和劳动者行列的，并且伴随近40年的中国经济社会高速发展和波动曲折，他们是40年间中国经济社会建设的主力军，也伴随分享了经济社会的发展成果。

其次，"新老人"群体整体上较其父母和前辈（1962年之前出生人口）有更好的基础教育，具备了一定的社会认知水平和文化素养。同时，这部分人经历了中国改革开放的全过程，具备一定程度的全球与当代开放意识和对新事物的接受程度。

最后，"新老人"群体还伴随中国城镇化、工业化和信息化进程，虽然不同区域存在进程快慢的差异，但总体上这三者使得他们向着职业劳动者、城镇居民和数字化人口迈进，这是一个极重要的特征，也使得他们的工作和生活、消费和娱乐、社会关系、价值观念等具有相当的现代特征。同时，当下社会—市场的相当部分管理者和骨干是这部分"新老人"，起着骨架作用。

当然，因为中国地域辽阔，改革开放进程快慢不一，区域经济社会基础迥异，上述这些"新老人"的特征和特点，在不同地区、不同领域、不同行业、不同岗位和不同阶层是有相当大差异的，需要我们认真对待。但是，"新老人"在以下五个方面还是有一致性或相似性的。

（1）"新老人"的个人或家庭的经济、收入水平较前辈都有很大提高，而且消费意识、意愿和能力都有显著增长，对财富管理和应用更为积极。

（2）"新老人"的社会参与意识和意愿、能力也同样呈现出积极乐观的倾向，对老年时光和老年生活有更强的"第三人生"观念，其中相当部分人不认为进入老年之后就必须和应当放弃积极参与经济社会的生产、创造。

（3）"新老人"的自我意识与个体意识更强，自我保护、自我关照和自我管理的观念远远超出以往老人的被动、依赖和等待的消极观念，而且其生命观、健康观也受到新知识、新文化的强烈影响。

（4）"新老人"具备更强的文化审美和精神体验需求，虽然与90后、"Z世代"相比似乎保守，但依旧构成了传统文化和主流价值观念的传承主体力量，并具备相当的对外开放性，有很强的社会交往冲动。

（5）"新老人"对社区、社群和社会的集体活动（特别是公益事业）有很强的主动性和被动员力，其中相当部分人本身就是中国社会公益事业的早期参与者和倡导者。

"新老人"的社会心理、认知和行为，让我们在评估、设计和营造老龄社会、老龄经济与老龄市场的过程中，除了充分考虑继承60前老龄群体的那些既往关注到的生理、生命周期的特点，并找到合理的服务供给，还必须找到适合"新老人"的制度安排、政策供给、产业规划、市场服务和社会组织方式。

涉及老龄经济（含"银发经济"）、老龄产业、老龄市场和老龄消费的主题颇大。一方面，总体来讲，"新老人"将是中国未来10～15年老龄化趋势的主要增量和变量，也是积极应对老龄化国家战略与建设可持续老龄社会的重要对象和参与群体。换言之，当下研究老龄化、思考老龄化、应对老龄化和服务老龄化的机构、企业与社会组织乃至公众必须深刻认识到"新老人"在中国老龄化进程中的重要性、独特性及可塑性，面向未来做好准备。另一方面，具体来讲，"新老人"的老龄生活和需求又较60前老龄群体存在巨大差别。有些差别需求的满足可以依靠技术和经济进展伴生实现，有些则必须在制度和文化层面上有巨大调整才可能适应，这是"新老人"这一群体的出现带给中国老龄社会的挑战和机遇。

"第二次婴儿潮"为我们带来了海量的老人，推动中国老龄化到达一个"创新高"水平，让中国社会面临很大的老龄化压力和挑战，但幸运的是带来的是"新老人"，这又为中国带来了另一视角下的机遇和幸运。如果我们认识到，中国每一代人的进步积累背后同样伴随着每一代"新老人"的进步,那么我们或许会更加理性地思考,并保持积极乐观的态度。

二、如何把握老龄社会创新的要点?

认识创新本身、认识理论创新、认识创新深层目标,是老龄社会创新最需要重视和强调的三点,也是目前在具体工作中还需要改进提升的三点。

第一点,现在整个中国社会都对创新的意义和价值形成共识,各个行业、领域和组织都在努力倡导与实践创新,老龄社会领域也不例外。作为一种方法论和实践论,参与老龄社会建设的专家学者和领导干部,不但要认同创新这件事情,更要对创新本身有深刻认识:什么是创新?创新的理论和逻辑是什么?创新的机制机理是什么?创新的方法模式有什么?创新的难点风险是什么?其他领域的创新经验是否可以移植或借鉴到老龄社会领域?

第二点,老龄社会的创新,不仅主体要创新、内容要创新、影响因素要创新,根本地,要尤其注重老龄社会所对应的人口学、经济、文化、法律等的理论创新。理论创新,是根本性的,虽然它部分来自社会实践,需要从实践中汲取养分,但从长远来看,没有理论创新就没有可持续创新需要的环境保障和制度保障,所以,不能因为自己身处一线就觉得与自己无关,而是要时刻关注"理论是否有创新"这件事情。

第三点,老龄社会的社会创新实践(包括制度、政策、组织和产品等),不仅仅是为了使老龄社会中老龄群体摆脱困境,让他们更加幸福,也不仅仅是为了消除老龄化程度加剧带来的社会压力与问题,而是要比这些深刻得多。老龄社会创新的深层目的,本质上必须要回归到人类社会寿命变长之后,究竟如何寻找高龄长寿者的生命意义和生存意义这一基本问题上来。

三、如何认识家庭资产配置与养老金融?

中国居民家庭的金融资产规模在过去大约 15 年间大幅提升,并持续高速增长,在中高收入群体中尤为明显,原因是多方面的。

其一，金融资本市场开始逐步开放和完善，在双向跨境、投资工具、投资对象、产品品种、投资渠道和投资服务方面都有长足进步。

其二，老龄化趋势加剧、养老政策与保障现实等因素对一般家庭的资产配置提出了新的需求，财富持续增长或保值成为一种刚性需求。

其三，整体经济、年轻人成长与生活观念间的互动，促使年轻人逐步从以经济与收入高增长、高消费转向更加注重现有资产通过金融产品来实现二次增长。

在居民金融资产规模和比重增长的同时，我们也必须注意到，随着经济增速放缓、老龄化程度加剧、社会前景不确定性增强，对（广义）投资的风险偏好整体上是在下降的，换言之，保守与投机并存的同时，保守倾向开始占据优势，无论是（相对）老年还是青年，具体到投资偏好和产品种类上，就是预防性和准备性投资（如储蓄、保险和理财、养老产品）增长，并最终造成相对高风险产品品种的资产配置比重在下降，当然不同年份会有一定差异。对此问题的基本对策是，前端鼓励更灵活的经济参与、鼓励生育，后端实现养老金融、货币国际化，这成为四个极其重要的举措。从年轻人群体当下的状态来看，经济增速的放缓和老龄化程度的加剧带给他们的困难甚至超过中老年人，高强度、低效率和被动性竞争普遍存在于这个群体，对未来不确定的不乐观（确定性）预期可能会进一步推动他们在个人/家庭资产使用与配置上的保守性，这从某种程度上讲，加剧了心理焦虑和不安全感。

需要强调的是，"养老金融"包括广义和狭义两个层次，狭义的便是常说的一二三支柱结合，以及让养老金良性运转和增长，广义的则包括为应对老龄化和为培养老龄群体持续参与经济社会发展所需能力与素质进行的各种金融资本的投资。

在养老资产和财富构成中，个人养老金制度的设立为老年人养老的财富保障做出了新的探索。

1991年，国务院就提出建立养老保障体系"三支柱"，"目前基本完成的职工养老保险+城乡居民养老保险"的基本保险制度为第一支柱；目前初步开始的企业年金、职业年金为第二支柱；目前仅在试点但整体制度尚未出台的个人养老金制度为第三支柱。简单说，就是第一支柱是"政府+企业+个人"共同承担建立的公共养老金，是由国家强制设立的；第二支柱是企业与个人共同承担设立的；第三支柱则是个人或家庭自愿参与的。随后《中华人民共和国国民经济和社会发展第十四个五年规划和2035年远景目标纲要》又强调，要"发展多层次、多支柱养老保险体系，提高企业年金覆盖率，规范发展第三支柱养老保险"。所谓多层次即国家、社会、企业与个人。

实际上，"三支柱"的基本体系并非中国独有。例如，美国的"三支柱"比例分别为8%、55%、37%，而中国大致为66%、19%、15%。造成这一差异的原因是多种多样的，既有国家经济制度和分配体制的原因，也有社会管理与公共保障的原因。

从过去若干年看，第一支柱承压越来越重，中国社会科学院相关报告显示，预测国家养老金资金将于2035年耗尽。那么，是否有可能通过扩大第一支柱的缴纳来维持呢？答案是较为困难。首先，第一支柱并非意外之财，也是个人和企业上缴的（加少量财政补贴）；其次，为了给企业减负降费，政府已经多次给企业降低社保费率，不太可能重新提高回来。第二支柱的提升也存在类似问题。

第三支柱的核心，就是让个人主动和自愿地参与到社会商业养老保险的投资理财市场中，通过国家财政补贴和税收激励的政策，依靠投资收益增长，为个人未来的养老金提供保障。

实际上，对于作为第三支柱的个人养老金制度，部分省市在2010年前就提出试点设想和方案，2018年开始在上海等某些地市试行。但试点效果似乎很不理想，造成这个问题的原因既包括多方主体（个人、企业、政府、保险公司）的意愿未达成一致，也包括未满足提供此类服务的保险企业的收益评估，还包括发放计算、审核等复杂事项，当然也包括政府补贴力度和税收激励的吸引力不足等。

基于试点和完善新设计，近期新的个人养老金制度被提出：建立以个人养老金账户为基础、经济活动人口自愿参与、个人拥有投资选择权的积累型养老金制度。新制度要在试点的基础上形成，区别在于，税收优惠对象并非某项具体的养老产品，而是个人养老金账户，个人养老金账户内的资金都可享受到税优政策，个人可以选择购买何种产品。简而言之，就是以个人的养老金账户为基础、个人自愿参加、国家财政从税收上给予支持、资金市场化投资运营的个人养老金制度。

这一设计究竟何时施行、成效如何，目前不得而知，而且同样存在很多疑问和风险，例如，是否应当和第二支柱、第一支柱的个人账户打通？是否存在个人广义投资（储蓄）增加但流动性变差的问题？是否在财产的继承方面存在继承人风险或损失？等等。

另外，作为第三支柱的个人养老金制度还需要解决有效供给问题，在储蓄养老和商业保险养老之外，增加优质机构管理的更多投资服务与品种，如理财、基金等，以期获得稳定和持续增长的投资收益，这一点如何做到也是一个重要的问题。同时，要真正完成个人养老金制度的落地和运营，还需要建立公共数据服务与监管平台、个人账户信息平台、税收激励框架与配套，以及进行差异化产品设计、组合、营销、销售、运营、特别的法律援助与救济等。

显然，作为第三支柱的个人养老金制度，与第一支柱、第二支柱是功用不同、效能迥异的，在某种程度上，在个人收入阶段性稳定的前提下，居民有多大比例资金可以投入个人养老金账户是一个需要权衡的事情，尤其是对于距离退休领取养老金还有一定距离的中青年人。

在这里，有两点要特别强调：第一点，在财富分配不变和收入增长有限的情形下，无论做什么新设计、新制度，都是存量博弈，有效性极其有限，因此，必须把经济增长、财富分配和收入提升同时搞好才能解决国民养老金的根本问题；第二点，第三支柱在一定视角上，是对多支柱的结构性优化，特别是能够降低第一支柱的比重与"大锅饭"效应，强调其"兜底保障"，第三支柱起到实质鼓励和激励个人对养老的重视与对财富贡献作用的认识。

如何让个人养老金制度试点更成功，可以从三个方面简单分析。

第一，风险、收益与流动性。我们知道，个人养老金在某种程度上是一项投资行为，那么，它就无法回避投资者关心的问题，即风险、收益和流动性。低风险、低收益和低流动性，是这类投资的特点，或者说带有一定程度的强制性（管制）。低风险大致是可以保障的，不过这里并不排除严重经济危机、衰退和特定政治经济形势下的风险。与低风险相适应，当下产品低收益也是显而易见的，这在通胀压力下聊胜于无，同时，个人养老金如果采取退休后才能支取的规则，那么它的流动性就是极差的。

第二，效用、信心与预期。投资虽然与狭义的消费不同，但同样涉及投资者（消费者）的效用、信心和预期问题。我们必须强调，唯有在一个经济社会相对稳定与持续增长、不出现重大社会风险、不存在重大政策调整的情况下，一项长期投资才是有效和必要的。因此，个人养老金制度在设计与预估阶段，就必须充分考虑国民（或者说政策施行对象）的社会心理与行为逻辑。同时，同样一笔钱在不同阶段和不同领域的使用，效用和收益是不同的，例如，30岁的人应当把钱投入个人养老金，在遥远的30年或40年后支取，还是把它投入个人能力成长发展中，以便在后续获得更好的财富成长机会，这是很重要的。

第三，强制、自愿与选择。我们注意到，第一支柱是公共强制性的，所以它推行快。但作为第三支柱的个人养老金制度如果采取自愿模式，那么，政策对象必然遵循市场化、商业化的评估和选择，有专家说"不能把国民当作经济理性人，否则就不需要激励政策了。"这句话大致是没有道理的，因为他只从狭义养老金的收益来狭隘论述国民/消费者对未来或长远收益的理解。如果第三支柱强制化施行，当然会施行快、覆盖广，能够更快地解决政府在第一支柱上的困境，但这样做存在极高的制度成本和执行成本，也有违设立个人养老金制度的初衷和目标。

从国民养老保障体系发展来看，个人养老金制度是合理的，"三支柱"会更好地为老龄社会提供更稳定的经济社会环境和国民福祉，无论在制度设计、制度试点，还是在制度实施中，都应当充分、全面地考虑国民的权利与权益、心理与行为模式、风险与目标，否则将存在巨大的信用风险和社会成本，从而对国民造成信任与权利伤害，对政策的有效性和可持续性也会造成影响。

四、如何优化老年教育、激活银发社会？

如何让数以亿计的老年人"焕新"，不仅涉及他们自身的生命体验，也关系到中国未来数十年的社会稳定、群体和谐和动力延续。

随着中国社会老龄化程度的不断加深，以及积极应对老龄化国家战略的确立，在新时代的未来若干年，如何做好老龄工作的问题摆在所有人面前。《中共中央 国务院关于加强新时代老龄工作的意见》发布，从健全养老服务体系、完善老年人健康支撑体系、促进老年人社会参与、着力构建老年友好型社会、积极培育银发经济、强化老龄工作保障和加强组织实施七个方面给出目标和路径。

经过几十年的发展，中国老年教育在观念认识、投入程度、覆盖规模、教育质量和社会效益等方面取得长足进步，在服务社会治理、贯彻国家战略方针、提升老年人人生质量、促进社会文化传承等方面取得巨大成效，主要体现在以下三个方面。

第一，老年教育事业发展态势良好，老年大学总量持续增长，入校学员增长势头逐年强劲；第二，老年教育的公益性、普惠性和多元性显著增强，办学体系不断向基层延伸，办学主体呈现多元化，办学层次逐步下移进入街道/乡镇和社区/村；第三，网络化、数字化学习成为老年教育的重要支撑，远程授课、在线上课、视频听课等新形式让更多不同区域的老年人有机会参与，也让老年人在学习中的互动交流更为顺畅。

与此同时，老年教育也存在不少需要改进的问题。首先是发展不平衡，老年教育在不同区域和城乡之间差距较大，特别是在相对落后偏远的乡村地区，老年教育的服务与内容供需不平衡、发育不充分；其次是管理体制不顺，经费投入依旧不足，社会化支持不强；最后是与老年教育相关的管理、科研、教学和服务人才尚未适应未来十年的需要。

老有所养、老有所依、老有所乐和老有所安是新时代老龄工作的重要指引，在实现宏大目标的过程中，老年教育是一个不可或缺的基础工作，也是一个中心工作。老年教育是高层次精神需求，对老年人的身心健康和自我健全发挥着重要作用。特别是，老年教育对老年人在信息时代和数字社会适应变化、学习技能、提升社会参与能力、摆脱边缘化，以及重新成为自信自强的人有着不可替代的价值，是老年群体获得感、幸福感和安全感建构的关键支撑。

此外，1960—1970年出生人口已经进入或即将进入老龄阶段，他们相比1930—1950年出生的老人，在社会意识、教育水平和健康水平上有着巨大提升，对老龄岁月的期待和计划也有极大不同，因此，中国老年教育的教学方式、教学内容和教学模式也需要进行大幅度优化调整，以往以文化、娱乐、保健等为主的较低水平的老年教育已经无法满足"新老人"的需求，在老年教育顶层设计、终身学习体系，以及更具体的分级内容、分类教学和分阶段评估上，相关部门应该抓紧推动。

第七次人口普查数据显示，中国60岁以上的老年人达2.4亿人，未来这一数字还将大幅增加。如何让数以亿计的老年人"焕新"，不仅涉及他们自身的生命体验，也关系到中国未来数十年的社会稳定、群体和谐和动力延续。未来数十年，中国老年教育将以人的终身学习和能力成长为主轴，以全国老年大学（及大学老年课程）为主体，以社区老年教育中心和社会化老年教育机构为基础发挥整合作用，在教育、人力社保、卫生健康等部门的协作之下，不但能为老有所养、老有所依、老有所乐、老有所学、老有所为提供保障，也能为老有所为提供动力。在这一进程中，老年教育（各地老年大学和各种社区老年文化活动中心）担负了重要职责，它们是满足老年人教育需求的基础单元，也是构建全民终身学习体系的重要组成部分。

五、如何避免数字适老化的认识误区？

2020年12月，工业和信息化部印发的《互联网应用适老化及无障碍改造专项行动方案》（以下简称《方案》）提出，综合采取行政指导、技术推动、信用评价等多种手段，推进互联网网站和移动互联网应用（App）适老化及无障碍改造，着力解决老年人、残疾人在智能技术面前遇到的困难。

2021年4月，工业和信息化部发布《互联网网站适老化通用设计规范》和《移动互联网应用（App）适老化通用设计规范》（以下简称《规范》），规定了互联网网站适老化通用设计规范和技术要求，适用于各种终端的适老化网站设计，也适用于网站的适老化改造与技术开发。例如，《规范》明确了适老版界面，规定了单独的适老版 App 中严禁出现广告内容及插件，也不能随机出现广告或临时性的广告弹窗。同时，移动应用程序中应无诱导下载、诱导付款等诱导式按键。

《规范》还要求互联网网站、App 在 2021 年 9 月底前参照要求完成适老化及无障碍改造，并依据《互联网应用适老化及无障碍水平评测体系》申请评测，通过评测则授予信息无障碍标识，有效期为两年。158 家与各类障碍群体基本生活密切相关的网站和 App 列入首批改造名单，于 2021 年年底完成改造，包括新闻媒体、交通出行、金融服务、社交通信、生活购物、搜索引擎等 8 大类网站和新闻资讯、社交通信、生活购物、金融服务、旅游出行、医疗健康 6 大类 App。

一年多过去了，虽然最新精确数字尚未获得，但绝大部分被列入名单的网站和 App 都实施了适老化及无障碍改造，并取得一定成效，这也体现了数字科技与人文温暖，消除了数字壁垒与代际鸿沟，让老年人拥有了互联网时代的更强能力。

下面重点说明笔者对于开展互联网应用数字适老化的四个方面的认识和期待。

第一个方面，互联网应用适老化及无障碍改造（后面主要使用含义更广泛的"数字适老化"这一概念）是一个逐步扩展、趋于完善和均衡迭代的进程，不可能一蹴而就。

首先要解决的是最基础和最普遍的那些部分和环节（如老年大字版），而不是要求重点的网站和 App 不计代价做出一个从字体到色彩、从音像到风格、从功能到流程、从精细到好用、从安全到方便都很完美的老年版产品。

对于数字适老化，此后将在当前重点网站和 App 的实施经验和成果的基础上，将其分成两个维度来继续展开。一个维度是将基础的"设计规范"扩展要求至全部网站和 App（及类似应用），完成适老化的普及化和测评认证化——这里必须强调一点，相关测评服务应当是免费的公共服务，而不是借机生财之道。另一个维度自然是深度探索和精细化互联网应用"水老虎"的设计规范，在既有基础和经验上，结合老龄群体互联网数字生活中更加独特和细微的部分加以延伸完善。

第二个方面,"数字适老化"必须同样有边界,即满足最低适用性和最低改造量,而非追求尽善尽美。

现在有些人用很多很感性的案例来证明改造很不充分,老人很不满意,以此作为论证基础是不行的,论证必须建立在对改造范围、参与指标和有效性的可靠测量之上。就像电影公司拍了一部 3D 电影,不能因为老人们普遍眼神不好或感觉头晕,就强令电影公司必须同时提供 2D 版。数字适老化,是通过适当降低老龄群体使用互联网工具的"认知和能力成本"解决他们获得数字商业和公共服务的权利公平性问题,而不是解决他们使用权利过程的普遍满意和获得问题。

第三个方面,数字适老化的进展不够"爽快",是不是仅仅因为互联网企业认为老龄群体商业价值有限?显然,这种说辞是不正确的。

数字适老化需要从两方面来看。一方面,基于人类整体福祉和社会良性发展的公共服务,出发点是"不落下/忽略/歧视任何一个人",由此可见,在中国老龄化加剧的情况下,互联网企业有社会责任和义务来关注和履行职责,但更主要的是政府部门(作为使用税收提供公共服务的专门组织)也有责任和义务来规范与实施此事,不能简单归责于企业动力不足。另一方面,作为一项服务,它需要(巨大)成本,而不是像有些专家认为的"分分钟搞定"。技术成熟,不等于产品和服务廉价,互联网企业会伴随老龄社会和银发经济按照相关市场规律和产品节奏来自发地推进数字适老化。

第四个方面,数字适老化的确需要社会和互联网企业的人文关怀,但进展尚不够理想,不可以简单总结为需要更多人文关怀。

这个进程,除了与技术端(产品和服务)相关,更与老龄群体的群体素质、意识和能力培养相关,与公共宣传、教育和培训相关,与数字经济对老龄群体的渗透和影响程度相关,还与除数字产品以外的其他公共服务的包容性和可得性相关。这些事情需要一个长期且复杂的社会生态和市场营造,简单批评互联网企业没有人文情怀和科技向善意识是解决不了任何问题的。

左美云
智慧养老平台的价值、类型、演进和未来

左美云，信息社会 50 人论坛成员，中国人民大学二级教授、杰出学者、信息学院副院长、智慧养老研究所所长，中国老年学和老年医学学会智慧医养分会主席；出版专著《智慧养老：服务与运营》和《智慧养老：内涵与模式》。

智慧养老平台是一类为老年人提供服务及监管的平台，是智慧养老得以实现的重要支撑。20 余年来，智慧养老平台经历了四次迭代，在发展过程中出现了许多类型，也较充分地展现了其价值。下面对智慧养老平台的价值、类型、演进和未来做一些分析。

一、智慧养老平台的价值

智慧养老平台在各地都得到了广泛的应用，有些平台已经产生了实际效益，即看得见的价值，逐渐得到社会和老年人的认可。比如，有的老人打电话给平台，电话响起只能说"快来"。显然老人出现了紧急情况，需要急救。这时，呼叫中心的工作人员可以通过接入电话同步显示老人家的准确地址和老人平时的疾病，做出快速派遣急救人员上门救治的决策，为老人的抢救赢得时间。另外，当平台连接的家中监控设备感知老人摔倒在洗手间时，平台会马上通知家属并派单上门救治。以上案例在逐渐增多，让老人和家属体会到了智慧养老平台的价值，有的平台还收到了老人或家属赠送的锦旗。

除了上述针对老年人的价值，养老服务企业可以通过平台收集分散的老年人需求信息，实现规模经济、范围经济和长尾经济效益，做得好的还能实现时间经济效益。所谓规模经济，是指可以通过平台获得某种服务或产品销售数量的增加，

实现市场的规模化，从而降低运营成本，获得收益。所谓范围经济，是指可以通过平台上产品和服务的组合来促进交叉销售及资源的优化，从而获得额外的市场和收益。所谓长尾经济，是指可以通过平台把小众的需求（长尾的需求）归集起来，然后通过类似移动服务车和集中服务点的设置，满足这些非常规的需求，从而获得可能是高附加值的收益。所谓时间经济，一方面是指通过平台的匹配和优化，将照护人员的时间更合理地优化，让高质量或高技能的服务人员从事更高价值的服务，让低技能的服务人员从事常规的服务，使得高技能人员的时间得到更高的附加值；另一方面，通过平台对服务人员的匹配和对服务地点的路径优化，使得服务人员在工作准备和路上奔波的时间得到节约，这样，单位时间能够服务更多的老人，创造更多的价值。

当然，平台还可以对接入平台的其他干系人（比如政府）产生价值，这里不展开阐述。

二、智慧养老平台的类型

20多年来，社会上出现了各种各样的智慧养老平台，在此先回顾一下其发展历程。早期平台以电话模式为主，包括一键通和普通电话，对于解放前出生的老年人来说，这种模式依旧是他们使用的主流平台，他们一般都通过呼叫中心的工作人员接入平台。个人计算机流行后，基于PC端的网页模式推广了一段时间，但由于那时会使用互联网的老年人较少，该模式并未得到广泛的应用。此后，基于电视的云平台模式被探索出来，比如歌华有线开发的电视云平台，已具备方便民众挂号就医、养老送餐、家政服务等功能。现阶段使用较为广泛的是微信群模式，老年人可在微信群中互动交流，也可向群主（或服务机构）直接反映自身需求，群主可以通过微信群发布通知和反馈老年人需求等，十分便捷。服务机构也可以通过微信公众号发布通知和提供服务。

移动互联网发展起来后，智慧养老平台的App模式逐渐被老年人及其家属所接受，老年人或其家属可以通过App平台了解与自身需求和健康状况密切相关的各类信息，部分平台还具备直接购买产品或服务的功能，比如部分医养结合平台已开发医生端、护工端、客户端（包括老人端和家属端）等，不仅方便民众选择服务，也方便医生、护工开展医疗照护工作，极大地提升了用户体验感和相关工作的效率。

智慧养老平台除了服务的匹配和交易，也非常重视对老年人的保护和预警。比如，在空间方面对老年人进行保护时，电子围栏、防走失定位等都得到了很好的应用，特别是对老年人的位置和行走轨迹，有些平台已经实现数据的可视化。另外，上述各类智慧养老平台还可以接入相关设备，如三边设备：一是老年人身边的设备，如智能腕表等可穿戴设备；二是老年人床边的设备，如床旁平板电脑、智能床垫、智能音箱，还包括一些陪伴机器人等；三是老年人周边的设备，包括各种智慧居家设备，如智能窗帘、智能药盒、智能马桶等。上述三边设备都可以和平台进行信息的交互，发送老年人的生理、运动等状态信息，接收来自平台的指令并完成相应的操作。

以上平台总体上可以归为智慧助老平台。此外，还有其他类型的智慧养老平台，如老有所为平台（如全国离退休人才网）、老年学习平台、老年婚恋平台、老年用品平台、老年旅游平台等。以上平台基本上都有基于 PC 端的网站或基于移动互联网的 App。另外，智慧养老平台除了提供面向老年人的 B2C 模式应用，同时也积极拓展面向政府的 B2G 模式应用或面向企业的 B2B 模式应用。面向政府的智慧养老平台可辅助政府进行相关监管工作，以北京市为例，朝阳区、东城区等 16 个城区的智慧养老监管平台及区级养老服务指导中心都已经发挥了很好的作用。

三、智慧养老平台的演进

琳琅满目的智慧养老平台大体可分为两类，一是人—人交互方式，二是人—机交互方式，并且由前者向后者演进。人—人交互方式是指老年人通过与服务代表直接进行互动（无论是通过面对面、电话，还是即时通信工具），然后由服务代表操作智慧养老平台，帮助老年人完成业务；人—机交互方式是指老年人通过自己操作智慧养老平台直接完成服务订购，在服务订购过程中不需要与服务代表进行互动。

基于连续性理论，老年人会基于自己的过往生活习惯和目前具备的能力与资源选择适合自己的与智慧养老平台的交互方式。信息技术能力弱，或者家中缺乏支持，或者健康状况不足以支持自己直接操作平台的老年人会选择人—人交互方式；反之，信息技术能力强、家中有比较好的支持、健康状况好的老年人会选择人—机交互方式，自己直接操作智慧养老平台。

因此，为了让更多的老年人采纳智慧养老平台，需要考虑两种方式并行的方式。随着 20 世纪 50 年代和 20 世纪 60 年代的老年人退休，越来越多的老年人将采用人—机交互方式。

智慧养老平台不断迭代，需要注意到智慧养老发展是一个演进过程。20 多年来，智慧养老平台的演进大体上经历了四个阶段，分别是养老电子化、养老信息化、养老智能化和养老智慧化。

第一个阶段是养老电子化（Senior Care Electronization）。与其他行业一样，养老电子化是指将纸介质的内容变成计算机上可以保存和查阅的文档，即养老文档的电子化，这是智慧养老平台的 1.0 版本。目前，部分养老机构和平台仍然处于这个阶段。在这个阶段，原先由纸介质记录的数据变成了数字 0、1，可以快速复制、传阅和存档。所谓的平台，是一些计算机上的文件夹，其中分门别类地保存了各种 Word 文档、Excel 文档。

第二个阶段是养老信息化（Senior Care Informatization）。该阶段在第一个阶段的基础上有了养老服务管理系统，可以做一些数据分析、生成统计报表等工作，这是智慧养老平台的 2.0 版本，大多数养老机构和社区使用的平台目前处在这个阶段。这些系统有些是孤立的，有些可以集成发挥作用。这个阶段一开始主要是从养老机构的信息化来展开的，后来一些驿站和社区养老信息化平台也慢慢进入这个阶段。

第三个阶段是养老智能化（Senior Care Intelligentization）。该阶段具备两方面特点，一方面是智能化设备的接入，另一方面是能根据智能算法提供个性化服务推荐，这是智慧养老平台的 3.0 版本。目前，这个阶段的应用不算多，养老智能化还需要不断推动。有些养老机构和社区已经接入了一些智能化的监控设备，但是基于这些监控数据提供的服务还非常少。

第四个阶段是养老智慧化（Senior Care Smartness）。这里的智慧化包含两层含义，一是针对不同的老年人采用不同的技术进行服务，适合的才是最好的；二是给老年人提供的养老服务推荐是个性化的、可解释的。这是智慧养老平台的 4.0 版本，有一些智慧养老平台已经意识到上述两层含义带来的要求。针对第一层含义，比如有的智能设备很好、很先进，但其是否有实际应用的场景需求，针对的老年人类型是否合适？老年人与智能设备之间如何分工？医生、护理人员和智能设备如何分工？这些都是实现养老智慧化要考虑的内容，需要用合适的科技去解决相应的问题，需要智慧地使用智能科技。针对第二层含义，现在人工智能技术越来越多地运用在智慧养老平台中，但是人工智能是个黑箱，需要给出可解释的理由，才能让老年人更愿意接受平台推荐和提供的服务，增加对平台的信任。

总体而言，市面上的诸多智慧养老平台尚处于养老信息化阶段，在逐步向养老智能化阶段前进，但离养老智慧化阶段仍有较长的距离。

四、智慧养老平台的未来

上述提到的智慧养老平台多是单独平台，而未来的智慧养老平台是需要基于生态系统建立的，需要将上面的各类平台进行连接、联动，包括接入各种可穿戴设备、监控设备、辅助设备、App 等。对于未来不同平台数据如何打通，需要在迭代过程中不断去思考。

另外，还须进行多场景的连接和协同，包括养老机构、社区、居家养老等各类场景都需要连接到一起，比如居家养老的老年人信息在年纪大了之后能否转入社区养老数据库，之后再转入机构养老数据库等，对每个老年人的养老、健康、学习、旅游、婚恋等数据进行集成，按时间线进行组织，形成个人专属的生命历程数据库。在此基础上，可以采用区块链等技术进行溯源和保护，通过智能合约授权给相关的主体（如养老服务机构、医院等）合法使用，使这些数据发挥最大的价值，也使老年人得到更满意的服务。当然，这些数据如何在智慧养老平台、养老服务机构、医院、保险、政府监管之间实现互通共享，是下一阶段平台发展的重点问题，也是涉老数据治理的重要内容。

智慧养老平台将沿着如下九化的方向发展，它们分别是泛在化、体系化、品牌化、个性化、智能化、标准化、模块化、适老化和智慧化。泛在化、体系化、品牌化、个性化更多与平台提供的服务相关，智能化、标准化、模块化、适老化更多与平台的支撑技术相关，智慧化则要求整合前面的八化，最终提升老年人的福祉和满意度。

第一是泛在化。在理想的情况下，无论老年人在哪里，智慧养老平台都能提供相应的服务。老年人想学习，可以进入学习专区；想旅游，可以进入旅游专区。平台能够为老年人提供无缝的服务。

第二是体系化。在智慧养老平台的发展中，线上线下协同十分重要，需要做到有平台即有服务。另外，必须建立相应的支付体系（包括支付能力的探索），有平台但支付跟不上，自然也会影响服务的开展。

第三是品牌化。智慧养老平台需要在竞争中发展起自己的品牌，建立起各方的信任。这不仅需要平台做好推广，形成规模，还需要建立服务质量监管机制，让老年人对品牌不仅有知晓度，还有美誉度和忠诚度。

第四是个性化。利用数字化技术，可以建立个人常模，使每个人拥有自己专属的指标高低线，并基于个人常模做精准推荐和差异推荐，避免出现大水漫灌或信息茧房所带来的问题。

第五是智能化。智慧养老平台应该接入各种合适的智能化设备，在获得老年人的各种数据之后，应该基于老年人的特征和行为进行画像，在此基础上实现养老服务的匹配、预测和推荐。

第六是标准化。接入智慧养老平台的系统和设备越来越多，需要制定相应的数据接口规范和数据标准。从标准化工作来看，近年来出现了许多标准，但未来需要进一步统一，最好上升为全国统一性的标准，从而使得可穿戴设备、监控设备、App之间能够真正做到互联互通，此外，还需要推动并实现各类涉老服务的业务流程规范化。

第七是模块化。智慧养老平台需要接入很多平台和系统，平台之间要相互连接，以后每个单独平台应该实现模块化，像计算机主板上的插件一样可自由插拔、自由组装、持续更新。

第八是适老化。适老化包括界面适老、交互适老、人机共融三个层次。目前部分 App 已经完成了适老化，但主要是界面适老化（如字体大、按键大、声音大等）。适老化中的交互适老、人机共融等概念都很关键，人和机器分别做哪些工作需要结合实际应用场景去不断探索。

第九是智慧化。基于人工智能给老年人推荐的服务应该给出可解释的理由，增强老年人的信任。针对不同的老人，需要采用合适的智慧技术和服务模式，提供合适的服务。适用的就是好的，真正做到这一点需要智慧。如何在服务的规模化和定制化、流程的标准化和个性化、技术的前沿性和稳定性之间做好平衡也是智慧化需要考虑的问题。

社会各界对智慧养老平台的发展是充满期待的，我们希望未来的智慧养老平台有多个全国性的平台，并且各个平台之间相互连接形成平台网络。这些平台既竞争又合作，每个平台上都链接了很多垂直领域的平台，形成一个充满活力的养老服务生态系统。更重要的是，需要统一平台登录入口，目前登录不同的智慧养老平台需要不同的用户名与密码，不利于老年人的使用与推广。老年人的记忆能力、认知能力都有一定程度的下降，如果统一老年人的登录用户名和密码，将会给老年人带来极大的便利，从而推动智慧养老平台的广泛应用。建议相关企业在国家有关部门的指导下，成立相应的联盟，在全局考虑隐私的前提下，做全国性的统一登录入口，使老年人使用同一用户名与密码就可登录使用不同的平台，让老年人能够更畅快地融入数智化社会，享受到数智化社会的红利。

姜奇平
数字化助推智慧城市发展

姜奇平，信息社会50人论坛理事、2022年度轮值主席，中国社会科学院信息化研究中心主任，《互联网周刊》主编；2009年当选"中国互联网10位启蒙人物"之一，被《硅谷时代》评为"带领我们走向数字时代的20位中国人"之一。

《中华人民共和国国民经济和社会发展第十四个五年规划和2035年远景目标纲要》（以下简称"十四五"规划纲要》）提出，以数字化助推城乡发展和治理模式创新。为了跟踪分析城市数字化与治理模式创新进展情况，本文主要根据国脉互联发布的《2021（第十一届）智慧城市发展水平评估报告》（以下简称《发展报告》）和《2021（第三届）数字政府建设风向指数报告》（以下简称《指数报告》）提供的数据，对2021年我国智慧城市建设进展进行总体分析。

一、支持智慧城市发展的政策措施

自2008年智慧城市概念出现后，全国各地陆续开展智慧城市建设。2014年，国家发改委从数字化与技术角度定义了智慧城市：智慧城市是运用物联网、云计算、大数据、空间地理信息集成等新一代信息技术，促进城市规划、建设、管理和服务智慧化的新理念与新模式。《国家新型城镇化规划2014—2020年》提到要推进智慧城市建设。2014年，国家发改委、工业和信息化部、科技部等八部委发布《关于促进智慧城市健康发展的指导意见》。

2015年12月，中央召开了中央城市工作会议，会议指出要"着力打造智慧城市"。全国智慧城市进入新型智慧城市发展新阶段，新型智慧城市逐步成为国家落实新型城镇化的重要抓手，成为国家层面的战略抉择。

《中华人民共和国国民经济和社会发展第十三个五年规划纲要》将新型智慧城市作为我国经济社会发展重大工程项目，提出"建设一批新型示范性智慧城市"。《"十三五"国家信息化规划》提出要"分级分类推进新型智慧城市建设""打造智慧高效的城市治理"。2016 年 12 月，《新型智慧城市评价指标》发布。随即，国家发改委、中央网信办联合启动了 2018 年度新型智慧城市评价工作。《新型智慧城市评价指标（2018）》主要由基础评价指标和市民体验指标两部分组成。基础评价指标重点评价城市发展现状、发展空间、发展特色，含 7 个一级指标，具体包括创新发展、惠民服务、精准治理、生态宜居、智能设施、信息资源、信息安全。市民体验指标的主要形式为"市民体验问卷"，通过调查市民直接感受情况进行评价，旨在突出公众满意度和社会参与度。

2020 年全国两会，新基建被写入《政府工作报告》，如何让城市大脑变得更聪明成了智慧城市建设破局的关键。

《"十四五"规划纲要》提出，要"以数字化助推城乡发展和治理模式创新，全面提高运行效率和宜居度。分级分类推进新型智慧城市建设，将物联网感知设施、通信系统等纳入公共基础设施统一规划建设，推进市政公用设施、建筑等物联网应用和智能化改造。完善城市信息模型平台和运行管理服务平台，构建城市数据资源体系，推进城市数据大脑建设。探索建设数字孪生城市。加快推进数字乡村建设，构建面向农业农村的综合信息服务体系，建立涉农信息普惠服务机制，推动乡村管理服务数字化。"

在 2021 年、2022 年全国两会期间，关于新型智慧城市建设的讨论持续升温。城市大脑进一步成为十四五开局之年智慧城市建设的热点。

2020—2021 年，包括北京、上海、广州、深圳四大一线城市在内，杭州、成都、武汉等新一线城市都在智慧城市政策方面不断加码。2020 年 12 月 22 日，武汉市人民政府发布《武汉市加快推进新型智慧城市建设实施方案》，提出将武汉市建设成为多方面具备全国标杆水平的新型智慧城市。深圳市人民政府于 2021 年 1

月5日印发的《深圳市人民政府关于加快智慧城市和数字政府建设的若干意见》提出,到2025年,深圳将打造具有深度学习能力的鹏城智能体,成为全球新型智慧城市标杆和"数字中国"城市典范。上海市委、市政府于2020年年底公布《关于全面推进上海城市数字化转型的意见》,提出要"为加快建设具有世界影响力的社会主义现代化国际大都市奠定扎实基础"。长沙市于2021年1月14日提出在"十四五"时期将建成中国新型智慧城市示范城市。长沙也是中国首个发布"十四五"新型智慧城市建设规划的城市。

二、智慧城市建设的成绩与进展

(一)2021年智慧城市建设的主要特点与成绩

作为"十四五"开局之年,2021年的智慧城市建设主要关注基础设施、智能中枢、智慧应用、运营服务。政府引导、市场主导、公众参与的智慧城市建设模式逐步形成,建设主体呈现多元化,城市大脑流量入口地位确立,各城市更加关注智慧城市的可持续运营,平台化合作模式广受关注。从智慧城市建设发展水平定量分析看,华东地区强势领跑,西部地区优于东北地区。

1. 全国智慧城市建设规模扩大,范围拓展

第一,2021年智慧城市建设在全国形成热潮,参与城市不断增加,并初步形成智慧城市群。

2021年,全国智慧城市试点已达到409个。其中,住房和城乡建设部智慧城市试点两批202个;科技部智慧城市试点20个;工业和信息化部信息消费试点68个;国家发改委信息惠民试点80个;工业和信息化部和国家发改委"宽带中国"示范城市39个,初步形成了长江三角洲、珠江三角洲等智慧城市群(带)发展态势。

第二,智慧城市建设范围不断向各类应用场景延展。

从线下服务到线上服务,智慧城市已逐渐覆盖了政务、民生、产业和城市运营等各种场景,智慧能源、无人驾驶、工业机器人等特色亮点和创新应用相继涌现。

2. 由线到面,"新基建"发展为"新城建"

2021 年是新型城市基础设施建设(以下简称"新城建")快速发展的一年。住房和城乡建设部在 21 个城市开展了综合试点,在一些城市做了专项试点,实施了一批可观可感的新城建项目,取得了优异成绩。

一是新型基础设施为新型智慧城市添彩。新型智慧城市建设为新型基础设施、卫星导航、物联网、智能交通、智能电网、云计算、软件服务等行业提供了新的发展契机,正逐渐成为拉动经济增长和高质量发展的强劲动力。

以 5G 为引领的泛在化传感通信网络融合人工智能、大数据分析、云计算及物联网等基础技术,赋能不同领域应用场景,全面深刻改变城市生产、生活及治理等方方面面,重构城市智能体系,形成支撑高质量发展的新型城市智能体系。

二是城市大脑快速迭代升级。多地政府积极构建数据开放平台,数据开放规模不断扩大。截至 2021 年 11 月底,已有 19 个省份和 19 个重点城市的数据开放平台上线运行。其中,19 个省级平台共开放 19 万个数据集、8 万多个数据接口、67 亿多条数据,数据规模不断扩大。多地城市大脑建设加速推进。

三是智能感知体系与城市智慧交通"双智"相得益彰。"双智"协同发展,在建设智慧城市基础设施新型感知体系、服务高级别自动驾驶快速落地的同时,也对改善群众出行体验、城市智慧交通管理、高效治理"城市病"起到重要作用。

2021 年 5 月,住房和城乡建设部、工业和信息化部公布了智慧城市基础设施与智能网联汽车(以下简称"双智")协同发展第一批试点城市名单,北京、上海、广州、武汉、长沙、无锡 6 个城市入选。同年 12 月,两部门又确定重庆、深圳等 10 个城市为"双智"协同发展第二批试点城市。"双智"协同发展试点城市范围进一步扩大,为智慧城市高质量发展提供了新动能。

3. 需求牵引推动新发展格局形成

一是智慧城市应用场景与内需发展旺盛。随着经济与技术赋能智慧城市的发展,新的需求也随之产生。首先,疫情防控对我国的城市治理提出了更高要求,要求跨系统、跨业务、跨部门、跨地域、跨层级协同更加高效,数字化、网络化、精细化、智慧化管理水平大幅提升。其次，随着"以人为本"的智慧城市发展思想进一步深化，人民群众参与智慧城市治理成为智慧城市建设的新需求。

二是智慧城市建设下沉，县域已成为重要发力点。《2020中国县域经济百强研究》显示，全国百强县以占不到2%的土地、7%的人口，创造了全国10%的GDP。随着智慧城市建设重心向低线城市和农村地区下沉，县域已成为重要发力点。

（二）2021年智慧城市建设新进展

1. 2021年智慧城市建设新进展

第一，为了分级分类推进新型智慧城市建设，进一步提高政策法规保障。对照"十四五"规划要求，2021年在分级分类推进新型智慧城市建设方面，政策法规进一步建立和完善。

2021年8月11日，中共中央、国务院印发了《法治政府建设实施纲要（2021—2025年）》，提出要"分级分类推进新型智慧城市建设，促进城市治理转型升级"。

由山东省大数据局组织推动的《山东省新型智慧城市建设指标》（DB37/T 3890—2020）系列地方标准正式发布。其是全国首套分级分类推进新型智慧城市建设的省级地方标准，其中包括市级、县级、社区三项地方标准。

第二，数字孪生城市市场快速发展。2021年数字孪生城市典型应用场景逐渐明朗；数字孪生城市应用主要聚焦交通、社区和建筑等行业场景，节能减碳有望成为下一个重点场景；数字孪生项目的投资模式、运营机制和商业模式仍有较大的探索空间。

城市信息模型（CIM）是以建筑信息模型（BIM）、地理信息系统（GIS）、物联网（IoT）等技术为基础，整合城市地上地下、室内室外、历史现状未来多维多尺度信息模型数据和城市感知数据，构建起三维数字空间的城市信息有机综合体。

2021年，CIM项目标的额和标的数保持高速增长；CIM平台建设呈现"东强西弱"趋势；国家部委和地方加快出台CIM相关标准。同年，许多城市在数字孪生城市建设方面投入巨大精力，取得明显进展。以济南市为例，该市 2021 年以数字孪生城市为目标，以信息化、数字化、智能化为主攻方向，以绿色低碳为导向，打造智慧泉城 CIM（城市信息模型）基础平台，实现数字赋能。

第三，城市数据大脑开始为公众提供精准快捷服务。以杭州市为例，2021 年杭州城市大脑文旅系统在文旅监管、产业服务、公众服务等方面取得了显著进展。以公众服务应用场景为例，针对景区入园、酒店入住、游览转场时游客排队等候等旅游治理痛点，杭州城市大脑文旅系统推出五大便民服务，实现公众服务的精准高效与便捷。

第四，多城智慧城市建设进步明显。近 5 年来，上海、深圳、杭州、北京、广州、成都等城市均在评估结果前列。在 2022 年评估中，苏州、武汉首次成为头部城市。无锡在 2021 年以平均指标值 0.7083 成为头部城市之一。

2017—2021 年部分智慧城市发展水平变化幅度如表 1 所示。

表 1 2017—2021 年部分智慧城市发展水平变化幅度

城市	2017—2018 年	2018—2019 年	2019—2020 年	2020—2021 年
海口	−15	18	2	17
昆明	−4	16	10	2
郑州	−5	8	5	16
太原	−11	5	9	11
株洲	4	11	11	−8
石家庄	9	10	3	3
长沙	−4	11	5	5
台州	9	1	10	0
鹤壁	6	−8	6	6
济南	9	1	2	−3
白银	0	2	0	5
辽阳	0	3	0	3

《发展报告》对 97 个城市进行 4 年连续比较，发现若干城市的智慧城市建设实现连年持续进步。

如表1所示，石家庄在2017年后连续4年实现进步；海口、昆明、郑州等城市自2018年以来一直进步至今。

2. 对区域进展的量化分析

第一，长江三角洲城市发展领先。在2021年评估表现优秀的智慧城市中，长江三角洲城市近半，浙江省领跑全国。

从数量上看，评估表现优秀的城市中有8个位于长江三角洲地区，3个位于珠江三角洲地区，京津冀地区、成渝地区各有2个。除直辖市外，浙江省共有4个城市，江苏省和广东省各有3个城市，福建省、贵州省、湖北省、山东省、陕西省、四川省各有1个城市评估表现优秀。

六大区域平均指标值呈现鲜明的层次结构。华东地区平均指标值为0.5172，相较第二层次的中南地区高6.65个百分点。在第三层次和第四层次中，西南地区（0.3568）、西北地区（0.3435）均高于东北地区（0.3204）。

第二，在全国六大区域中，中南地区、华北地区智慧城市水平总体稳定上升。

对5年来97个城市的连续统计结果进行平均分析发现，六大区域形成了鲜明的层次分布结构，华东地区为第一层次，中南地区和西南地区为第二层次，华北地区、西北地区和东北地区为第三层次，三个层次间排名差异较大。其中，华东地区发展水平变化最为稳定（发展水平相关指数方差为1.38），东北地区发展水平变化幅度最大（发展水平相关指数方差为13.16）。中南地区、华北地区发展水平呈稳定上升趋势。

第三，城市群分布特点初现。在2021年的智慧城市建设中，城市群三级层次明显，珠江三角洲、京津冀城市群发展趋势较好。

根据《中共中央 国务院关于建立更加有效的区域协调发展新机制的意见》和《长江三角洲城市群发展规划》等一系列文件，统计长江三角洲城市群、珠江三角洲城市群、京津冀城市群、成渝城市群、长江中游城市群、中原城市群、关中平原城市群七大城市群所属城市近5年的平均发展水平，并进行历史比较。研究发现以下结论。第一，七大城市群呈现鲜明的三级层次分布，长江三角洲城市群和珠江三角洲城市群为第一层次，成渝城市群为第二层次，京津冀城市群、中原城市群、长江中游城市群、关中平原城市群为第三层次。第二，京津冀城市群平均发展水平呈 5 年总体上升态势，近 3 年来，京津冀城市群、珠江三角洲城市群发展水平持续上升。第三，相较于 2020 年，2022 年中原城市群上升约 5 名，约为京津冀城市群上升幅度的 2.5 倍、珠江三角洲城市群上升幅度的 4 倍。

（三）2021 年智慧城市建设经验

1. 立足新基建，加速智慧城市基础建设

2021 年，智慧城市建设取得进展的一个重要经验是，立足新基础，结合城市急迫应用，将新型基础设施建设与城市公共基础设施应用紧密结合起来，加速智慧城市基础建设步伐。

以广州市智慧排水为例，广州市为加快补齐城镇污水收集和处理设施短板，在增城区新塘镇搭建了智慧排水管理系统。该系统构建了基于 GIS（地理信息系统）的综合管理平台及在线监测、生产调度、管理运营、问题识别与解决的智能化操作平台。再如，福州市建立了全国首个城市级水系科学调度系统。在"2021 年世界智慧城市大奖"评选中，福州城区水系科学调度系统入围"能源和环境大奖"。

2. 服务日常生活，以人民为中心建设数字孪生城市

2021 年，智慧城市建设取得进展的另一个重要经验是，贴近日常生活，在建设数字孪生城市过程中，坚持以人民为中心，办实事，突出实效。

例如，北京市立足首都城市战略定位，聚焦"智慧生活新体验"，充分发挥智慧城市建设对民生服务的带动潜能，聚焦高频难点民生问题，增强科技赋能，提升公共服务质量和民生保障能力，提高全域场景应用智慧化水平。持续深化"一网通办"服务；持续增强政民互动效能；开展"12345"市民服务热线综合评价工作，完善全程监督、自助查询、自动考核的"互联网+12345"市民精准服务体系，倾听群众心声，解决群众诉求，实现"接诉即办"，市民热线满意率大幅

提升。

嘉兴市统筹实施"三维嘉兴全域一体化项目",建成"三维数据底板""三维智能中台"。"三维数据底板"为智慧城市应用提供基础性实景三维数据、高精度路网数据、三维实体数据等数据资源,成为服务于智慧城市的数字孪生地理数据仓。

汪向东
农村电商发展五大趋势和五大特点

> 汪向东，信息社会50人论坛理事，中国社会科学院研究生院教授，半汤乡学院学术委员会主任；著名信息化专家，电商扶贫的倡导者、推进者，涉农电商领域的知名学者。

十年前，中国社会科学院信息化研究中心（以下简称"中心"）深入调研，发表了《"沙集模式"调研报告》，农村电商开始进入信息社会研究的重要议程。信息社会50人论坛成立后，中心组织的首次专题研讨会在福建泉州召开，选择的专题就是农村电商。

10年来，农村电商星火燎原、突飞猛进，在助力脱贫攻坚和"三农"发展中作用显著。下一个10年，农村电商进入新的发展阶段，将在乡村振兴和促进县域、农业农村数字化转型中发挥重要的引领作用。同时，农村电商自身也需要升级，才能在"数商兴农"中扮演好引领者的角色。

一、回望十年发展历程，农村电商领域出现"5个趋势"

（一）主流化

无论从国家倡导、大力推动，电商由小到大、由弱变强，还是从电商在国民经济和社会生活中的地位作用观察，电商的主流化都是有目共睹的。

电商的主流化，事实上经历了一个由城及乡、由东及西的发展过程。10年来，农村电商从过去的只有几个淘宝村和最早的一批草根电商创业者，发展到今天农村网络零售额成长到上万亿元级规模。农村电商的星火燎原，其实就是电商主流化的重要内容和生动体现。

当然，农村电商主流化的进程方兴未艾。前期助力脱贫攻坚，在初步实现电商进农村县域全覆盖后，电商业务还将继续向乡镇和村级下沉。特别是农村电商从业务载体的能力建设转向业务应用的深度拓展和高质量发展，这一进程在不少脱贫县才刚刚开始。

（二）全局化

规模大了，作用和意义就变得不一样了。农村电商经过强产业、开民智、惠民生、促双创、建基础、融资源等，其作用、意义已不仅限于多卖几件产品，而是越来越关系全局性的战略目标，关系"三农"，关系脱贫攻坚，关系经济转型升级，关系绿色发展，甚至关系农村社会安定……

农村电商在地方发展全局中的地位也在上升。过去，人们呼吁把它作为"一把手工程"；现在，更多的地方真正把它放在了重要的战略地位。例如，在陇南，农村电商被当成"衣领子"，"抓电商，就是抓扶贫，就是抓经济、抓发展"，得到高度重视。

因此，下一步在乡村振兴战略中，农村电商已成为数字乡村的"标配"。除此之外，它还将发挥"先导""基础"和"助推器"的作用。

（三）多样化

以"沙集模式"为代表的淘宝村，是农村电商最早的成功模式。这10年来，多地区、多主体、多技术的参与，特别是传统平台电商流量红利期的结束、社交电商和新媒体电商的兴起，推动农村电商模式从一花独放转向千姿百态。同时，平台电商和淘宝村自身也在转型。

农村电商已呈现出政府、平台、创业者、服务商和其他各类社会团体多主体推动、多资源投入、多路径通达、多模式并存的局面。

未来，各种更新的数字技术与农村实体经济深度融合，电商进农村从"规定动作"转向"自选动作"，农村电商多样化的未来更值得期待。

(四)多级化

各地农村电商发展不平衡,特别是与电商强县相比,脱贫地区农村电商发展虽快,但程度上仍呈现明显差异。各地农村电商呈现多级化态势。

农村电商难度本来就大,电商扶贫更是如此。近年来,以政府主推、财政支持和以"规定动作"限期完成的方式,优先在贫困县开展电商进农村示范项目。这是一个先解决"有没有"能力,再解决能力应用"好不好"的发展过程。农村电商在覆盖范围、交易规模快速扩展的同时,也出现了发展质量和效益不高的问题。

接下来,拓展已建成能力的应用,提高绩效,既是高质量发展的要求,也是农村电商在发展阶段转换的必然。

(五)规范化

《中华人民共和国电子商务法》已于2019年1月1日起正式施行。包括农村电商在内,我国电子商务的发展环境,已经发生了重大变化,进入规范发展的阶段。

5年前,主管部门在制定"十三五"电子商务发展规划时,就有一个非常重要的基本判断,认为电子商务已进入"成年期"。据此,政府的电商政策由此前"以鼓励发展为主",调整为"发展与规范并重"。

虽然农村电商进入"成年期"较晚,但农村电商也必须尽快"学会成年"、规范发展,要适应"成年"的环境,发挥"成年"的作用,履行"成年"的义务。

二、从脱贫攻坚衔接过渡到乡村振兴,农村电商也已进入新的发展阶段

展望下一个10年,在上述"5个趋势"的基础上,以下"5个特点"值得我们重视。

(一)战略性

商务部作为电子商务的主管部门,对新发展阶段的农村电商提出了新的战略

性的要求。这集中体现在"数商兴农"的任务和一系列战略部署上，主要反映在"农""商"两方面。

前者是指农村电商作为数字乡村的标配助力乡村振兴，在兴产业、美农村、富农民，促进农业农村信息化、数字化上发挥战略性作用；后者是指农村电商在加强县域商业体系和农村现代流通体系建设，补短板、促转型、扩内需、畅流通，助力夯实构建以国内大循环为主体，国内国际双循环相互促进新发展格局的战略基础。

概括来说，脱贫攻坚收官衔接乡村振兴，农村电商的战略意义更加凸显，以农村电商升级引领"数商兴农"，以"数商兴农"助力乡村振兴，服务构建新发展格局的要求也更加明确。

（二）引领性

无论是"农"还是"商"，数字化转型的共同要求都包括灵敏感知、灵活应变、赋能创新和提高绩效 4 个方面。农村电商不仅是县域乡村"农"和"商"数字、产业化的新增量，也是引领乡村产业数字化存量转型的重要力量。

农村电商凭什么引领"农""商"的数字化转型？电商打破了传统商业的时空界限，让农户和农企足不出户就可以对接广域大市场，极大地拓展了市场空间；电商具备数据优势，用好数据有助于实现精准对接、智能决策、高效运营。

农村电商怎样引领"农""商"的数字化转型？电商凭借以上渠道优势和数据优势，可以赋予"农""商"主体前所未有的能力，倒逼供给侧结构性改革，促进创新，最终达到提升绩效的目的。

把握和发挥好电商的这些优势，对于下一个 10 年推动县域乡村产业数字化转型升级特别重要。

（三）广域性

农村电商广域性的特点是主流化、全局化趋势带来的必然结果。继续助力巩固和扩大脱贫成果、纳入和促进乡村振兴、服务构建新发展格局和"后疫情"时代农村生产生活的在线化趋势，以及国内主流互联网平台、电商、新媒体和三农服务商围绕数字乡村制订与发布新计划，都将为农村电商提供更加广阔的应用空间。

从助力限期脱贫到稳定致富，从聚焦精准到全面助力，从产品电商到服务叠加，从注重农产品上行到促进农村消费，从增量创新到存量转型……农村电商的业务领域将不断延展，"+电商"和"电商+"将成为县域乡村数字经济的新常态。

（四）纵深性

农村电商不是仅停留在交易端，未来会越来越多地向供给侧纵深延展。消费电商向产业电商延展、2C向2B延展，是未来农村电商的重要看点和特点。

此前，电商扶贫要求聚焦建档立卡贫困主体，包括采用消费扶贫措施，帮他们解决"卖得掉"的问题，未来巩固扩大脱贫成果、衔接乡村振兴，要越来越多地通过深化供给侧结构性改革，解决"卖得好"和"卖得久"的问题。这就要求电商从交易端向供应链、产业链纵深深化。

目前，我国农产品网络销售占比还不高，大致占10%。如果说2C的消费电商是农村电商增量创新、复制成长的"开阔地"，那么，2B的产业电商就是未来存量转型、规模突破的"制高点"。攻克B2B电商将成为农村电商未来的主攻方向。由此，农村电商的"纵深性"将成为它未来发展的重要特点之一。

（五）长效性

政府主推的电商进农村综合示范是一项阶段性的工作，而农村电商是没有终点的"马拉松"。农村电商经过上一个10年的快速覆盖、星火燎原，现已转入高质量发展的新阶段，增强市场主体的自我造血能力，长效、高效地发展成为必然要求。

农村电商要把阶段性和长期性结合好，须采取"一体两翼"策略。"一体"是绩效，即坚持绩效导向，把"成规模、可持续、见实效、获得感"作为根本要求；"两翼"是供给侧结构性改革和机制创新，即一边不断优化渠道对接、网货产品，支撑服务和政策资源的供给，一边创新资源整合方式，将农村电商的动力机制切换到以市场为主上来，不断培育市场及市场主体，不断增强他们的自我造血能力。

面向下一个 10 年，农村电商要发挥好乡村数字经济、乡村信息社会建设引领者的作用，自身也需要升级。

三、农村电商如何升级？

笔者认为，农村电商升级可归纳为"5+1"："5"是渠道升级、产业升级、服务升级、机制升级、队伍升级；"1"是农村新基建。当然，针对农村电商发展和数字乡村建设的不同方面，"5+1"的具体内容会有相应调整。

吴秀媛

培育数字农批新模式，让普通消费者享受农业高质量发展红利

吴秀媛，信息社会50人论坛成员，农业农村部信息中心原副主任。现为农业农村部信息进村入户工作推进组专家委专家、中国农产品市场协会副会长兼执行副秘书长、中央网信办数字乡村专家组专家。研究员，享受国务院政府特殊津贴专家。

当前，我国经济由高速增长阶段转向了高质量发展新阶段，在新形势下，如何持续推进创新，不断满足人们对高质量农产品的消费需求，让广大普通消费者享受到农业高质量发展和数字经济发展的红利，助力乡村振兴和共同富裕，是一个需要深入研究的课题。

一、从生产、流通、消费全链条视角看，高质量农产品出村进城取得了成效

高质量农产品发展涉及生产、流通、消费全链条。从全链条看，近年来，各地坚持统筹性谋划和体系性布局，高质量农产品发展呈现"三多"特征。

（一）多元化的生产主体

近年来，我国大力推动农业生产经营组织创新，农业生产主体日益呈现多元化特征。涉农企业入驻县乡各类产业园渐成趋势，以线上运营为主的益农社和新农人迅速崛起，专业合作社、家庭农场等新型主体较快增长，农村经纪人、托管服务等中介组织稳定发展，这都使得农产品生产经营主体类型比以往更加多元。

这些"新主体"在设施、装备、技术、人才、营销、管理等各方面，都取得

了明显进步，对农产品高质量发展起到了积极的推动作用。普通农民越来越多地受到这些"新主体"的影响，很多农民以不同的方式与这些"新主体"开展合作，或不同程度地与其发生着经济交往和联系。

相当多的"新主体"经受住了市场的洗礼和考验，赢得了消费者的信赖，在千挑万选中成功胜出，它们生产的高质量农产品正在源源不断地进入城市中高端市场，这让越来越多的业界人士和广大消费者对"新主体"寄予厚望。

（二）多层次的终端市场

随着城市化进程的不断加快，深入到市民"一公里"生活圈的农产品终端市场层次越来越多、越来越分明，既有满足中高端消费的会员店、专营店，也有面向一般收入阶层的生活超市、生鲜卖场、便利店，同时还有照护价格敏感人群的农贸市场、社区菜市场等。当然，已经完全可以与线下渠道相提并论的农产品电商也割据一方，其业态、品类、受众及消费体验均更加成熟。

多层次的市场对应了多层次的消费。首先，农产品的品质、品牌、价位和服务表现出明显的差异性，不同的渠道终端分别有各自清晰的定位。其次，农产品的精细度、加工深度也与渠道层次正相关，在段位较高的渠道，其制成品、半成品、预制品、净菜及各类预包装品占比较高，为供货方设置了较高的门槛；渠道门槛低虽然进门容易，但附加值不高也是不争的事实。最后，线上线下之间的界限模糊，线下店"触网"，以及电商进社区、生鲜进社群都几乎穷尽了人们的想象力。

城市端多层次市场体系发育不完善、市场对接不顺畅，显然不利于高质量农产品的持续健康发展。多层次市场的形成和日益成熟，降低了高质量农产品的交易成本，为高质量农产品进入城市中高端市场创造了条件。

（三）多维进化的供应链

近些年，农产品供应链的进化步伐明显加快，呈现以下趋势。

一是农产品完成商品化的过程，越来越靠近产地的趋势。相当多农产品的后处理、加工、分拣、包装、仓储等作业在产地完成。

二是农产品由产地到销地的流通过程，链条越来越被压缩的趋势。日渐灵敏的信息、便捷的物流和日益激烈的市场竞争，将农产品流通的中间环节不断挤出。

三是农产品全链条管理过程，标准化程度越来越高的趋势。无论是大型企业的标品分销方式、电商平台的云仓配送方式，还是中央厨房的集采分发方式，产品、作业和管理的标准制定与执行、控制都达到了较高的水平。

四是农产品抵达消费端的过程，响应越来越便捷的趋势。随着物流、快递及城市配送业的快速发展，鲜活农产品的即时送货上门已经基本得到保障，响应能力不断增强，特别是在疫情期间，各类无接触上门服务发挥了重要作用。

应该说，农产品供应链多个维度的进化，对农产品更顺畅地出村进城发挥了促进作用，特别是在降成本、减损耗、提效率等方面的表现突出，为高质量农产品更好地满足消费需求创造了条件。

总体来看这三个趋势，不难得出一个结论，政策力量和市场力量在高质量农产品出村进城的过程中已经综合发挥作用，这种驱动力在不断促进生产主体、终端市场、供应链整体进化。

二、高质量农产品消费的平民化，有望在数字化技术的加持下实现

高质量农产品"优质优价"，更充分地满足中高端消费者需求，这个问题当然需要进一步研究和探索。更值得研究和推动的是，高质量农产品能不能"优质平价"，让寻常百姓也能消费得起。在回答这个问题之前，我们先剖析几个案例，看看这些案例给业界的启示。

首先是布瑞克的"肉掌柜"。布瑞克是苏州市连续 4 年的独角兽企业，2021年他们启动"肉掌柜"，将苏州社区市场原有的肉店改造成"数字门店"，门店聚合批量订单后，平台与二商、雨润的"数字牧场"对接，实现优质生猪直供，再通过数字化集配手段，将屠宰好的白条猪配送至门店，门店比照同类肉店的价格进行销售。消费者以平价买到优质肉，"肉掌柜"很快就受到追捧。不到一年的时

间，门店就扩展到 2200 多家，日销生猪 1600 多头，日交易额超 450 万元。

其次是新发地的"直销车"。北京市自 2011 年开始，率先探索车载生鲜社区直销。"直销车"由新发地出发，满载着合作社生产的优质、新鲜果蔬，天亮前抵达指定社区。待市民早起的时候，一个价格亲民的临时生鲜超市已开门迎客。近几年，"直销车"与互联网结合，进化出了线上团购、预约订货、智能推荐、无接触配送等新方式，不仅得到了年轻群体的青睐，在新冠肺炎疫情期间还发挥了应急保供稳价的作用。目前，新发地"直销车"已扩展到 500 多台，日交易额 1000 多万元，引得各地纷纷效仿。

最后是一个值得关注的方式——批发商"社群"营销。一些批发市场的商户，模仿社区团购方式，培育起自营微信"社群"。他们将从产地直采的优质产品，以标品分销的方式在"社群"用户中推广，定价略高于批发价，但低于同类产品在线上各类平台的价格，并免费配送上门。在"社群"推广的产品涵盖水果、干果、粮油、干调等品类，而且可以混搭组合、按需定制。目前，这种方式已经相当普及。

综上，我们可得到四点启示。

一是无论是"肉掌柜""直销车"还是批发商"社群"营销，农产品供应链都压缩为产、配、零三个环节，剔除了居间取利者，同时保证了质量、降低了成本、提高了效率。

二是集配环节将供、储、运、配、销集中于本地，形成了向上连接产品供给、向下连接零售终端的新能力，并将供应链做到了极简。

三是产、配、零优化后的收益，在生产端、集配端、消费端得到了合理分配，催生了优品平价、标品低价的新机制，农民、市民直接受益。

四是线上平台信息透明、质量可溯、便捷支付等优势，与市民习惯的场景消费实现了统一，平时可为市民提供线上线下融合的购物体验，在应急保供时还能派上新用场。

这种"数字化+场景消费""数字化+体验消费""数字化+聚合消费"的新方

式，无疑是农产品流通和网络销售的再进化、再升级。

三、研究探索数字农批，满足普通人对高质量农产品的消费需求

以城市社区市场终端为对象，如果其经营的农产品来源于农批市场，那么这种方式就归属于常见的"生产基地→农批市场→社区市场"的"传统农批"集散方式；如果这个社区市场终端参与到数字化的生产链、供应链、消费链之中，其经营的农产品是在大数据平台的调度下智能集散的，那么这种方式显然就具备了数字农批的属性。

以布瑞克的"肉掌柜"为样本，比较传统农批与数字农批在肉类交易上的异同，会发现以下特点。

（1）二者的交易方式不同。传统农批主要是社区店主到批发市场与批发商面对面交易；而数字农批是平台端到端交易。在传统农批形态下，社区店采购量偏小，没有与"一批"谈判和议价的能力，只能与"二批"甚至"三批"交易，明知被加价也奈何不得；数字农批是店主直接面对牧场，在平台撮合下，农业生产端与城市次终端直接交易，剔除了中间环节，显著降低了交易成本。

（2）二者的驱动方式不同。传统农批主要靠人力驱动，而数字农批主要靠数据驱动。传统农批的产批零运转，主要靠各方投工投劳；数字农批是"数据跑路"，其中的标准质量认定、商品化处理、物流配送、交易结算等都主要通过数据完成，业务主要靠算力统筹、智能调度和智慧决策支持，社区店主享受的是上门服务，数据让农产品质量、流通质量、运营质量、服务质量都更有保障。

（3）二者的连接方式不同。传统农批主要靠人际连接；而数字农批主要靠人机连接。在传统农批形态下，产品辨识、信息甄别、行情判断及各环节作业都由人来完成，信息真实性、可信度及作业效率、损耗率等都很难有保证；数字农批以智能卡口、AI 箱体扫描、自动称重、电子托盘等数字化设施为支撑，农产品快速加工、处理、分拣和冷配的效率和管理水平大幅度提高，而且全程可追溯。

（4）二者的要素支持方式不同。传统农批要素支持靠自我积累；而数字农批要素支持靠共享生态。传统农批的产、批、零各方，无论是人脉，还是信用、资金等，都需要长时间积累，而且这些资源高度人格化，在通常情况下是资源跟人走；数字农批借助供应链大数据的信用评估、价值发现和要素汇聚等功能，导入的是供应链金融、技术、人才、用户等新资源，也是在线上聚集的生产要素，从而形成新的闭环生态。

基于前述比较，可以给数字农批一个初步的定义，即以充分满足普通群众对高质量农产品消费需求为目标，以数据驱动为核心，以数字化设施、线上生产要素为支撑，服务于农产品生产流通消费全链条，助力农产品交易质量提升、成本降低、效率提高、管理加强，不断实现农民和市民端到端直联、促进两端受益的新平台、新业态与新生态。

深入研究、稳步推动数字农批有十分积极而重要的意义。数字农批将激发各类主体生产高质量农产品的积极性，有利于加快推进农业供给侧结构性改革；将实现农产品供应链的持续优化，有利于促进绿色、开放、共享新要求进一步落到实处；将实现"优质"与"平价"的均衡，有利于更充分满足消费者高质量生活需求；将促进数字农业由量变向质变演进，有利于加速农业产业数字化发展进程；将有效缓解新冠肺炎疫情等突发事件带来的冲击，有利于经济社会平稳有序发展和民生保障。

发展数字农批，应将以下内容作为重点。

1. 搭建总部平台

搭建总部平台包括建设农产品质控"一张图"、用户管理"一点通"、竞价管理"一线通"、集配管理"一站通"、资金管理"一卡通"、接口管理"一网通"、诚信评价"一证通"、应急保供"一码通"、服务在线"一号通"的"一图八通"系统。

2. 培育两大体系

构建城市端下沉市场体系，与前面案例等同类企业合作，构建数字门店、车载直销、社群团购等线上线下融合渠道，产品覆盖肉类、水产、粮油、蔬菜、水果、干调、休闲食品等各大品类。

构建农村端产品供给体系，向各类产业集群、产业园、产业强镇和产地批发市场延伸，与农民的种植基地、果园、牧场等进行数字化连接，实现线上直达产地。

3. 打造八大能力

（1）社区下沉能力，直接对接城市20%左右、对农产品质量有较高要求的普通消费者。

（2）优品判别能力，在对溯源、质检和用户评价数据开展大数据分析的基础上，不断实现对农产品质量的智能推断。

（3）价格发现能力，通过竞争性谈判，由市民消费者与农民在线议定交易价格。

（4）智能集配能力，构建智慧供应链，实现全程信息公开透明，降低成本、提高效率、保证质量。

（5）保供稳价能力，建设"平战一体"的保供稳价机制，确保应急时期不断供和价格稳定。

（6）诚信评价能力，依托大数据，建立覆盖生产、加工、存储、运输、配送、消费各方的信用评价机制。

（7）供应链金融能力，满足判得准、管得住、销得掉等风控条件，联合金融机构开展动产融资。

（8）行业号召能力，设立研究机构，建立数字农批理论框架，探索形成行业标准，加强与传媒的合作，扩大影响力。

以数据统配为底层逻辑，以供需直配为行业本质，以智能集配为核心优势，以质价适配为长效机制，以要素匹配为关键支撑，构建全新的农产品生产链、供应链、消费链体系，是数字农批的内涵；提高农民收益率，提升市民幸福感，是数字农批的宗旨和目标；各方共同努力，促进这一利国利民、公益性强、意义重大的事业持续、健康发展，为乡村振兴、富民惠民做出应有的贡献，是我们在信息社会新格局下的应有选择。

张新红
数字化转型是企业的必由之路

张新红，信息社会50人论坛理事，国家信息中心首席信息师、分享经济研究中心主任。长期从事信息社会和数字经济理论、实践及政策研究，参与一系列相关政策的研究制定工作。

目前，5G、人工智能、AR/VR、区块链、数字孪生等新一代信息技术已经做好准备，一些革命性的产品和应用正蓄势待发。企业要跟上时代，必须抓住机遇，加快数字化转型。

一、数字化成为创新驱动力

在过去的几十年里，有两个阶段是新物种较多的阶段。第一个阶段是20世纪80年代中期，经过改革开放，制度创新引发了创新活力的迸发。第二个阶段是2010年后的十几年间，移动互联网的出现带来了创新的集中暴发。这些新物种绝大多数都与数字化相关，所以又称为数字新物种，即因使用数字技术而产生的新生事物。

数字新物种可以分成四类。第一类是数字化新产品，如智能手机、数码相机、数字电视、数字马桶、智能机器人、无人驾驶汽车等。第二类是数字化新业态，如视频直播、数字游戏、共享经济、平台经济、工业互联网等。第三类是数字化新模式，如电子商务、电子政务、直播带货、远程办公、互联网医院、无人超市、云服务等。第四类是数字化新职业，如电子竞技员、外卖小哥、网约车司机、直播网红等。

2020 年 7 月，国家发改委等 13 个部门联合发布了《关于支持新业态新模式健康发展 激活消费市场带动扩大就业的意见》，明确提出"把支持线上线下融合的新业态新模式作为经济转型和促进改革创新的重要突破口""积极探索线上服务新模式，激活消费新市场""加快推进产业数字化转型，壮大实体经济新动能""鼓励发展新个体经济，开辟消费和就业新空间""培育发展共享经济新业态，创造生产要素供给新方式"。相信这些新业态新模式在未来一段时间会有更好的发展，但实践中的新业态远不止这些。

新基建和新技术的发展，还会不断催生新的业态。以不同时代移动技术发展带来的变化为例，2G 时代有了短信、QQ、支付宝，3G 时代有了智能手机、移动电子商务、微博、微信、线上线下相结合（O2O），4G 时代有了扫码支付、共享经济、社交电商、短视频。那么 5G 时代会有什么呢？现在人们讨论比较多的有 4K/8K 高清电视、AR/VR/MR、智能物联网（AIoT）、工业互联网、数字孪生等，但真正伟大的产品还没有出现。在 3G 刚刚发展时，人们也不知道 3G 究竟能做什么，后来苹果手机的出现，开启了移动互联网时代，整个世界发生了巨大的变化。5G 会带来什么样的革命性产品，我们只能拭目以待。

二、有望出现一批新的超级平台

在 BAT（百度、阿里巴巴、腾讯）已经成长为"超级巨无霸"的时候，很多人担心创新会受到一定遏制。事实上，在 BAT 之后，一样会出现 TMD（今日头条、美团、滴滴）。中国现在仍然还有 200 多家独角兽企业，每年都会有新的独角兽企业崛起。

无论是互联网创业，还是传统产业里的佼佼者，平台化已经成为大势所趋。一旦形成行业平台，其生态化扩张的速度会急剧加快。中国有一定规模应用的工业互联网平台已经有上百家，工业 App 超过 30 万个。未来每个垂直领域都可能会出现 1~2 个非常大的平台，在这些众多的平台基础上成长出若干个超级平台是可以期待的。

未来的超级平台很可能会出现在农业、制造业、医疗、教育、旅游、养老、金融、房地产等领域，因为这些领域还没有真正大的超级平台。

三、就业形态会有明显变化

随着新业态的大量涌现，必然会出现大量新职业。

我国新的《中华人民共和国职业分类大典》颁布以来，已经公布了三批新的职业，共有38个新职业。其中，在第一批新职业里有电子竞技员，在第二批新职业里有外卖小哥（网约配送员），在第三批新职业里有网络销售员（包括现在做直播带货的"网红"）。这些职业之所以能够被称为新职业，说明已经至少容纳了百万级以上的就业规模和容量。未来新职业还会更多，有些可能是我们现在根本无法想象的。

新业态已经成为非常重要的就业蓄水池，也成为新职业的催生者。2013—2019年，中国城镇新增就业岗位每年都在1300万个以上，这是在新常态下经济增速放缓的条件下取得的成就。如果用传统的经济理论就会无法解释，根本原因就在于新业态的发展，使得数字经济催生了新职业。

不仅就业容量增大了，就业模式也呈现出了多样化。比如新冠肺炎疫情加快了宅经济的发展，将来会有更多的人在家就业、创业。未来城市灵活就业人口占总就业人口的比重会比现在有更大的提高，10年翻一番是完全有可能的。

在新冠肺炎疫情期间，美国几家科技巨头率先提出了永久在家办公的概念。永久在家办公，不仅可以节省员工路上的通勤时间，省掉公司的免费午餐，而且意味着将来企业选择员工可以不再受地域的限制，这会引发更多更深层次的变化。

新业态也使就业门槛降低，使普惠制就业成为可能，就业质量也比传统的就业形态明显要高。技术进步加上灵活的就业模式，大大降低了就业门槛。平台上丰富的开放资源也提高了劳动者的就业能力。残疾人、老年人、低学历者、妇女、农村和偏远地区劳动者等弱势群体有了更多参与创造价值、实现就业的机会。

四、竞争格局出现大调整

每次大的技术进步都会带来全球经济格局的大调整，这已经成为一个基本的历史常识。数字革命同样也会引发全球经济格局大调整。抓住历史机遇，就有可能获得新的竞争优势。

有互联网女皇称号的玛丽·米克尔在《2019年互联网趋势报告》中称，在过去的60年里，美国占全球GDP的比重从过去的40%降到了25%，上升最快的是中国。从发展曲线上看，中国在1994年前后开始迅速发展，从原来只占4%上升到2017年的15%。1994年恰恰是中国全面接入互联网元年，这不是偶然的巧合，未来的变化仍然会与数字经济的发展息息相关。

不仅全球经济格局会发生变化，产业的竞争格局也会出现变化。在全球市值最高公司的排名里，无论是 TOP20、TOP50，还是 TOP200，在那些增长速度最快、往上攀升的企业中，平台企业占据绝对优势，成为拉动全球经济增长的主要力量。数字化、网络化、智能化程度决定了产业的竞争能力和生命力，这个趋势在未来几年会日益强化。

在一个产业内部，企业的竞争格局也会出现变化。成功进行数字化转型的企业会对墨守成规的企业形成降维打击，网络效应会加剧形成赢家通吃局面。十年前排在前十位的企业，很多在今天的名单里已经看不见了。同时，跨界竞争越来越普遍，产业边界会越来越模糊。任何企业都有可能根本不知道自己真正的竞争对手是谁。

同样，地区之间、城市之间的竞争格局也会因为数字化转型而带来新的变化。互联网打破了时空界限，地缘优势的决定性作用正在减弱，善于把握数字化转型机遇的地区和城市有可能获得跨越式发展。

五、数据驱动一切成为现实

用数据说话、靠数据决策、依数据行动已经越来越普遍。出门看天气、开车看导航、吃饭看点评、购物看评价已经成为很多人的习惯。使用网约车时，一次叫车的供需匹配可能只需要0.12秒，但背后要运算数据约576亿次。网约车打败出租车、外卖打败方便面、电子商务打败百货商场等表面上看是跨界经营，背后的区别就在于大数据应用。

现在每个人的手机上都预装、下载了很多的 App，它们会在用户未察觉时悄悄地更新，这样的迭代创新越来越容易。移动支付的发展让我们用的钱都变成了数字，也让中国率先进入了无现金社会。制造业的变化也在加快，原来流水线是把人变成了机器，而智能制造是把机器变得更像人，甚至比人更聪明、更能干、更可靠。

数据驱动一切已经越来越成为现实，甚至真的是改变了整个世界。数字已经开始重新定义一切，在我们认知的所有事物之前加上"数字"二字，如数字经济、数字政府、数字汽车、数字建筑、数字出行、数字马桶等，我们会发现这些事物已经与过去大不一样了。

数据驱动一切还带来另一个重大变化或者说新的机遇：所有的工作和业务都值得重构。

六、数据能力是企业未来核心竞争力

数据能力是数据创新的关键，也是数字时代的核心竞争力。它分为数据的获取、加工和应用能力等，不断提升这些能力，才能在未来数字化转型中起到事半功倍的作用。

数据、算力、算法是构成数据能力的要素，可以用公式表示为"数据能力=数据+算法+算力"。

数据能力将会成为未来的核心竞争力，形成竞争新优势。对于一个国家、一个企业是如此，对于每个人也一样。

中国提升数据能力有自己的独特优势，在未来几年的数据竞争中可以取得一些优势。中国人口众多，网民数量也非常多，每个人都是最重要的信息源，每个人可使用的信息越来越多，创造的数据也越来越多，利用数据创造的价值也会越来越大。过去，中国的小数据做得不太好，对于大数据的依赖就会很强，也使得大数据得以快速发展。从创新实践看，目前中国在大数据应用领域不比其他国家差，我们培养起来的互联网公司有很多都是国际上的佼佼者。

七、政府和企业会主动推进数据开放

20世纪80年代起,我们逐步建立了各种各样的信息系统,其中最头疼的一个问题就是"数据孤岛"。这一状况在未来几年可能会有一个大的改变。

数据只有通过应用才会产生价值,用的人越多其价值就越大、创新发展的机遇就越多,反之亦然。

数据开放也是发展大数据产业、催生新业态、培育新动能的迫切需要。对于这个问题,舍恩伯格说得很直白:"政府不需要去补贴和建立所谓新兴产业,只需要开放政府的数据,就能培育一个新的增长点。"也就是说,政府把数据开放出来,它能产生的价值是巨大的——数据开放可以让数据流动起来,让数据释放价值,让数据整合资源。

对于掌握大量有用数据的企业和机构而言,开放数据也已经成为生态化发展的内在需要。开放的数据越多,得到的数据也会越多,生态体系也会更完善、更强大。

八、企业数字化转型的八种驱动力

企业数字化转型的驱动力集中体现在"八化":从技术的角度看,有数字化、网络化、数据化和智能化;从应用的角度看,有平台化、生态化、个性化和共享化。每种驱动力的变化都有它的内在规律,即"数变法则",也是数字变革所遵循的一般法则。

数字化对应的"数变法则"是重新定义一切。我们所理解的、熟悉的一切事物都已经发生变化,需要重新理解、重新定义。

网络化对应的"数变法则"是网络重构一切。网络成为继政府和市场之后资源配置的第三种力量,网络能够直接地解决供给与需求,是传统产业所不具备的。

数据化对应的"数变法则"是数据驱动一切。数据可以帮助企业做出分析与决策,推动业务发展。

智能化对应的"数变法则"是把更多的事情交给机器去做。机器越来越聪明，凡是机器能够做的事情都交给机器去做，而人更多地去做机器做不了的事情。

平台化对应的"数变法则"是无平台不经济。将来所有的行业、所有的企业都尽量去做平台，如果做不了平台，就应该利用好平台，加入平台建构里去，这样企业的能力才会得到大幅度的提升。

生态化对应的"数变法则"是从独木到森林。企业和组织的扩张将从原来的规模化与多元化思路转向生态化扩张。在生态化体系里，任何一个元素的增长，可能都会对其他元素造成外部正影响，即大家都能受益，而不像产业链一样，你多赚了钱，别人就只能少赚一点。

个性化对应的"数变法则"是每个人都是唯一的。我们搜索关键词的结果会不一样，我们看新闻接收到的推送广告也不一样，因为每个人都是唯一的，未来价值的创造将越来越依赖个性化的产品与服务提升。

共享化对应的"数变法则"是所有能共享的终将被共享。我们的行业、企业用共享思维进一步发挥自身优势资源、获取紧缺资源，这将越来越关键。

企业数字化转型没有一定之轨，也没有现成可以复制的模式和经验，需要企业大胆尝试，不断迭代创新。

国家信息中心
中国共享经济发展报告（2022）

2021年，我国的经济发展经受住了复杂严峻的国际环境和国内疫情散发等多重考验，国民经济持续恢复发展，高质量发展取得新成效，实现了"十四五"良好开局。共享经济的新业态、新模式在助力实现"六稳""六保"和推动经济社会数字化转型方面的作用进一步凸显。与此同时，引导共享经济规范发展成为社会共识，制度化和法治化的治理框架进一步完善，为共享经济规范健康持续发展奠定了重要基础。

一、共享经济市场交易规模同比增长约9.2%

初步估算，2021年我国共享经济市场交易规模约为36881亿元，同比增长约9.2%（见表1），增速较2020年明显提升。从市场结构上看，生活服务、生产能力、知识技能三个领域的共享经济市场规模位居前三，分别为17118亿元、12368亿元和4540亿元。2021年我国共享经济市场结构情况如图1所示。

表1　2020—2021年我国共享经济发展概况

领域	共享经济市场交易额（亿元）		
	2020年	2021年	2021年同比增速
交通出行	2276	2344	3.0%
共享住宿	158	152	-3.8%
知识技能	4010	4540	13.2%
生活服务	16175	17118	5.8%
共享医疗	138	147	6.5%
共享办公	168	212	26.2%
生产能力	10848	12368	14.0%
总计	33773	36881	9.2%

数据来源：国家信息中心分享经济研究中心

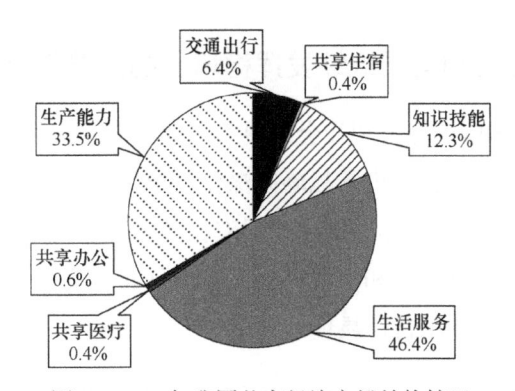

图1 2021年我国共享经济市场结构情况

数据来源：国家信息中心分享经济研究中心

2021年以来，国内疫情虽有零散暴发，但总体可控，经济运行稳中有进。从主要领域共享市场交易规模增长情况来看（见图2），除共享住宿领域外，其余领域在2021年都实现同比正增长。其中，共享办公、生产能力、知识技能领域的增速较快，分别为26.2%、14.0%和13.2%。共享住宿领域市场交易规模同比下降3.8%，主要受两大因素影响。一是疫情影响。国内几次区域性疫情暴发均发生在旅游旺季，造成旅游住宿业恢复速度放缓。文化和旅游部抽样调查统计结果显示，2021年国内旅游总收入仅恢复到2019年的51.0%；同时国外疫情形势堪忧，跨国出行的需求仍被严重抑制，一些平台业务结构调整成效尚未显现。二是监管政策影响。除了平台经济领域强化数据监管的共性政策，部分过去市场需求和交易规模较大的城市也出台了更为严格的短租房监管政策。

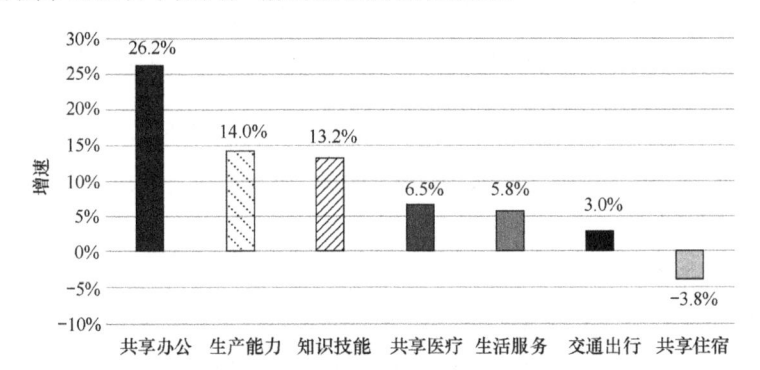

图2 2021年我国主要领域共享经济市场交易规模增长情况

数据来源：国家信息中心分享经济研究中心

二、共享型服务和消费继续发挥稳增长的重要作用

《中华人民共和国国民经济和社会发展第十四个五年规划和 2035 年远景目标纲要》提出，要"把实施扩大内需战略同深化供给侧结构性改革有机结合起来""加快构建以国内大循环为主体、国内国际双循环相互促进的新发展格局"。共享经济作为一种新型的服务供给和消费模式，在以创新驱动引领高质量供给、满足人们多层次需求方面的作用日益显现。

共享经济显著丰富供给方式。近年来，我国服务业发展规模和水平不断提高，2021 年第三产业增加值占 GDP 的比重为 53.3%，比第二产业高 13.9 个百分点；其增长对经济增长的贡献率为 54.9%，比第二产业高 16.5 个百分点。服务业的主导产业地位逐步确立，成为经济发展的主动力和经济平稳运行的"压舱石"。另外，我国服务业发展中仍存在生产效率低、供需匹配效率低、服务供给质量不高等问题，既制约了行业的发展效率，也难以满足人们不断升级的服务消费需求。共享经济的兴起，一是改变了传统服务业需要面对面、同时同地交易且不可复用的低效率特性，通过"互联网+"创新使得随时随地、批量复制的服务型消费成为可能，扩大服务半径，提升消费规模，有力提升服务业生产效率；二是打破了供需双方的信息不对称，使得过去未能得到充分利用的存量资源和劳动力被充分调动，大大强化了服务业的供给能力、提高了人们的消费能级；三是降低了创新创业的门槛和成本，使得过去必须依赖企业等组织才能完成的商业行为，可由小微个体达成，在促进社会包容性发展的同时，也增加了服务供给的丰富性、多样性。共享经济的发展创造了更为高效的服务供给体系，正引领服务业转型升级。

从发展态势看，在交通出行领域，2021 年网约出租车客运量占出租车总客运量的比重约为 31.9%（见图 3），较 2020 年减少 2 个百分点。除疫情影响市场需求之外，监管趋严成为网约车客运量占比下降的主要因素。一方面，合规化进程加快推进。2021 年 9 月，交通运输部印发《关于维护公平竞争市场秩序加快推进网约车合规化的通知》，要求各地交通运输主管部门督促网约车平台公司依法依规开展经营，加快网约车合规化进程。多地监管部门不定期检查网约车是否合规运营，并对不合规的平台进行通报与行政处罚。各地规范的出台，对推动当地网约车

市场健康、安全发展起到了重要作用，但网约车的跨区域经营条件限制、车辆合规化率要求提高等因素使得各地网约车清退数量短期内不断增加，网约车与巡游出租车的客运量比例也随之下降。另一方面，出行领域的信息安全问题受到关注，头部平台企业受到网络安全审查，也带来了不小的冲击。2021年7月，网络安全审查办公室对滴滴出行启动网络安全审查，随后滴滴出行、滴滴企业版、滴滴车主等25款App全部下架。头部企业的司机端和客户端的增量入口被切断，新的平台成长和顾客消费习惯建立需要时间，短期内造成网约车客运量减少。

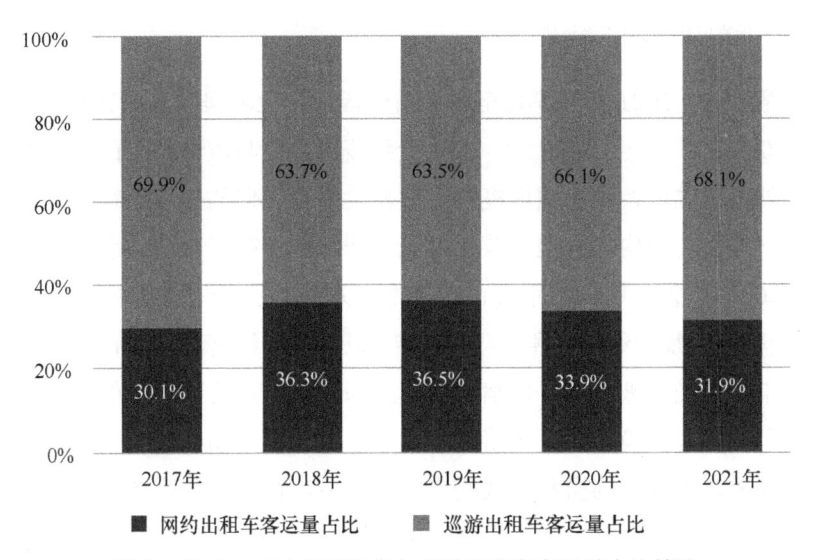

图3 2017—2021年网约车与巡游出租车客运量占比情况

数据来源：国家信息中心分享经济研究中心

在生活服务领域，疫情防控常态化不断激发线上服务需求，外卖餐饮、预约家政、生鲜电商等在线服务领域迅速扩张，通过平台预约、购买服务逐渐成为人们日常消费的主要方式。国家信息中心分享经济研究中心数据显示，2021年在线外卖收入占全国餐饮业收入的比重约为21.4%，同比提高4.5个百分点（见图4）。

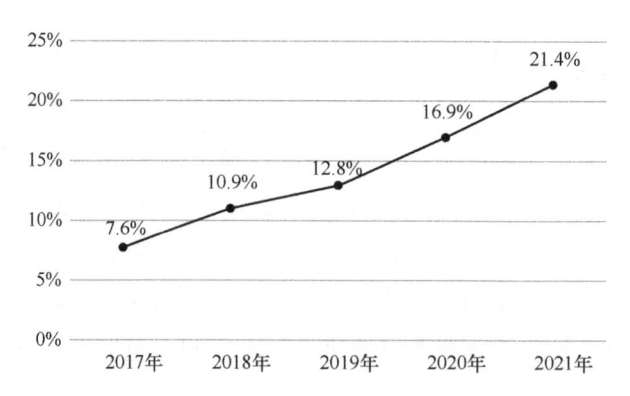

图4 2017—2021年在线外卖收入占全国餐饮业收入的比重

数据来源：国家信息中心分享经济研究中心

在住宿领域，2021年共享住宿收入占全国住宿业客房收入的比重约为5.9%，同比下降0.8个百分点（见图5），主要受到疫情防控与监管趋严的双重影响。一方面，国外疫情难以控制和国内疫情零散暴发使得人们的外出旅行需求总体持续低迷；另一方面，国内部分地区监管政策趋严，也使得平台面临经营压力。以北京为例，2021年2月起，北京市正式实施《关于规范管理短租住房的通知》，因"首都功能核心区禁止经营短租房"的规定，以及民宿经营合规条件要求过高等原因，北京市大批民宿被下架，民宿市场陷入寒冬。面对这两方面的难题，不少共享住宿平台调整运营策略，开始培育和发展乡村民宿市场，但由于旅游需求尚未得到充分释放，以及新的盈利模式尚未完全成型，在疫情与强监管双重作用下的共享住宿行业发展仍面临巨大压力和不确定性。

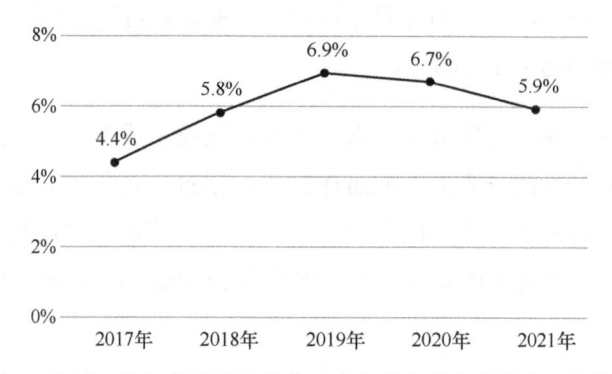

图5 2017—2021年共享住宿收入占全国住宿业客房收入的比重

数据来源：国家信息中心分享经济研究中心

五化大协同（绿色化、老龄化、数字化、普惠化、共享化）

共享经济有效激发市场需求。消费作为最终需求，是经济增长最基础、最稳定、最持久的动力，其对经济增长的促进拉动作用更为平稳、更可持续。2021年，最终消费支出对经济增长的贡献率为65.4%，拉动GDP增长5.3个百分点，经济增长的主引擎作用持续凸显。共享型消费作为顺应消费升级趋势、技术创新和模式创新结合的新业态，逐渐成为备受人们欢迎的消费模式。一方面，共享经济新业态能够提供更为便捷高效的消费体验，通过技术、模式等的持续创新，推动消费品类不断拓展、品质不断提升、服务持续优化、供需匹配效率持续提升，更加适应消费者多样性、灵活性、交互性的消费需求；另一方面，共享经济多样化的服务供给、基于用户大数据的精准画像和基于网络平台的高效供需匹配，促使服务方式从工业化时代的标准化、通用型走向数字化时代的个性化、精准型，"以用户为中心"的理念落实到了"以每个人为中心"上，更加适应消费者个性化的消费需求。此外，共享型消费不仅能满足人们已有的消费需求，还可以不断激发人们的潜在消费需求。

从居民消费的角度看，2021年网约车用户、共享住宿用户和外卖服务用户在网民中的普及率分别为39.23%、8.05%和46.36%（见表2）。

表2 2021年主要生活服务领域共享型服务普及情况

领域	用户规模（万人）	网民普及率（%）
网约车	39651	39.23%
共享住宿	8141	8.05%
外卖服务	46859	46.36%

注：①2021年网民规模、外卖服务、网约车用户数来自CNNIC第48次《中国互联网络发展状况统计报告》（均为2021年上半年数据）；②共享住宿相关数据来自国家信息中心分享经济研究中心。

从主要生活服务领域共享型服务支出占比来看（见表3），2021年人均网约车共享型服务支出占人均消费支出的占比约为8.3%，较2020年减少2个百分点；人均共享住宿共享型服务支出在人均消费支出中的占比约为5.9%，较2020年下降了0.8个百分点；人均在线外卖共享型服务支出在人均消费支出中的占比继续提高，达21.4%，较2020年提高了4.4个百分点。

表3　2020—2021年主要生活服务领域共享型服务支出占比

领域	人均消费支出（元） 2020年	2021年	人均共享型服务支出（元） 2020年	2021年	人均共享型服务支出占比 2020年	2021年
网约车	2310.7	2891	238.7	239.3	10.3%	8.3%
共享住宿	229.8	182.9	15.4	10.8	6.7%	5.9%
在线外卖	2796	3319.8	474.4	709.6	17.0%	21.4%

数据来源：国家信息中心分享经济研究中心

三、共享经济对"保市场主体"的作用日益凸显

市场主体是社会财富的创造者，是经济增长的"发动机"和稳就业的"顶梁柱"。保护好市场主体，激发市场主体活力，才能为经济发展积蓄基本力量，保市场主体就是保经济基本盘。新冠肺炎疫情的持续使得广大企业，特别是体量小、抗风险能力差的中小微企业、个体工商户受到冲击，面临巨大的经营压力甚至陷入经营困境。相关部门出台了系列政策为各类市场主体纾困，各类共享经济平台在保市场主体方面的作用日益凸显。

平台助力中小企业数字化转型从"授人以鱼"到"授人以渔"。平台作为数字经济的先行者，集聚了数百万家甚至上千万家中小企业商户，对中小企业商户的赋能作用不仅体现为"授人以鱼"，即在资金、流量等方面提供直接支持，为入驻商户减免佣金、提供资金补贴、优惠贷款和流量支持等；还体现为"授人以渔"，即通过培训等方式帮助中小企业商户提高数字化运营能力。美团推出"春风行动"商户成长计划，一年内投入20亿元相关资源，使商户线上化营收平均增长30%，助力100万家优质企业商户走上数字化道路。在饿了么平台上，中小企业商户的占比达到73%。针对中小企业商户面临的客流引入难、经营支撑弱、门店效率低、增值服务少等痛点，阿里本地生活推出以"客如云"为主的数字化工具，帮助入驻商户提高数据分析能力、金融服务能力、即时配送能力、精准营销能力、硬件保障能力，从供应链管理、收益管理、库存管理、产能配置等运营管理的多个方面推动其数字化转型。

基于消费体验共享的"探店经济"成为线上线下实体经济的连接器。新冠

肺炎疫情下，消费受到暂时抑制，但消费需求并没有消失，各类社交平台发展催生出了"探店经济"新业态新模式。经过现场体验并将个人消费体验感受通过平台共享，激发后疫情时代用户的潜在消费需求，并转化为到店消费行动，进而加速线下商户、工厂等实体经济的复苏。公开数据显示，2021 年，小红书平台上有超过 1200 万篇关于"探店"的笔记，其中测评类笔记阅读量超过 90 亿次。消费体验共享平台"探店"数据的高涨，反映了这种来自在线平台创新的"先体验后消费"模式，正在帮助线下商业获得更多吸引力，带动线下消费的回温。

技术共享加速中小企业数字化进程。近两年，共享经济日益从消费领域向生产领域渗透。一方面，平台企业可以基于开源技术及相关平台为中小企业数字化转型提供技术支撑，助力中小企业实现数字化转型和智能化发展。以百度、华为为代表的科技企业秉持开源开放精神，用人工智能、云计算等新型技术不断赋能中小企业，推动产业智能化升级，促进实体经济实现高质量发展。百度基于飞桨深度学习平台为中小企业提供 AI 能力和工具，目前，百度大脑 AI 开放平台已开放 270 多项核心 AI 技术能力，集聚了超过 260 万名开发者，服务了超过 10 万家企业，广泛应用于互联网、工业、农业、金融、城市、医疗、能源、教育等诸多行业。另一方面，市场主体依托共享平台重塑制造业发展模式与生态。相关企业可通过云端工厂、App 抢单等途径，实现订单、设备等生产资料共享。

生产资料共享使企业尤其是广大中小企业获取和使用资源的成本进一步降低。共享经济通过网络平台调配社会及企业等各类主体闲置资源，从而实现资源的最大化利用。国家发改委等部门联合印发的《关于支持新业态新模式健康发展激活消费市场带动扩大就业的意见》明确提出，要"探索生产资料共享新模式""盘活空余云平台、车间厂房等闲置资源"。在共享理念的影响下，越来越多的中小企业结合自身情况，开始探索通过共享库存、共享生产资料、共享用工、共享办公等方式，节约企业经营成本和提高资金使用效率，以实现企业物流、资金流、信息流、商贸流的有机配合。随着数字技术的快速渗透，共享工厂等创新模式成为生产资料共享的新方向。依托数字基础设施和共享平台载体，生产资料共享有望不断向数字化、平台化、无人化方向发展。

四、共享经济新就业群体的权益保障备受关注

随着共享经济平台快速发展而出现的新就业形态，在稳定和增加就业、增加居民收入方面发挥着积极作用并被寄予厚望。《中共第十八届中央委员会第五次全体会议公报》指出，实施更加积极的就业政策，完善创业扶持政策，加强对灵活就业、新就业形态的支持。新就业形态的出现直接创造了新的岗位需求，为人们提供了更多的收入机会，形成了诸多新职业。新就业还带来就业市场结构的变化，越来越多的人可以依照自己的兴趣、技能、时间及拥有的各种资源，以自雇型劳动者的身份灵活就业。新就业形态正在深刻地改变着传统的单一劳动雇用形式，改变着人们的就业方式、就业理念乃至整个就业结构。

新就业形态劳动者的就业质量引发了人们广泛的关注。一方面，平台依托大数据、人工智能和算法等新技术，形成了对劳动者更为精细化、严密的管控机制；另一方面，基于工业经济时代建立起来的劳动保障制度和社会保障体系面临一系列新的问题与挑战。在已有制度的不适应性日益凸显，新的制度体系尚未形成时，平台企业的一些用工行为游走在"灰色地带"，导致许多情况下劳动者的权益保障不足。如何让那些基于平台就业的劳动者权益得到充分保障，实现高质量就业，越来越成为各界关注的焦点。

从国家层面看，加强平台从业人员的权益保障是近几年我国引导和规范平台经济健康发展的重要内容。从国务院公开发布的政策文件看，明确将维护平台从业人员合法权益纳入平台经济规范发展要求中的，是 2019 年 8 月发布的《国务院办公厅关于促进平台经济规范健康发展的指导意见》。该文件指出，要"切实保护平台经济参与者合法权益，强化平台经济发展法治保障""保护平台、平台内经营者和平台从业人员等权益"。2021 年，加强平台灵活就业群体权益保障的工作得到各级政府部门和平台企业的高度关注，相关制度加快完善（见表 4）。

表4 2021年我国加强平台灵活就业群体权益保障的主要举措

时间	文件/事件	相关要求
2021年5月	国务院常务会议	做好基本保障兜底,推动个体工商户及灵活就业人员参加社保,放开在就业地参保的户籍限制,探索将灵活就业人员纳入工伤保险范围
2021年7月	国务院常务会议	维护好新就业形态劳动者劳动保障权益,有利于促进灵活就业、增加就业岗位和群众收入。会议确定,一是适应新就业形态,推动建立多种形式、有利于保障劳动者权益的劳动关系。对采取劳务派遣、外包等用工方式的,相关企业应合理保障劳动者权益。二是企业应当按时足额支付劳动报酬,不得制定损害劳动者安全健康的考核指标。督促平台企业制定和完善订单分配、抽成比例等制度规则和算法,听取劳动者代表等意见,并将结果公示。不得违法限制劳动者在多平台就业。三是以出行、外卖、即时配送等行业为重点,开展灵活就业人员职业伤害保障试点。四是建立适合新就业形态的职业技能培训模式,符合条件的按规定给予补贴。五是放开灵活就业人员在就业地参加基本养老、基本医疗保险的户籍限制
2021年4月	《国务院办公厅关于服务"六稳""六保"进一步做好"放管服"改革有关工作的意见》	完善适应灵活就业人员的社保政策措施,推动放开在就业地参加社会保险的户籍限制,加快推进职业伤害保障试点,扩大工伤保险覆盖面,维护灵活就业人员合法权益
2021年7月	人力资源和社会保障部等部门联合发布《关于维护新就业形态劳动者劳动保障权益的指导意见》	规范用工,明确劳动者权益保障责任;健全制度,补齐劳动者权益保障短板;提升效能,优化劳动者权益保障服务;齐抓共管,完善劳动者权益保障工作机制
2021年7月	交通运输部、国家邮政局、国家发展改革委、人力资源和社会保障部、商务部、市场监管总局、全国总工会联合印发了《关于做好快递员群体合法权益保障工作的意见》	确定的重点工作主要聚焦于保障合理的劳动报酬、完善社会保障增强社会认同、压实快递企业主体责任、强化政府监管与服务四个方面
2021年7月	市场监管总局、国家网信办等七部门联合印发《关于落实网络餐饮平台责任 切实维护外卖送餐员权益的指导意见》	从保障劳动收入、保障劳动安全、维护食品安全、完善社会保障、优化从业环境、加强组织建设、矛盾处置机制七个方面,对保障外卖送餐员正当权益提出全方位要求

在加强社会保障制度创新的同时,相关部门还加强了对算法在调度类平台和新就业形态方面的应用监管,明确要求这类平台的算法设计需要考虑劳动者和消

费者的双重约束。2022 年 1 月中央网信办出台的《互联网信息服务算法推荐管理规定》第二十条提出,"算法推荐服务提供者向劳动者提供工作调度服务的,应当保护劳动者取得劳动报酬、休息休假等合法权益,建立完善平台订单分配、报酬构成及支付、工作时间、奖惩等相关算法。"

五、共享经济企业积极推进上市融资

国家信息中心分享经济研究中心数据显示,2021 年共享经济领域直接融资规模约为 2137 亿元,同比增长 80.3%(见表 5)。受企业上市、行业监管政策和疫情变化等多种因素影响,各领域融资情况呈现较大差异。

表 5 2019—2021 年共享经济各领域直接融资规模

领域	融资额(亿元)			
	2019 年	2020 年	2021 年	2021 年同比增速
交通出行	78.7	115	485	321.7%
共享住宿	1.5	1	6	500.0%
知识技能	314	467	253	−45.8%
生活服务	221.5	260	750	188.5%
共享医疗	38.1	88	372	322.7%
共享办公	12.0	68	1	−98.5%
生产能力	48.2	186	270	45.2%
总计	**714**	**1185**	**2137**	**80.3%**

数据来源:国家信息中心分享经济研究中心

随着共享平台企业规模的扩大和商业模式的成熟,通过上市和公开市场募集资金成为平台越来越重要的融资途径。2021 年,共享出行、物流、充电等多个领域的平台企业积极推进上市融资。同年 3 月,知乎在纽约证券交易所挂牌上市;同年 4 月,怪兽充电正式登陆纳斯达克挂牌上市;同年 6 月,共享出行平台滴滴出行在纽约证券交易所上市,并于 12 月启动在香港上市的准备工作;同年 9 月,音频内容分享平台喜马拉雅向香港证券交易所提交上市申请。

作为企业融资的重要方式,上市首先是平台企业自身发展的需要。共享平台企业经历数年发展之后,已积累了丰富的用户基础,形成了较为完善的业务体系,

为进一步吸纳社会资金和支撑平台业务持续发展，加速上市成为许多共享平台的战略选择。另外，上市也是风险投资退出的需要。风险投资主要为各种类型的初创企业提供融资支持，一旦投资对象进入相对成熟状态，风险投资需要退出以便转向新的创新活动，上市是最为重要的一种退出机制。随着互联网平台的不断成熟，风险投资退出意愿也随之增强。

在上市制度和规则的约束与指引下，平台企业上市步伐加快有助于提高其合规化水平。我国对平台经济和资本市场的监管原则、防止资本无序扩张的政策导向都逐步明确，配套制度和实施细则不断丰富和完善，尤其是在《中华人民共和国网络安全法》《中华人民共和国数据安全法》《中华人民共和国个人信息保护法》等相关法律实施后，共享经济平台企业的上市融资行为面临更为规范的管理。例如，旨在强化数据安全的相关审查将成为许多平台企业赴海外上市的先决程序。共享经济是典型的数据驱动的新业态，平台企业在发展过程中均积累了海量的数据资源。在数据成为关键生产要素的时代，数据是否安全，不仅关系到个人信息尤其是个人隐私信息是否能得到有效保护，还直接关系到国家是否安全，拟赴境外上市的平台企业将面临严格的数据安全审批。这个过程有助于强化共享经济平台企业的数据安全意识，促使平台企业不断建立健全数据管理制度和提高相关技术水平，加强平台数据安全管理和个人信息保护，从而提高其数据管理的合规化水平。

六、共享经济主要领域市场竞争格局加快重塑

2021年，受监管政策、企业上市、资本市场形势等多种因素影响，共享经济平台企业之间竞争更加激烈，部分领域市场格局出现新变化，一些行业进入新的整合期，一些领域出现新一轮"洗牌潮"。总体上看，已经积累了一定用户规模的平台企业，都在积极向线上线下多元化场景拓展，努力形成竞争壁垒。多元化商业模式的扩充和创新更加重要。

在共享出行领域，随着2021年7月初滴滴出行相关多款App下架，各网约车平台纷纷推出新的竞争策略，抓紧抢占市场份额，一大批二线网约车平台以各种方式加强推广，在司机、乘客两端投入大量资金补贴，加速进入其他城市，以

期抓住网约车行业空窗期，谋求更好发展。交通运输部 2021 年 7 月公布的数据显示，国内订单量超过 30 万单的网约车平台共有 17 家，比 6 月增加了 5 家。在这 17 家月订单超过 30 万单的平台中，有 14 家平台 7 月的订单量环比有所增加，其中 4 家平台月订单量增幅超过 100%。聚合模式竞争持续升级，抢夺运力成为各网约车平台竞争与抗衡的主要手段。高德、美团、滴滴出行等平台在过去两年均在不断加码聚合模式的布局，2021 年，哈啰打车宣布接入享道出行、T3 出行、如祺出行等网约车平台，加上此前已达成合作的曹操出行、首汽约车等，哈啰打车基本实现了行业头部的第三方运力接入。公开数据显示，曹操出行月活用户数上升为 1101.5 万人，T3 出行月活用户数为 986.7 万人，与 2021 年第一季度相比，增长均接近 1 倍。资本也在沉寂数年之后重回这一领域。2021 年 9 月，曹操出行 B 轮融资 38 亿元，系 2021 年业内首个股权融资，规模也是近两年来最大。同年 10 月，T3 出行完成 77 亿元的 A 轮融资，是自 2018 年以来网约车企业获得的国内最大额度单笔融资。

在知识共享领域，新冠肺炎疫情的暴发将"宅文化"推向了前所未有的高潮，2021 年播客等产品走红后，音频内容分享越来越引发公众关注，以声音为载体的"耳朵经济"发展迅速，其巨大的潜力吸引了腾讯、抖音等头部平台企业的争夺。随着新竞争者的加入，音频内容分享市场的竞争日益激烈，喜马拉雅凭借其初步形成的内容生态体系，处于行业领先地位，但仍面临众多具有一定实力的新入局竞争者。除了排在第二梯队的荔枝 FM 和蜻蜓 FM，腾讯、字节跳动、网易等科技巨头也都进入音频内容分享领域。字节跳动旗下番茄小说推出"番茄畅听"，微信上线"微信听书"，快手推出了播客类 App "皮艇"。这些新入局竞争者基本都有比较强大的平台作为支撑，拥有较为丰富的内容和流量资源，市场竞争激烈程度可见一斑。对于内容平台而言，视频、音频或者图文只是载体不同，其核心要素是内容，这一领域的竞争归根到底是优质内容的竞争；其次是平台所能构建起的产业生态的竞争。

在生活服务领域，曾经占据市场优势的部分企业退出市场或业务收缩，后进入者不断加速市场拓展步伐。2020 年已布局超 70 座城市的"同程生活"，在 2021 年面临现金流危机，7 月其运营方宣告破产。食享会平台 2021 年订单数、销售额持续下滑，在 7 月其多个城市业务收缩。兴盛优选在 2021 年 9 月宣布暂不开通新城市，并提出"磐石计划"，仅巩固已上线地区的业务。面临剧烈收缩调整的还有十荟团、橙心优选、美菜网、京喜拼拼等。与此同时，相关部门加强了对社区团购的行业监管。2020 年年底，市场监管总局联合商务部召开规范社区团购秩序行政指导会，对社区团购经营行为进行严格规范，涉及低价倾销、垄断协议、不正当竞争、大数据"杀熟"等方面。相关部门还明令下架"一分钱秒杀"，禁止"负毛利经营"，多次顶格处罚社区团购平台，甚至要求部分团购平台停业整顿。合规发展、规模与利润并重、用户体验为重等成为当下生活服务领域共享经济发展的新特点。随着监管措施的逐步落地，市场将更加趋于理性，精细化运营降本增效成为重心，一些专注于满足小范围用户差异需求的平台企业面临新的市场机会。

在共享充电宝领域，5G 的爆发带来更多需求，市场规模持续快速增长。2021 年 4 月，共享充电宝头部企业怪兽充电上市，街电与搜电正式合并，市场格局出现新的调整，集中度不断提高。目前，行业内已形成街电、小电、怪兽充电、来电、美团共同竞争的格局，头部企业加快向三四线市场渗透。随着怪兽充电成为行业第一股，小电由创业板"转道"赴港上市，街电与搜电合并后也可能推出新的市场策略。共享充电宝领域竞争将不断加剧，头部企业优势进一步强化，品牌效应更加凸显，尾部品牌的生存和发展面临更大压力。

治理新境界

阿拉木斯
数据治理的基本逻辑

阿拉木斯，信息社会 50 人论坛成员，北京市法学会电子商务法治研究会副会长。工作期间，参加了我国电子商务与 IT 领域多项重要法律课题的研究工作，为国家"十五"重点科技攻关计划专题"中国电子商务法律法规体系研究"的项目主持人。

最近，一些专家学者针对数据治理系统地论述了他们对数据权利和数据交易有关规则的思考，能够带给我们一些启发。下面，笔者梳理和提出自己对数据治理法律问题的解决方案，供大家讨论。

之所以将本文命名为"数据治理的基本逻辑"，是笔者认为数据治理是一个全新的领域，该领域内很多最底层的概念和原理尚未被分析清楚或者达成基本的共识，而这将会成为讨论数据权利、数据交易和权利归属的前提。这些概念和原则应该包括数据治理与数据的概念、数据的基本特性等。

一、数据治理与数据的概念

数据治理有两种概念。第一种概念是治理数据和治理数据产业，包括数据立法和数据产业立法等，《中华人民共和国个人信息保护法》（以下简称《个人信息保护法》）、《中华人民共和国数据安全法》（以下简称《数据安全法》）等都在这一层次里，笔者也倾向于把数据治理限定在这一层次进行讨论。

第二种概念是利用数据实施治理。治理的范围很广，可以理解为治理的数据化和信息化，是治理现代化的核心或重要组成部分，既包含对数字经济和社会的治理，也包括对实体经济和社会的治理。

数据有以下三种概念。

第一种概念是广义的数据，基本等同于信息，泛指所有的信息或资料，在这一层次，个人数据可以等同于个人信息。比如，在百度百科中有这样的描述：大数据（Big Data），或称巨量资料，指的是所涉及的资料量规模巨大到无法透过目前主流软件工具，在合理时间内达到撷取、管理、处理，并整理成为帮助企业经营决策更积极目的的资讯[①]。换言之，这里所引用的数据的概念，基本等同于信息和资讯。

第二种概念是狭义的数据，专指数字类信息，指的是一般人对数据这一概念最本能和最原始的认知。《汉语大辞典》中对数据的定义是：科学实验、检验、统计等所获得的和用于科学研究、技术设计、查证、决策等的数值。相比于数字类信息，由于限定了使用范畴，显然这一定义的范围更狭窄。

第三种概念是数字化的信息，即在网络空间中以二进制代码形式存在的所有信息，这一层次的数据概念等同于网络信息。

在计算机科学中，数据的定义是指所有能输入到计算机并被计算机程序处理的符号的介质的总称，是用于输入电子计算机进行处理，具有一定意义的数字、字母、符号和模拟量等的统称。

《数据安全法》中对数据的定义基本也是如此，其第三条明确规定："本法所称数据，是指任何以电子或者其他方式对信息的记录。"按照这一定义，《数据安全法》可以理解为专门针对线上的数据，不能囊括线下数据安全，也可以理解为"网络数据安全法"。

笔者对大数据概念的理解是，大数据更接近于一种全新的方法论，而不在于数据本身。只有顺着这一思路才可能正确理解大数据。

对大数据还有一些定义，如"在信息技术中，大数据是指一些使用目前数据

---

① 本词条由"科普中国"科学百科词条编写与应用工作项目审核。

库管理工具或传统数据处理应用很难处理的大型而复杂的数据集。"在维克托•迈尔-舍恩伯格编写的《大数据时代》中,大数据指那些超过传统数据库系统处理能力的数据。

二、数据的基本特性

关于数据的基本特性的描述是本文的主体部分。

在分析这部分时,我们需要说明两个大的前提:第一个前提是涉及国家安全的数据问题除外,本文只讨论在民商事和行政管理领域与数据有关的问题;第二个前提是线上线下一体化原则,虽然很多问题是从线上出发的,但在研究时尽量囊括线下的各种应用场景,避免形成线下数据法律问题讨论的盲区。

笔者认为,讨论数据权利、权利归属等所有问题,都应该从论证清楚数据的基本特性出发,这样才有意义,才可能站得住脚。数据的基本特性就是数据的"三性",可以概括为细碎性和附随性、生成复杂性、功能多样性。

提到"三性",了解知识产权法律的人士会非常熟悉,笔者对此做出总结提炼。《中华人民共和国著作权法》(以下简称《著作权法》)中规定的著作权的三个基本特性是独创性、可复制性、合法性。《中华人民共和国专利法》(以下简称《专利法》)中对专利权三个基本特性的定义则是新颖性、创造性和实用性。可以毫不夸张地说,我国法律中著作权和专利权的相关权利与规则都是在这两个"三性"的基础上搭建的。

关于细碎性和附随性。数据的细碎性是显而易见的,狭义的数据是信息的最小单元,就像物理世界里的原子。无论是 1、2、3 这样最简单的阿拉伯数字,还是 0、1 这样的二进制代码,或是 1 bit 的信息,都是所有信息中最基础和简单的元素。但这一特性带来的法律问题可能是很多人没有想到的,那就是,对这些信息元素的保护水平不可能太高,比如,不应该高于由这些大量元素组成的、门槛更高的知识产权。

如果对数据的保护水平高于知识产权,就会影响知识产权的申请和保护,所有人都会思量：既然只要利用没有任何门槛的数据保护机制就可以享受更高的保护，那么为什么要劳师动众地申请专利、商标、著作权呢？

在法律这门学科里，我们不仅要考虑各种权益的保护问题，也要从更高、更全面的角度研究保护与保护之间可能的各种冲突，这样才可能建立真正有效且多赢的制度机制。

由于细碎性和附随性这两个特点的关联性很强，因此我们可以将其作为一个特征进行描述。所谓附随性，当然并不绝对，但绝大多数数据基本都是附随某一活动而产生的，比如交易数据、医疗数据、健身数据、聊天数据、共享单车骑行数据等。人们从事这些活动的目的不是为了获得这些林林总总、如影随形的数据，而是要实现交易、治疗、健身、沟通和出行，数据的生成只是副产品。

既然逻辑如此，那就不能喧宾夺主。用户很可能愿意为了得到更好的交易、治疗、健身、沟通、出行的服务而让渡使用与分析自身数据的权利，这需要尊重个体的意愿和选择，而不可以因为有法律在上而本末倒置，这样的本末倒置只会让数字经济和服务倒退。

关于生成复杂性，即数据的生成是多样化的。个人创造的数据当然是最清晰明确的，如用户的姓名、微信名和头像等，但问题是绝大多数数据并非如此，如用户的身份证号码、银行账号等是由系统生成的；交易记录虽然是由用户贡献的，但也是基于系统设定生成的；驾驶记录、信用记录等也是基于用户行为和系统设置生成的。

在知识产权权利归属领域，比如一本张三写的关于李四的传记作品，编写和公开都需要经过李四的认可，但著作权权利归属是张三而不是李四。这可能成为确定数据权利归属的参考机制之一。

下面我们谈一下数据交易的问题。有专家学者曾经提出"平台应该把数据交易收益的20%~30%返还给数据的生产者"的问题。且不说这个数据生产者到底是谁，众所周知，在现行法律环境下，交易原始数据的法律风险极高，正规的企业应该不会进行类似操作。交易的数据通常都是衍生数据或分析数据等，一旦衍生数据成为匿名化数据，就脱离了我国《个人信息保护法》治理的范畴，所以这种返还的提法是有违行业常识的。

随着《个人信息保护法》《数据安全法》的出台和实施，加上之前的《中华人民共和国网络安全法》，我国对数据的保护水平应该是很高的，在国际范围内基本也是如此。这些法律都要求数据收集、加工、处理、转移和超范围使用等均须告知用户且获得用户同意，这样可能会带来一个新的问题，那就是，用户会被一个商家不断地告知是否同意，这反而可能成为一种新的骚扰。

保护权益可能确实是好事，但好事也需要有度，法律追求的应该是恰当的保护、保护的平衡，而不是极致的保护，极致的保护只会适得其反。

最近人们可能已经发现，在那些以前浏览过的网页中再次填写输入过的数据时，以前自动显示曾经输入内容的情况变少了，不得不使用一次就重复输入一次。信息被记录的次数减少，安全性或许得以提高，但便捷性却大幅下降。

关于功能多样性。以数据中的个人数据为例，通过多年的观察，笔者把个人数据分为五类：个人特征数据、个人记录数据、复合型数据、个人生物特征数据、功能型个人数据。每一类数据中蕴含的权利、权利的归属和保护的模式可能会有很大的差别，如果简单套用统一的模式和规定，反而会出问题。

第一类是个人特征数据，其实指向的是个人的数据。个人不一定拥有对这类数据的决定权，包括修改、删除的权利。这类数据也基本不是用户本人创造的，我们可以称其为个人特征数据，如用户的地址、邮箱、电话号码、身份证信息、银行账号、车牌号、信用记录等，这也是通常人们认识上最接近于用户理解的个人数据的一类。法律之所以这么规定，有的是出于保护其他权益的需要，有的是出于公平合理的需要，有的是出于社会管理的需要。

第二类是个人记录数据。这类数据是完全由用户本人创造的数据，整体上偏向于知识产权数据，可以称其为个人记录数据，如用户的聊天记录、拍的照片、写的文章等。称得上知识产权的数据，如作品等，与知识产权等权利构成一种竞合；如果构不成，则仅仅作为个人数据被处理和保护。

第三类是复合型数据。这类数据是个人使用有关工具或系统创造的数据，如骑行共享单车的数据、开车的各种记录、在平台上的交易记录、使用手机和计算机的记录等。这些信息具有一定的客观性，与个人特征的关联性最小，可以称其为复合型数据。

第四类是个人生物特征数据。这类数据是偏向于人身权利的数据，如用户的肖像、指纹、声波、虹膜特征、基因排序等。

第五类是功能型个人数据，如用户设置的密码、电子签名等。这类数据本身并无意义，数据的存在是为了实现某种特定的功能。

其实每一类个人数据保护的侧重点可能都会不同。对于第一类数据，个人并没有什么修改权，法律也不应该支持这种修改，除非数据存在错误；而第二类数据则完全不同，个人拥有完全的修改权，就像用户的微信头像，用户如果想更换就可以自主更换。对于第五类数据，如密码等，保护的重点应该不仅是不被披露和关联，而且应该是强保护；而对于第四类数据，如用户的脸部特征等，因为用户每天都在进行自我披露，所以保护的重点是数据不被非法收集和滥用。

三、总结

无论是怎样的权利，简单地谈保护往往是没有意义的，关键点和难点在于权利和义务的平衡、权利和权利的平衡、对保护的度的恰到好处的把握。作为一种完全脱离用户之前基于实物世界权利认知的，存在于虚拟空间的数据，在这方面就更加特殊。一定不能将用户在物理世界里对实物拥有的所有权的认知简单地照搬过来。

就像人们无法将个人数据之一的银行存款随意加一个零，不能随意删除自己的交通违章记录一样，那些借《个人信息保护法》实施之际宣称"我的信息我做主"的说法，需要被专业认真地分析和认识。

车品觉|
数据要素在企业中的作用和责任

车品觉，信息社会 50 人论坛成员，红杉资本中国基金专家合伙人，香港特别行政区数字化经济发展委员会委员。著有《决战大数据：驾驭未来商业的利器》《数据的本质》等。

企业在使用数据的同时，需要对这些数据负有一种责任。因为普罗大众是无法理解数据是如何被使用的，数据在被使用的过程中，不仅需要考虑其是否合规，也需要考虑其是否符合人们可接受的伦理。

2022 年 6 月底，习近平总书记在中央全面深化改革委员会第二十六次会议上提出了诸多观点，笔者认为，这次会议几乎把未来 10 年以上，以数据为要素推动经济发展所需要关注的内容都完整地呈现出来了，其中包括数据作为生产要素拥有的 3 个基础（数字化、网络化、智能化）以及它的应用。

现在，数据不仅被用在比较简单的分析上，而且数据分析实际已经被放在整个生产、流通，甚至整个管理体系内。但是如果没有数据安全，数据要素就有可能得不到保护，从而影响数据的稳定和安全。《中华人民共和国数据安全法》是为数据要素保驾护航的重要规则。

同时必须要将数据流通起来。如果数据不能顺畅地流通，必将影响商业的各个环节。所以要思考如何才能建设一个数据流通的市场，从而让数据能充分地流通。我们不仅要关注技术，也要关注整个配置机制和收益分配，以及如何将其构建成为政府、企业、社会各方的安全责任。

在过去的 10 年里，企业及机构逐步理解了如何使用数据要素，但他们并不是在刚开始使用数据的时候就理解，而是通过数据行业里每位从业者一步一个脚印的实践才实现了对数据使用的责任和作用的理解。

为了更深入地理解数据要素的特质，我们可以先从数据与网络化的关系说起。从 19 世纪开始有了电报网络，近百年后我们有了电话网络，随后又出现了互联网、物联网及车联网等。可以想象，网络化与信息发展之间的相互演进关系，加速了大数据及机器学习的出现，使数据要素在数字经济中起到重要作用。经过 20 多年的发展，信息或者数字科技的发展速度加快，数字科技对人们的工作和生活产生了巨大的影响。

然而，数据要素的特质之一在于其网络效应（Network Effects）。最简单的网络效应，就是在每个用户加入网络之后，网络的价值会自然提高。这个现象类似于微信朋友圈，用户每增加一个好友，朋友圈的网络价值就会相应提高，这就是一种网络效应。另一个典型的双边网络效应可见于电子商务平台中卖家和买家数量关系。买家数量增多会吸引更多的卖家加入平台，卖家数量增多也会带来更丰富的商品吸引买家。

相较于之前提出的网络效应，双边效应或多边效应更为复杂，因为它们涉及多方互动，而这正是平台经济的基础。这些网络效应也会同时增加用户转换成本（Switching Costs）、增强品牌认知度、构成技术壁垒等，最终达到规模经济（Economies of Scale），使我们扩大影响力或者扩大规模板块。这些都是网络效应的现象。

吴军老师的《信息传》中讲到电报系统。该系统在推广之初，发明者发现其可以非常好地传输信息，该系统在之后得到了成功的应用，如路透社及西联汇款的出现。正是该系统的这些成功应用案例，吸引了投资者出资建立了昂贵的电报网络。

产业数字化与数字产业化产生的也是一种隐性的网络效应。但在产业数字化渗透到线下场景时，另一个重要的现象也随之发生。最初，人们运用线上的大数据赋能并加速线下许多应用场景的构建，随着线下应用的成熟，数据又被带回到线上。随着线上数据与线下数据的融合，数据变得更加完整，成为商业及未来产业发展的要素，之所以能够使数据融合更稳定和更快速，网络功不可没。

最近有学者提出数据网络效应（Data Network Effects），又名数据飞轮（Data Flywheel），这值得数字转型中的企业关注。数据网络效应——数据规模和数据应用优势如图1所示。

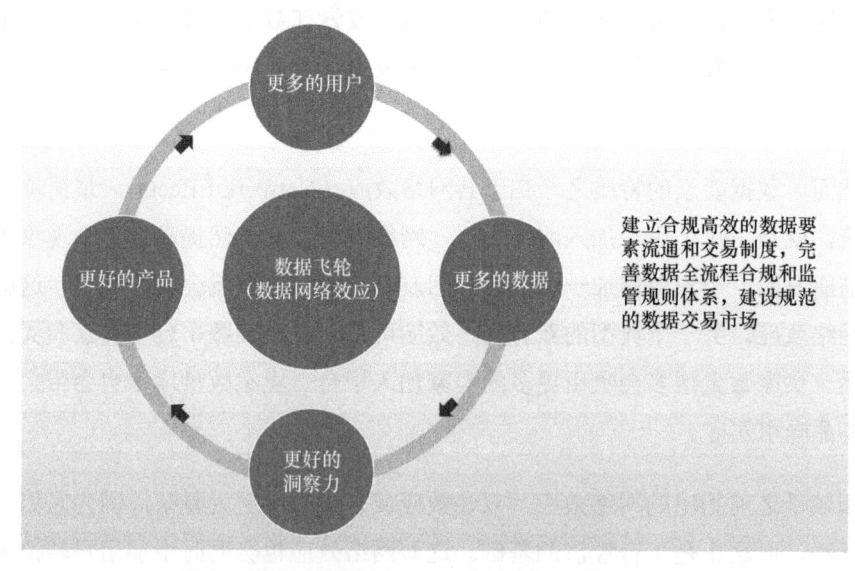

图1 数据网络效应——数据规模和数据应用优势

在数据网络效应中，当一个产品获得更多的用户时，它就会获得更多收集数据的机会，有了更多的数据之后就更有可能拥有更好的洞察力，从而可以开发更好的产品。这样的一个正循环的操作（见图1），正是每个互联网公司能够成功的核心竞争力，然而这并不代表传统企业不存在数据飞轮，只是因为传统企业的数字化程度较弱，从而减弱了数据的作用。

企业若想善用数字经济红利，首先要明白数字经济的重要特征是"数据网络效应"。企业拥有的数据越多，就越有可能利用这些数据和人工智能算法创造出更好的产品，吸引更多的客户，收集更多的数据。但在现实世界中，我们不能臆定万物时刻互连，数据源源不断地产生且始终相互关联，也不能臆定这些数据不费吹灰之力就能产生价值。其实，数据本身没有价值，而且大部分数据都不会产生价值。如果我们希望充分利用自身的数据，那么在开始数字化转型之前，我们需要了解以下4点。

（1）在数据飞轮中，数据、用户和产品之间的关系具有自我强化的趋势。

（2）数据的存储成本越来越低，但数据的产生、提炼和管理成本越来越高。数据可以重复用于多个场景，边际成本最终会接近于零。

（3）数据的价值很容易被低估，因为其价值主要取决于对数据的有效利用程度。

（4）数据的即时性及完整性，数据的价值从数据被收集的那一刻起就在衰减。

随着 5G、物联网和区块链等技术的不断创新，数据驱动将对各行各业产生深远影响。每一项新技术都有可能影响数据资源的分布、模式和类型。例如，智能电视获取的家庭娱乐订阅数据成为洞悉家庭行为的另一种重要途径，而区块链的出现则提高了数据的去中心化水平和可信度。快速发展的开放数据平台和第三方数据服务公司为加快数据飞轮运转提供了新动能。

人工智能和大数据的发展令所有人兴奋不已，但我们可以思考一个问题，从中获益的企业为何寥寥无几？其实答案很简单，大多数企业仍然处于利用大数据和人工智能的早期阶段，而像谷歌和亚马逊这样的企业，早在 10 年前就已经踏上了数字化转型之路。

我们无法描绘出大数据的全貌，因为大数据的内涵在不断演变。笔者认为，未来的世界将是一个快速变化的世界，应对之道依赖海量数据驱动的实时决策和产品设计。大数据将从根本上革新人们的生活方式和企业的营运方式，甚至催生出新的社会形态及产业。

因为大数据具备外部性及增值特性，所以谁能在数据战略上保持领先，充分发挥数据网络效应，谁就有可能获得明显的先行者优势。一旦错过，失去的就不只是发展机遇，还有未来的竞争壁垒。

那么，实际状况又如何呢？调查数据显示，在《财富》1000强企业中，90%以上的高管表示，他们所在的公司正在加快行动，增加对大数据和人工智能的投入，大多数企业高管都认为这种转变迫在眉睫，因为大家一致认为企业正面临着前所未有的挑战。

但经过一段时间后，其中许多企业高管表示，他们并没有从这些前沿技术中获得令人满意的回报。同样令人诧异的是，声称已经转型为数据驱动型企业的公司比例不升反降。更加让人意想不到的是，这一比例近年来继续呈现下降趋势。

企业高管认为，他们之所以会转型失败，主要原因在于缺乏对数据的战略考量以及企业文化带来的巨大阻力，而技术相关因素仅占到5%。

这些企业高管没有弄明白问题的根源所在，就如同对于"数据可视化""数据挖掘""数据增强"等流行语，大家只是似懂非懂，并没有刨根问底、深入探究。

在此过程中我们可以发现一个关键问题：在所有这些案例中，组织或机构遇到的问题都很类似，有些问题甚至反复出现。

无论是企业想借助大数据或者人工智能来拓展业务，还是政府想通过人工智能来解决城市发展问题，在人们的眼中似乎从来就只有技术解决方案，而承载这些梦想的概念，包括"智慧城市大脑""数字孪生城市"等，却只是流于表面。

其中大部分概念只有"药名"，而没有"药方"。所以，即使企业进行数字化转型的意愿非常强烈，但没有正确的实践方案也是枉然。

数字化转型的第一要务不是选择技术工具，而是找出更清晰的业务逻辑，明确如何通过数字化转型触动发展的拐点，并探索新的商业模式、趋势和业态，然后围绕此目标制定实践方案。

各企业高管都应谨记：目标越清晰，就越能集中力量，把数字化转型的资源用在刀刃上，更好地追踪效果并迭代改进，从而降低试错成本，提高企业的敏捷性。

在数字化转型的道路上，除了要注重业务逻辑，还要注意绝不能低估员工对科技新趋势的抵触心理。如果员工（包括管理层）认为数字化转型会威胁到自己的工作岗位，那么他们就会用各种方式加以抵制。领导者必须及时发现并安抚员工的抵触情绪，通过成功案例说服组织内部人员认同数字化转型。

我们可以把企业的数字化转型视为一个正循环：首先，在企业高管达成共识的基础上，运用数据赋能能力增强企业的效能和创新力；其次，在实现目标的过程中培养全员的数据能力，构建认同数字化转型的企业文化；最后，制定数字化战略战术。这样看来，数字化转型的起点应该是盘点那些关乎数据赋能方案成功与否的企业要素，即数据素养、文化障碍、人才储备。

在未来，数据将是企业的重要资源，与人工智能的发展有着密不可分的关系。但实际上，并没有多少企业真正理解业务现状与数据资源使用之间的关系，遑论找出未来数据需求与当前数据需求之间的差异。

可以说，不能被企业恰当利用的数据如同堆在库房中的垃圾，对企业非但没有价值，反而耗费巨大。

在数字化转型中利用数据来构建企业的竞争优势，这绝非易事。除了企业战略（明确的目标），企业数字化转型还包括 3 个关键部分，分别是数据战略、数据治理与数据技术中台。

我们首先要知道，大数据并不是数据的加大版。大数据的成分是多源异构的，其中包含五大趋势：①智能设备或物联网产生了更多、更动态的数据，在创造更多机遇的同时也带来了更大的挑战；②低估了日益增长的数据需求对数据安全和个人隐私提出的额外要求；③在治理庞大、复杂的数据资源时，需要成本效益高的管理方案；④想要利用大数据的力量，但可能没有从长远角度对数据资源进行战略考量，对未来缺乏规划；⑤误以为只要有了包括技术和人才在内的基础设施，就算是为创新做好了准备。

随着数字化转型的兴起，数据将发挥越来越大的作用，带来无限可能。难点在于要善用数据，将其转化为宝贵的洞察力。同样重要的是，找出已定义的数据需求缺口，并用适当的数据资源加以填补。数据驱动之路由此成为一个迭代过程，具体的实施步骤（"八步法"）如下。

步骤1：定义数据赋能用例，制定或改进明确的衡量标准，最好能找出已存在或潜在数据飞轮的场景。

步骤2：发现和量化所选应用场景的相关数据（内部/外部和现有/附加）及算法。

步骤3：制作原型，在扩展之前验证应用场景，根据衡量标准对效果进行评估，若不满意，则返回步骤1。

步骤4：改善应用场景，对数据治理和解决方案予以适当支持，加速数据资源的沉淀、整合及工具化。

步骤5：发现和管理数据，建设数据资源的战略性全方位储备。

步骤6：培养技术和组织能力，搭建数据中台，牵头进行集中协调，实现跨多个业务部门的数据获取、协作和治理。

步骤7：提高数据素养，培育数据驱动文化，使数据的复用、共创、共享以及协作变得简单。

步骤8：与外部合作伙伴建立协作机制，加强数据和技术上的合作，作为一个生态系统统一行动。

步骤4正是企业数据驱动能力升级的分水岭，也是实现企业海量数据深入分析能力的必经之路。从被收集到能被稳定使用，大数据资源需要一套精密的流程来加以管理，以保证数据的质量、及时性、一致性。

从步骤 5 "建设数据资源的战略性全方位储备"开始，我们从由内而外和由外而内的视角看待数据生态。数据不再困囿于运营孤岛，数据可访问性的边界变得更加宽广。企业必须制定前瞻性战略，数据资源的获取范围不应局限于当前的需求。

在数据赋能的过程中，企业必须构建数据能力，这样才能确保数据的有效获取和治理，为应用开发提供高质量数据。由于大数据的特性使然，数据来源呈现出碎片化的特点，对数据连接造成了诸多限制，也使多方协作变得困难重重。要想打通数据，必须克服技术和文化上的问题以及与治理有关的障碍。管理智慧是有效创造数据价值的前提，让每一位员工都能够借助大数据的力量，轻松做出明智决策。另外，数据素养是数据驱动文化的重要组成部分，有助于企业加快决策速度，挖掘发展机遇。

最后但同样重要的是，只有当企业清楚地认识到了数据治理在整个"八步法"中的重要性时，才是引入数据中台作为技术和运营支撑的最佳时机。

数据中台的精髓在于把企业内共享的数据资源进行沉淀、整合及工具化，利用大数据的力量，帮助企业灵活快速地改革创新，从而实现企业的战略目标。

虽然"八步法"在多数人看来并非难事，但是在实际的转型过程中却出现了很多现实问题，导致许多企业半途而废，被新时代所淘汰。

数据的合理使用将成为用户体验的重要部分，在企业进行数据治理的过程中必须贯彻作为数据"托管"方的责任，绝不能利用普罗大众的疏忽去赚取短期利益。

司 晓
区块链数字资产物权论

司晓，信息社会50人论坛成员，中南财经政法大学法学博士，斯坦福大学访问学者；现任腾讯集团副总裁、腾讯研究院院长，兼任中国法学会理事、北京大学法学院硕士研究生兼职导师等社会职务。长期从事互联网产业、法律、经济、政策等领域的实践和学术研究工作。

一、财产属性不明已成为区块链数字资产市场发展的最大障碍

区块链技术自问世以来，持续受到社会各界的关注，被认为是自大型机、PC、互联网、移动互联网/社交网络之后的第五个颠覆性的计算范式和新的基础性技术，将为经济和社会系统建立新的根基[1]。区块链与资产的结合，是区块链迄今为止最令人瞩目的社会实验。区块链技术作为永久的、不可篡改的、可验证的、去信任的、可编程的分布式账本技术（Distributed Ledger Technology，DLT），给数字资产的创设、发行、保管、交易、使用等提供了新的范式，实现了从信息互联网到价值互联网的重大范式转型。信息互联网擅长信息的复制和传播，但信息确权和价值转移却无法有效进行；由区块链及相关的密码学技术、共识算法等支撑起的价值互联网则能做到安全、透明、可信的价值转移，即在网络中以每个节点都能够认可和确认的方式，将某一部分价值从某一个地址精确转移到另一个地址。

在这样的背景下，加密虚拟货币、加密藏品（Crypto Collectibles）等不同形式的区块链数字资产（Blockchain Digital Assets）作为一类新型资产应运而生，并在区块链驱动的数字资产化和资产数字化发展趋势下显现出强大的市场

活力与广阔的市场前景。在以太坊 ERC-721、ERC-1155 等标准的推动下[①]，非同质化通证（Non-Fungible Token，NFT）正在快速发展；从早期的"加密猫"（CryptoKitties）到 2021 年的 NFT 版数字艺术拍卖，区块链与网络游戏、IP 及原创数字艺术的结合，正在给数字藏品和 NFT 市场注入巨大的发展活力。然而，在我国现行的法律体系中，区块链数字资产的法律地位面临着很大的不确定性。简单来说，区块链被用来支持用户之间的数字资产交易，这些数字资产往往具有经济价值，用户可通过私钥对其施加控制，但这些资产在何种程度上构成法律意义上的财产以及构成何种财产，目前来看尚不明确。立法的语焉不详，导致司法实践对于此类新型数字资产是否受法律保护以及如何被保护存在较大分歧。在这样的背景下，不仅区块链数字资产持有者的合法权益难以得到保障，而且区块链数字资产市场也可能因为缺乏法律的确定性和可预测性而"裹足不前"。

基于以上考虑，我们应明确区块链数字资产的财产属性具有重要的理论意义和现实意义。区块链数字资产法律属性的明确不仅可以增强市场信心，而且对科技和法律社群的融合、数字资产交易市场的发展，以及全球金融服务市场的开拓都有重大意义。更进一步而言，区块链数字资产的法律属性不仅关系到交易本身，而且对侵权、破产、继承、信托、担保等诸多法律关系也将产生重大影响。

二、区块链数字资产属于物权的证成

区块链数字资产，指基于区块链技术发行、登记、存储、持有、转让或交易的新型无形资产。这些资产以数字化的形式存在于特定系统中，作为价值或权利的数字化表示（Digital Representation），被产业界称为加密资产（Crypto Asset）、加密通证（Crypto Token）等。考虑到区块链系统和应用的多样性，以及这些系统和应用中的数字资产的多样性，虽然现阶段无法给出区块链数字资产的精确定义，但是基于区块链系统而存在的数字资产具有无形性、加密验证机制、使用分布式账本、去中心化、共识算法等典型特征，这使其显著区别于传统网络虚拟财产和实体资产。满足这些特征的区块链数字资产一般可分为链上原生

---

① ERC-721 和 ERC-1155 是区块链平台以太坊上的非可替代通证（NFT）标准，为追踪和转让 NFT 提供了基本功能。

资产和链上映射资产两类，前者一般可分为同质化通证（Fungible Token）和非同质化通证（NFT）两类，后者则一般代表区块链系统之外的某一权利，有现实价值做背书，可以看作"容器"型通证。囿于篇幅，本文只讨论第一类数字资产，即链上原生资产的财产属性。

（一）区块链数字资产应属于合法财产

财产权是指具有经济价值的权利[2]。虽然我国法律没有给出财产的确切定义，但一般认为，任何独立于主体之外、具有经济价值的有形或无形事物，均可构成财产。张明楷指出，刑法所保护的财物具有三个特征：管理可能性、转移可能性、客观价值性[3]。刑法意义上的财物的特征，其实也正是民法意义上的财产的特征，加密虚拟货币、NFT 等区块链数字资产显然符合财产的这些特征。

第一，管理可能性意味着作为客体的财产必须能够为主体所控制，区块链数字资产存在于特定区块链系统之中，每个区块链数字资产都是特定的，并由公钥表征，持有人可以通过私钥对其施加控制。

第二，区块链数字资产显然具备转移可能性，加密虚拟货币具有交易和交换的天然优势，NFT 也存在着一个持续增长的交易市场；事实上，引入区块链系统的一个核心目的就是确保持有人可以安全便捷、去信任地交易此类资产。

第三，区块链数字资产具备客观价值性，能够给当事人带来经济等方面的利益。一般认为，价值是一种客观存在，通过在商品生产中的劳动投入来衡量，部分观点则认为价值等于稀缺性。吴汉东指出："以主体自身的人身利益为标的的权利，当为人身权；但不可断言，财产权一定就是以经济利益为内容的权利。"[4] 区块链原生数字资产的价值是由区块链系统赋予的，取决于参与者的社会契约，但其价值随着经济政治环境的变化而变化。在本质上，区块链技术保证了加密资产的稀缺性（Scarcity），避免了因信息的无限复制而使数字资产的持有和交易变得无意义。

综上，区块链数字资产符合财产的特征，本身具有非人格性，亦非违禁品，在法律上应有理由承认其为合法财产。

（二）区块链数字资产应纳入物权保护范围

在承认区块链数字资产作为合法财产的基础上，该类资产在《中华人民共和国民法典》财产权利体系中的具体位置尚无定论，主要存在物权客体说[5]、货币说（准货币说）[6]、数据说[7]等理论。笔者认为，在我国现行民事法律体系下，区块链数字资产作为一种合法财产，可以成为物权的客体，取得此类资产的人对其享有所有权，即占有、使用、收益和处分的权利。

根据通说，物权的本质是权利人对特定客体的支配权[8]。物权包括两个特征。其一是物权的客体特征。客体具有特定性，必须是独立的、确定的"物"，即"特定物"。其二是物权的内容特征。权利人对特定物享有支配权，此种支配具有排他性与对世性。区块链数字资产符合物权的这两个核心特征。

第一，区块链数字资产满足物权客体的特定性要求。一般而言，界定物权客体的特定性，应主要从支配客体的要求与物权目的实现的需求两个方面着眼，同时还要兼顾登记等公示的技术要求[9]。而且特定性并不一定拘泥于物理标准，因为不同类型的物权对其客体属性的要求不尽相同。就区块链数字资产而言，其表现为"数字通证"，由公钥和私钥这对数据参数表示，公钥（Public Key）即公共参数部分，对系统参与者公开，载明了该资产的相关编码信息，如权属、价值和交易历史等；私钥（Private Key）即私人参数部分，是区块链上的随机参数，由持有者个人掌握和控制，允许持有者针对该资产进行转让或其他交易行为，通过数字签名以加密安全的方式进行确认。数字资产的移转必须依赖两者的加密和解密操作，仅凭公钥或仅凭私钥均无法完成交易。因此，根据区块链系统的相关规则，通过某个加密资产的公共参数即可确定该资产，且任何访问该系统的人均可识别出该资产。这意味着每个加密资产都是特定的，以及可独立交易转移的，不存在无限复制的可能性，尤其是对于 NFT 类型的加密资产而言，每个 NFT 资产都是独一无二的，不可能被复制。总之，只要区块链数字资产能够具体化，客观上与其他物有清楚的区分，可以独立交易转移，就符合特定物的条件；通过区块链系统登记公示、交易转让的数字资产无疑符合这些条件，可以成为物权的客体。

第二，区块链数字资产具备可支配性，权利人可对其施加排他控制。区块链数字资产的可支配性表现为基于技术属性所产生的控制力。虽然这种控制并非对客体的物理控制，但物权并不只要求对物的物理控制，像地役权、空间利用权、权利质权等亦不具有对物的物理控制[10]。私钥持有人（Holder of Private Key）可以通过私钥对特定数字资产施加排他控制，且此种控制具有绝对性，无须他人介入，也不以他人的意志为转移。一方面，私钥是持有人对区块链数字资产施加排他控制力的关键。此种排他控制来源于区块链架构所采用的加密确认机制（Cryptographic Authentication Process），该机制只允许私钥的持有人行使（如交易）该加密资产，从而独占地控制该资产。另一方面，这种控制力是绝对的，能排除他人的使用。在区块链的语境下，区块链的去中心化意味着区块链数字资产的交易完全由私钥持有人自主决定，私钥持有人以外的任何人均无法针对该资产采取任何行动，这保证了私钥持有人对其加密资产的控制的绝对性和唯一性。

综上所述，区块链数字资产符合物权的两大核心特征，适合纳入物权范围进行保护。

三、区块链数字资产作为物权的障碍及突破

区块链数字资产作为一种新型的无形财产（Intangible Property），符合物权的客体特征和内容特征。但是，由于既有物权客体类型的限制和数字资产本身信息的阻碍，将之纳入物权保护范围还存在理论困境。对于这两大障碍的突破，是将区块链数字资产作为物权的难点所在，但同时也构成了对现代物权理论的重新解释与创新。

（一）物权法定带来的障碍及突破

区块链数字资产无法被物理、现实地占有，它显然不是有体物，无法被归类为不动产或者有体动产。此外，在将区块链数字资产归类为"无体物"时也存在一定困难。在我国现行的物权法体系中，按照动产物权的规则进行保护的"无体物"包括两类：一是光能、热能、电能等"法律上可得支配之自然力"[11]；二是某些形体固定、价值相对确定的财产权利，这需要有法律上的明确规定，如有价

证券、股权等物化的债权。这两类"无体物"作为"民法意义上的物仅指有体物"观念的有限例外，受到物权法的保护，笔者权且称其为"无体动产"。显然，区块链数字资产既非"法律上可得支配之自然力"，也非物化的权利，无法被归入这两类"无体动产"。

那么，这是否意味着区块链数字资产作为新出现的无形财产，无法成为物权的客体？笔者对此持否定立场。

一方面，物权必须以有体物为标的，而无形产权不需要以有体物为标的，故其不是物权——这是一项不合理的逻辑推理。梁慧星指出，物的概念已不限于有体、有形，凡具有法律上排他的支配可能性或管理可能性者，皆得为物。也有学者指出，物权法是由财产关系统摄的，应当根据无体物的学理定义扩大无体物的外延，用以容纳和反映现代社会货币价值形态的财产[12]。在数字化、智能化时代，抽象化、非物质化的无形财产不断涌现[13]，无形财产权的主体虽为知识产权[14]，但对于像区块链数字资产这样无法纳入知识产权保护体系的新型无形财产，如果继续囿于物权（所有权）仅限于有形财产的传统观点，则无法为这些新型无形财产提供充分的法律保护，从而阻碍新型无形财产市场的创新与发展。因此，区块链数字资产的无体性，并不成为其不被纳入物权客体范围的理由。

另一方面，传统物权体系不接纳无形财产，其中一个重要原因是无形财产存在公示难题。物权需要公示，动产的公示方法是占有，不动产的公示方法是登记；而游戏道具等传统虚拟财产的交易、权属通常缺乏有效的公示方法。区块链技术的应用带来了新的物权公示手段，解决了无形财产的公示难题，为物权范围的扩大提供了新的可能性。简而言之，使用具有不可篡改、可验证、去信任等特征的区块链系统是对数字资产及其相关交易进行公示的绝佳方式，每个区块链数字资产都独一无二地存在于特定区块链系统中，并向系统参与者或全社会公开，区块链系统也支持该资产的交易、转让等权利行使行为。

（二）区块链数字资产的信息属性带来的障碍及突破

将数字资产视为法律意义上的财产面临的另一个阻碍，是单纯的数字信息

（数据）本身（区别于信息的载体，可能被认定为财产）很难被认定为财产。因为单纯的数字信息不具有排他性，可以被轻易地复制，且复制件和原件不可区分，具有相同的商业价值。信息一旦传播出去，就可以被不同的人同时利用。而且不同于财产，信息不可转让（Transfer），只能传播，当信息传播出去后，双方都拥有了同样的信息。这些特征使得人们很难对信息施加实际的控制，或很难决定谁才是信息的所有权人。因此，有学者认为，信息没有特定性、独立性，亦不属于无形物，不能归入民事权利的客体，也不宜将其视为独立财产[15]。然而电子数据作为虚拟财产，天然具有可流通和可分享的特性，复制、删除、上传和发送为其固有功能，这直接与客体确定性的要求相违背[16]。

就这个问题而言，区块链数字资产虽然是由公开数据和私密数据代表的，但不应认为是这些数据组成了该加密资产，相反，数据应被认为是该资产的记录，以及交易该资产的凭证。因此，加密资产的商业价值不在于数据记录本身，而在于占有数据的人能够根据系统的规则，发起、确认交易并使之生效。换言之，数据本身并不重要，重要的是数据给数据占有人带来的能力。例如，某加密虚拟货币系统的私钥是 256 bit 的随机生成数，这一数据本身并无价值，关键在于这一数据和对应的加密虚拟货币公共地址的数学关系，可以允许来自该地址的交易被加密签署并确认。因此，加密资产不同于同为信息（智力成果）的知识产权，知识产权的价值在于信息本身，而加密资产并不传递、表达、传达任何东西，它只是一个在系统中使用的通证（Token）；当然，对于 NFT 类型的区块链数字资产，其上可能既存在知识产权，又存在 NFT 资产持有人的所有权，两者并不冲突。因为 NFT 一般标识了对特定元数据①的所有权权属，并不涉及元数据背后的知识产权的转让或许可。这意味着，NFT 的所有权与 NFT 所承载作品的著作权之间的关系，类似于物理世界中艺术作品原件的所有权与原件所承载艺术作品的著作权之间的关系，物权和知识产权可以并行不悖。

对信息主张其所有权面临诸多问题②，但这对于加密资产而言并不存在。虽

---

① 特定元数据即所有权所指向的特定数字文件，通常存储于链外的分布式文件系统 IPFS 网络以确保其永续性，可称为数字化原件。
② 构成独创性表达的信息可以成为知识产权的客体。

然加密资产的相关数据可以被复制，但交易账本和共识机制防止了私钥持有人的双重支出，并确保资产不会被多人同时控制。即使通过链外转让合同将私钥分享给其他人，多人控制的问题也只是暂时的，一旦资产在链上被转移，独占控制就实现了。因此可以说，加密资产作为公共数据、私钥和系统规则的集合体，符合物权客体的特征，其作为信息的本质属性并不妨碍其成为物权意义上的财产。

总而言之，物权客体从有形向无形的逐步扩张，是时代发展的必然。区块链数字资产的无形性，以及其本身的信息属性，不应该成为其进入物权体系的障碍。在信息互联网向价值互联网演进的趋势下，以区块链为基础的数字资产产权和交易体系是价值互联网的底层基础与框架。扩充物权客体的范围，将区块链数字资产作为物权客体，按照物权规则予以保护，让物权制度与时俱进，既具有现实必要性，也是面向未来的法律创新。

四、区块链数字资产法律保护的未来方向

（一）在立法和司法层面确立分类保护的基本思路

经过多年的学术界讨论和产业界纷争，为顺应数字时代的发展潮流和产权需求，于 2017 年 3 月通过的《中华人民共和国民法总则》（即《中华人民共和国民法典》总则编）在第 127 条做出了原则性规定："法律对数据、网络虚拟财产的保护有规定的，依照其规定。"从该条所处位置来看，《中华人民共和国民法典》已明确网络虚拟财产、数据可以成为民事权利的客体，尽管并未明确它们究竟是何种民事权利的客体。在此背景下，网络虚拟财产、数据的财产属性备受学术界和产业界关注。

笔者认为，要精准地建立区块链数字资产的保护规则，前提在于要厘清数据、网络虚拟财产、区块链数字资产这三个概念之间的关系。这三个概念的从属关系应为：数据＞网络虚拟财产＞区块链数字资产。数据作为一个最大的范畴，其上难以一刀切地设立类似物权的绝对性权利[17]。网络虚拟财产是需要用法律来保护的特定类型的数据，包含基于区块链技术的数据和非基于区块链技术的数据，网络虚拟财产和区块链数字资产是一般和特殊的关系，其不同属性和特征需

要采用不同的法律框架来予以保护。

未来立法应根据不同类型的网络虚拟财产的特征，采取分类保护的方式。初步思路是，对于区块链数字资产等具有排他支配可能性、符合物权特征的网络虚拟财产，应将其纳入物权的保护范围，并明确规定其物权保护规则；而对于不具有可支配性或具有较弱可支配性的其他网络虚拟财产，则基于其具体机制、模式和特征，予以合同债权、新型财产权益等形式的保护。

（二）区块链数字资产物权保护的内容与规则

区块链数字资产作为新型的物权客体，物权规则并非无差别地全部适用于区块链数字资产，而是需要根据技术条件等状况在个案中予以具体考量。此外，物权的排他效力、优先效力、追及效力、请求效力等自然也适用于区块链数字资产。

1.区块链数字资产的物权内容

一般而言，权利人对区块链数字资产的所有权，包括占有、使用、收益和处分的权利，像电能、光能等自然力及有价证券一样，可以比照动产的规定来保护。这意味着，人们可以像处理传统动产那样在区块链数字资产之上设立抵押、质权、留置权等担保物权。传统上，针对动产设立质权和留置权，需要转移对客体的物理占有，但区块链数字资产无法像有形物体一样被物理地占有，这是否就意味着无法针对区块链数字资产设立质权和留置权？笔者持否定态度。在实践层面，人们可以通过智能合约、DeFi（去中心化金融）等区块链技术的多元应用，把相关条件与行为编写进区块链数字资产，从而产生某些自动执行的行为，以满足担保物权的要求。这意味着在担保物权的实现上，作为技术规则的智能合约算法将扮演更为重要的角色。此外，物权的追及效力、善意取得规则等也适用于区块链数字资产，限于篇幅，这里不再展开。

2.区块链数字资产的所有权归属与转让规则

就所有权归属而言，一般来说，就像合法占有某个有形财产的人被推定为所有权人一样，以合法的方式知悉并掌握私钥的人通常应被认为是该加密资产的所有权人。当然，所有权归属也取决于具体的情形以及相关系统的规则。例如，代表他人（如雇主或客户）持有私钥，或者作为保管人或中介人持有私钥，在这些情形下，将通过代理规则或者信托规则来确定所有权。某个加密资产可能具有多个密钥，此时所有权将由多个持有人共同所有或按份所有。加密资产的初始创造或取得依赖于系统的规则。此外，在采取匿名交易的区块链系统中，因为交易是通过指向一个匿名的地址标识符做出的，所以在系统中识别出特定资产所有权人的真实身份可能是困难的，但这并不意味着该资产没有所有权人。

区块链数字资产的转让通常发生在链上。当进行交易时，转让人通常修改该资产的公共参数，或者生成新的参数，以便创造出对该转让（包括受让人的信息）的记录。然后转让人利用私钥以数字化的方式签署该转让记录，从而完成确认。之后该资产被关联到受让人的私钥，处于受让人的独占控制之中。那么，所有权何时转移呢？当转让人完成对交易的确认并将其广播到区块链上，并且广播到区块链上的交易被共识算法接受并记录在区块链账本上时，转让才算完成，意味着所有权完成转移。这意味着区块链数字资产的所有权转移类似于不动产登记，而非动产交付。在数字资产转让的情况下，转让人通常会生成一个新的加密资产——全新的或修改了的公共参数和私钥。代表"旧"加密资产的数据依然存在于区块链网络中，但不再具有任何价值或功能，因为该资产已被共识机制认为是花掉或者取消掉了。"新"加密资产由新的数据表示，并被新的秘钥控制。显然，这和中心化的不动产登记机构就所转让的不动产制作一份新的登记以确认新的所有权，在本质上是一样的。这意味着区块链数字资产作为新类型的物权客体，兼具动产与不动产的属性，私钥像手机等动产那样完全掌握在持有人手中，且私钥持有人被推定为权利人，持有人遗忘私钥就会使该资产在系统中被遗忘，成为不可用之物；而其权属公示与交易转让等则类似于不动产登记，需要记录在区块链系统中才会被认可。

而且一旦交易被记录在区块链账本上，转让人再次转让该资产的任何企图都不会被共识机制接受，从而避免了双重交易的发生。此外，区块链数字资产也可能出现类似于现实中的一物二卖现象，例如，在交易被记录在区块链账本上之前，存在转让人就该资产进行二次转让的风险，如果第二次转让先于第一次转让进入区块链账本，那么第一次交易的受让人的加密资产就不会被认为是有效转让，从而在实际上是无价值的；又如，转让人同时与两个受让人签订了链外转让合同，但第二受让人先于第一受让人完成了链上转移，在这种情况下，由于所有权转移以链上记录为时间节点，第二受让人取得所有权，转让人对第一受让人构成合同违约。此外，转让也可能发生在链外，如双方签订了合同来转让某个加密资产，但没有完成链上转让。虽然国内有些判例认定此类合同是无效的，但笔者认为拒绝承认、执行此类合同是缺乏理由的。然而，链外转让也会带来实际的困难，即在这种情况下，转让人依然掌握着密钥，有可能绕开链外合同而再次转让该加密资产，带来重复交易的问题。这些问题可以在既有的合同法等法律框架内予以妥善解决。当然，也需要法律对基于区块链的签名（谁做出的交易）、时间戳（交易发生的时间）、确认（谁确认的交易）以及"文件"（交易或合同相关的数据）的认可。

综上，虽然区块链数字资产及其转让，以及相关的智能合约所依赖的技术架构，给物权、合同等财产法律带来了新的复杂性和挑战，但这并不意味着法律无法有效应对并妥善处理其中的物权利益、合同利益等利益关系。因为在历史上，法律一直都在应对技术与现实的变化，并不断演进。换言之，法律与技术是一对相互建构的力量，彼此都在螺旋上升。

五、结论与展望

经过十多年的发展，区块链技术已被证明是数字资产创设、发行、登记、存储和交易的有效方案，支撑起蓬勃发展的数字资产市场。借助区块链和 NFT，信息互联网成为价值互联网，互联网时代的数据可以变成可确权、可支配、可流通的财产，并最终形成基于线上原生数据和内容的经济系统。正因如此，各国已将区块链和分布式账本技术视为未来几十年的突破性技术，纷纷将区块链上升为国家战略[18]。区块链数字资产随着 NFT 的火爆开始出圈，虽然目前有炒作成分，但它的底层逻辑对于推动未来虚实结合下的全面数字化社会发展是值得肯定和思考的。无论是在经济领域还是在法律领域，区块链数字资产和智能合约的蓬勃发展，都进一步丰富、拓展了 1999 年劳伦斯·莱斯格提出的"代码即法律"的理念，并让"法律即代码"这一新的理念逐渐变成现实。

可以想象的是，未来数字资产和智能合约应用场景将会进一步丰富和繁荣，而包括同质化通证、NFT、智能合约等在内的区块链系统与人工智能、虚拟现实（VR）、物联网（IoT）、游戏等事物的结合，将创造更多可能性。一个正在实现的可能性是最近火爆的元宇宙（Metaverse）概念，这是一个虚实集成，能够无限扩展、延伸的开放性的未来世界。虽然关于元宇宙的具体定义尚无定论，但统一的数字身份和有效的财产、经济系统，应是其必须具备的底层架构。基于区块链和智能合约等技术的发展来构建与之相适应的监管框架就显得特别重要。惟其如此，才能确保区块链数字资产和智能合约等技术与应用的持续创新，从而在制度层面满足未来数字经济的发展需求，迎接全面到来的数字社会。

参 考 文 献

[1] Melanie Swan, Blockchain: Blueprint for a New Economy[M]. O'Reilly Media, 2015.

[2] 孙宪忠. 中国物权法总论[M]. 北京：法律出版社. 2018：74.

[3] 张明楷. 非法获取虚拟财产的行为性质[J]. 中国检察官，2015(11)：78

[4] 吴汉东. 论财产权体系——兼论民法典中的"财产权总则"[J]. 中国法学，2005(2)：73-83.

[5] 赵磊. 论比特币的法律属性——从 HashFast 管理人诉 Marc Lowe 案谈起[J]. 法学，2018(4)：150-161.

[6] 杨延超. 论数字货币的法律属性[J]. 中国社会科学，2020(1)：84-106.

[7] 陈兵. 网络虚拟财产的法律属性及保护进路[J]. 人民论坛，2020(27)：4.

[8] 孙宪忠. 中国物权法总论[M]. 北京：法律出版社. 2018：40-41.

[9] 崔建远. 准物权研究[M]. 北京：法律出版社. 2003：260.

[10] 尹田. 物权法理论评析与思考[M]. 北京：中国人民大学出版社. 2008：19-21.

[11] 刘家安. 物权法论[M]. 北京：中国政法大学出版社. 2015：12.

[12] 孟勤国. 物的定义与《物权编》[J]. 法学评论，2019年，37(3)：9.

[13] 吴汉东. 无形财产权的若干理论问题[J]. 法学研究，1997(4)：79-85.

[14] 吴汉东. 无形财产权基本问题研究[M]. 北京：中国人民大学出版社. 2013：18-20.

[15] 梅夏英. 数据的法律属性及其民法定位[J]. 中国社会科学，2016(42)：9.

[16] 梅夏英. 虚拟财产的范畴界定和民法保护模式[J]. 华东政法大学学报，2017, 20(5)：42-50.

[17] 司晓. 数据要素市场呼唤数据治理新规则[J]. 图书与情报，2020(3)：7-8.

[18] 汤道生，徐思彦，孟岩，等. 产业区块链[M]. 北京：中信出版社. 2020：51.

刘德良
大数据时代的个人信息立法

> 刘德良，亚太网络法律研究中心创始人、主任；亚太人工智能法律研究院院长；北京师范大学法学院教授、博士生导师；英国牛津大学客座教授；中美网络安全对话机制中方首席法律专家；在《法学研究》等杂志社发表学术论文90余篇。

从经济形态上讲，大数据时代就是以数据为核心生产要素的时代。数据作为生产要素的前提就是数据能够自由流动、高效利用，即数据权属清晰。我们有必要构建一种既能够确保个人利益，又能够确保数据权属清晰，促进数据高效利用的理论和立法。

一、大数据时代的基本认知

人类社会已经进入大数据时代。大数据技术和产业是以归纳思维作为其技术思想和原理的；它通过人工智能技术高效快速地采集种类无限丰富、来源渠道多元化的海量数据样本，并对这些海量的数据样本进行高效快速地处理，剔除数据的个性化特征，归纳出一般性、规律性的信息，从而为人们的决策提供指导依据。在大数据时代，数据就像石油、煤矿等原材料一样，其后续的用途广泛而不确定，用途越广泛，数据的价值就越能得到充分发挥。由此可见，大数据技术和产业注重数据的种类多样性，应尽可能采集种类和来源渠道无限丰富的数据资源；它忽略数据的个性化特征，需要对数据进行清理，以剔除其个性化特征，从而归纳出数据的一般性规律；对数据的采集、处理、分析和利用等过程都不需要人的直接参与，而是通过人工智能技术高效自动化实现的。

在大数据时代，大数据产业发展需要具备三个条件。一是要有种类和来源渠道尽可能丰富的海量数据，这是大数据时代的"石油资源"。因此，如何确保尽可能多地采集来源和种类丰富多样的海量数据资源，从而为大数据、人工智能技术和产业发展提供丰富可用的物质基础是我们这个时代法律的重要使命。二是数据权属清晰，以便能够被快速流转和高效利用。数据快速流转和高效利用的法律前提就是数据的权属清晰，只有在法律上为大数据提供清晰的权属关系，才能为大数据的收集、存储、加工、处理、流动、利用提供清晰的行为规范，从而为大数据的高效利用奠定坚实的法律基础。三是防治信息和数据被滥用，以增强民众对大数据、人工智能技术和产业发展的信心。数据作为一种资源，如何确保它以合乎理性的方式被利用，最大限度地增进社会福祉，尽可能减少对有关主体的危害和消极影响，是大数据和人工智能产业健康发展的社会要求。

大数据按照其与人的关系来划分，基本上可以分为两类：一类是与个人有关联的数据；另一类是与个人没有关联的数据。其中，与个人有关联的（大）数据的采集、存储、加工、分析、利用等行为与现行的个人信息（数据）保护与利用法律制度密切相关，尤其是在个人信息（数据）保护法中对个人信息（数据）的范围界定直接关系到数据的权属关系是否清晰；立法对于个人信息（数据）的态度是重在所谓的"个人控制"，还是注重企业的合理利用，都直接关系到大数据技术与产业发展。因此，从立法上正确地认识个人信息，科学界定其范围，厘清与个人信息（数据）有关的数据权属关系，降低企业数据处理成本，既促进对数据的高效利用，又减少其负外部性问题，从而为大数据和人工智能战略目标的实现奠定切实可行的法律制度。

二、现行个人信息立法

我国学者自 2005 年前后开始大量引进欧盟的《数据保护指令》（Data Protection Directive，DPD）[①]；之后，主流学界以欧盟立法及其理论为范式，积

[①] 分别参见周汉华所著的《中华人民共和国个人信息保护法及立法研究报告（个人信息保护研究丛书之三）》；齐爱民主编的《个人资料保护法原理及其跨国流通法律问题研究》。在此基础上，王利明教授等一些民法学者开始把欧盟立法上的个人信息权直接移植到民法典中，参见王利明在光明网上发表的文章《民法典人格权编草案应明确规定个人信息权》。

极跟进欧盟立法的变革，鼓励对个人信息进行严格保护。中国的个人信息保护法的立法征程就是在这样的背景下展开的。据不完全统计，到目前为止，我国有关个人信息保护的法律、法规、部门规章、司法解释、标准、规范或指南超过 300 部，主要包括《中华人民共和国个人信息保护法》（以下简称《个人信息保护法》）、《中华人民共和国民法典》、《中华人民共和国网络安全法》（以下简称《网络安全法》）的有关内容。

纵观我国既有的立法，法律上的个人信息是指以电子或者其他方式记录的能够单独或者与其他信息结合识别特定自然人的各种信息，不包括匿名化处理后的信息。个人享有知情同意权、访问权、查询权、更正权、复制权、自动化决策反对权、同意撤回权、携带权、删除权等控制权。企业在处理个人信息时应当遵循合法、正当、必要且最少、诚实信用、目的特定、安全等原则；应当承担一系列义务；应当遵循诸如"取得同意""公开透明""安全保密""风险告知"等一系列规则；应当确保个人信息的准确、安全，不得泄露、篡改其收集、存储的个人信息；未经个人同意，不得向他人非法提供其个人信息。违反规定者应承担相应的民事责任、行政责任乃至刑事责任。

我国目前的个人信息立法基本上参照欧盟 2016 年的《通用数据保护条例》（GDPR）。这种立法把"与个人有关的信息"视为"个人的"，把主体对与其有关的信息的控制视为个人的基本权利和自由；立法采取全面预防（风险）、默认禁止（处理）的规则体系，认为保障个人信息的安全可控是保障主体个人信息控制权和自由的必要条件；在此基础上，只有在主体同意或在法律上有特别授权的情况下，与个人有关的信息才可以被处理。因此，在开始处理与个人有关的信息之前，必须寻找法律依据或获得主体的授权和同意，以证明处理活动是合法、正当的。在保护模式上采取隐私权的保护方式，强调个人信息的安全、保密，防止信息被未经授权地公开或泄露；个人对与其有关的个人信息享有知情同意权、访问权、复制权、修改权、删除权、限制加工权、携带权、反对权、同意撤回权、不受自动化决策权等一系列个人信息控制权；要求信息处理者遵循合法、公平、透明、目的明确且特定、必要且最少、存储限制、数据安全等原则，并在收集、存储、传输、加工、分析、共享、利用等各个环节承担相应的义务，从而保护主体免于被歧视、欺诈和盗窃、财产损失、名誉损害、信息遗失或更改、未经同意披露等可能的损害和风险。

三、未来的个人信息立法构思

（一）重新界定个人信息

笔者认为，目前，我们对个人信息的认识还存在两个问题。一是关于个人信息概念的界定只是从外观上进行描述，外延不确定。二是主流观点对个人信息的理解和认识存在一些矛盾：一方面，我们把个人信息视为"人格要素"；另一方面，我们把很多与"人格"没有任何联系的信息归入其中，从而在逻辑上存在一定矛盾。比如，像家庭地址、工作单位、通信号码等是用我们参与社会交往需要而产生的，虽然与我们有关，但不是我们个人所特有、独有的，而且还会涉及电信运营商等第三方主体，我们也会根据实际不断变化这些信息。如果按照我们对"人格"和"人格要素"的一般理解，那么这些信息与人格或人格要素根本没有什么关系。

实际上，如果我们真的要把个人信息理解为人格要素，那么就要抓住其人格要素的本质属性。一是特定个人独有、特有的；如果不是特定个人独有、特有的，或者是外界给予的，那就不能算是个人信息。二是能够维护我们做人的尊严、名誉或自我表征；否则，我们就不是真正法律意义上的人。作为法律意义上的人，我们首先要保有尊严，如果没有尊严，声誉肆意被诋毁，那么我们就不是法律意义上的人。作为法律意义上的人，我们独立的人格在对外活动时如果需要彰显和表征出来，就必须要通过肖像（面部特征信息）、声音（纹）、指纹、眼虹膜等我们自己特有、独有的符号形式展示出来。

基于上述分析，法律意义上的个人信息，应该是指主体特（独）有的、能够维护主体名誉、捍卫其尊严或在社会关系中具有自我表征功能（价值）的各种符号形式。首先，个人信息应该是人之所以成为人应该具（保）有的基本信息；其次，个人信息必须为主体所特有、独有，不是主体所特有、独有的，都不能归入个人信息的范畴；这里的"为主体所特有、独有"是指每个人之所成为某一个特定的人而不是其他人，所应该具有的独特的、能够与他人区别开来的特殊性。简而言之，真正意义上的个人信息，其本质属性在于为个人所特有的、用以彰显其人格或维护其尊严、名誉的各种符号形式。

（二）区分个人信息和与个人有关的信息

未来立法应该区分个人信息和与个人有关的信息：前者是指特定个人所独有的具有维护其尊严、名誉或自我表征利益的信息；后者是指在社会关系中产生的、用以维系正常社会交往需要的、与特定个人有关联的信息。

这种区分的法律意义在于以下三点。一是明晰产权归属。个人信息之上的利益归个人所有，而与个人有关的信息或数据，其商业价值归属于其合法持有者。任何基于商业目的、未经授权而处理个人信息的行为，都应该被视为侵权行为，未来在立法上可以追究侵权人高额惩罚性赔偿责任。对于与个人有关的信息或数据，其商业价值由合法持有者享有；任何基于商业目的的数据处理行为都不需要获得授权或许可，商家可以自由处理和交易、利用，但是，不能以违背该类信息或数据的正常社会功能的方式进行使用，即不得滥用；否则，将受到"个人信息（数据）滥用防治法"的追究。二是降低企业成本。企业在处理与个人有关的数据时，不需要获得授权，也不需要遵循现行的"目的特定""必要且最少"等诸多原则的限制，其隐私政策的制定也可以大大简化。三是减少公众对所谓的"隐私泄露"不必要的担忧。在这种机制下，任何一个理性的商家，基于趋利避害的考虑，都会积极采取各种匿名化、去标识化措施，这样既可以获得数据产权，又可以避免承担不必要的高额侵权责任风险。由此，个人所担心的"隐私泄露"问题也可以得到有效解决。

（三）信息滥用行为的治理

所谓信息滥用，是指以违背某类信息正常社会功能的方式使用信息的行为。按照目前主流观点，所谓的信息滥用行为是指没有取得个人授权或者超出授权范围对信息进行利用的行为。这种观点对个人信息的认识存在严重缺陷，将与个人有关的信息视为个人信息，从而导致个人信息的外延不确定；即使从"是否取得个人授权"的角度来看，也会使得所谓的信息滥用行为成为极端主观性的行为，从而不利于立法规制。因此，对于信息滥用行为的认定，应该采取客观标准，即以按照一般社会标准对某类信息的正常功能的认识为依据。

值得注意的是，虽然任何一种信息滥用行为在实际中都会侵害到某个特定人的合法权益，但是，实际上信息滥用者在主观上并非要针对某个特定人的利益，而是针对具有某种共同特征的某一群体的利益，信息滥用者在滥用信息时不需要实际知道某个特定人究竟是谁。因此，信息滥用防治法的宗旨不是保护某个特定人的利益，而是保护不特定的某个群体的利益，这不是民法或侵权法的范畴，而是社会法的范畴。目前，所谓的"自动化决策权""算法歧视""价格歧视"等其实都是信息滥用防治法上的问题，而不应该被视为个人信息保护法的范畴。因此，哪些行为属于信息滥用行为、信息滥用行为侵害的是何种法益等问题都需要被研究，从而为信息滥用防治法的制定奠定理论基础。

四、结束语

在以数据为核心生产要素的大数据时代里，以最小的成本，收集尽可能丰富的数据资源，且能够高效利用这些数据资源是大数据产业的关键、核心所在。笔者认为，未来立法可科学界定个人信息，将个人信息限定为"个人特有、独有，直接承载其人格利益的各种符号形式"；个人信息保护法保护的是在个人信息上直接承载的人格利益和商业价值；而个人信息之外的信息收集、加工、处理、交易、共享、利用等行为都不需要取得个人授权，其产权归合法持有者所有；合法持有者对其持有的信息或数据可以自由分享、交易、利用，但应该遵守信息滥用防治法，不得违反信息的正常社会功能、对信息进行滥用。如此，数据权属关系清晰明了，个人利益、产业利益都能够得到合理关照；信息滥用行为也可以通过信息滥用防治法得到有效治理。

刘九如
关于新型智慧城市规范制定的相关建议

刘九如，信息社会 50 人论坛成员，电子工业出版社总编辑兼华信研究院院长；国家智能制造专家委委员，工业和信息化部电子科技委产业政策组副组长，享受国务院政府特殊津贴专家。长期专注于信息产业与信息化研究，曾主持《工业企业"信息化与工业化融合"评估规范》国家标准的研究制定及 60 多项战略软课题研究。

国家发展改革委印发的《"十四五"新型城镇化实施方案》，就推进新型城市建设做出专门部署，要求因地制宜部署建设"城市数据大脑"，探索构建"数字孪生城市"，由此，推动智慧城市建设成为内涵型城市化发展的必由之路。经过深入研究，我们可以发现，在 5G、大数据、人工智能等新一代信息技术的支撑下，智慧城市的发展理念、建设思路、实施路径、运行模式、技术手段等实现全方位迭代升级，进入统筹集约、协同创新的新型智慧城市发展阶段。

一、我国智慧城市发展历程

"智慧城市"的概念最早由美国 IBM 公司提出，2008 年 11 月 6 日，IBM 总裁兼 CEO 彭明盛（Sam Palmisano）在美国外交关系委员会发表题为"智慧的地球：下一代领导人议程"的演讲，首次提出"智慧地球"的概念。2010 年世博会期间，笔者曾与来上海参加全球智慧城市峰会的彭明盛总裁见面交流，并推动当时的《计算机世界》周报以专题报道的形式多次深入讨论和交流智慧城市建设的理念和方案，引起广泛关注。

中国社会各界较早地认识到了智慧城市建设的意义，2010年11月2日，科学技术部等单位举办"2010中国智慧城市论坛"，就建设智慧城市达成众多共识。随后，住房和城乡建设部开始启动智慧城市试点项目，截至目前，全国已有290多个城市正式列入住房和城乡建设部的智慧城市建设试点名单。如果再加上科学技术部、工业和信息化部、国家发展和改革委员会等确定的智慧城市项目试点，国内90%以上的地级市都已经走在城市智慧化建设的道路上。综合而言，我国智慧城市建设可大致分为3个阶段。

（一）第一阶段（2010—2015年）：技术驱动，侧重电子政务

这一阶段主要是推动信息技术广泛应用，连通相关信息，挖掘数据的价值，可以说是智慧城市的基础设施建设与应用的探索期。典型的案例就是政务信息化，当时众多城市不同部门间的数据无法连通，人民群众到政府机构办事时需要在不同的窗口来回跑，消除数据烟囱、数据孤岛，实现政务数据共享是这个阶段的重点任务。

（二）第二阶段（2015—2018年）：科技融合，侧重城市治理

这一阶段主要是推动相关技术系统集成综合应用，推动城市治理迈向数据模拟决策时代，数字孪生城市的概念开始出现，各城市纷纷建设以云计算、大数据、人工智能为核心的城市底座，衍生出智慧交通、智慧工厂、智慧教育、智慧医疗等各类应用。

（三）第三阶段（2018年至今）：数字重构，营造智慧场景

这一阶段主要是通过数字技术的融合创新，推动城市从信息化、数字化向智能化转型，促进城市进化为多个智慧场景叠加起来的有机体，期望城市像人体一样，拥有大脑、四肢和各种"生理系统"，能够高效、智慧、密切协作。

由于不同城市的底蕴不同、禀赋各异，建设智慧城市的做法也各有侧重，因而不同城市也处在不同进程。经过10多年的发展，一些城市还停留在第一阶段，也有一些城市已经开始了第三阶段的探索。比如上海没有刻意抢占科技风口，而是围绕城市的数据资源下功夫，然后以众创模式将数据资源打造为智慧城

市的"供血系统";深圳则采取"政府搭台、企业唱戏"的形式,以数据资源共建、共享、共用为突破口,抢抓 5G、人工智能、区块链等"新基建",初步建成"一图全面感知、一键可知全局、一体运行联动"的智慧化管理服务能力;杭州则立足市民服务,为城市生活打造新鲜的数字化界面,建成城市大脑,市民可凭借它触摸城市脉搏、感受城市温度、享受城市服务。

二、制定新型智慧城市建设规范的建议

我们在讨论和研究新型智慧城市建设规范时,首先要搞清楚什么是新型智慧城市,新型智慧城市有哪些新的发展要求。2015 年前后,相关各方对新型智慧城市有过明确定义,即新型智慧城市是以为民服务全程全时、城市治理高效有序、数据开放共融共享、经济发展绿色开源、网络空间安全清朗为主要目标,通过体系规划、信息主导、改革创新,推进新一代信息技术与城市现代化深度融合、迭代演进,实现城市与民生协调发展的新生态。这就需要智慧城市的运营商,要做好城市资源赋智整合者、运营服务生态建立者和市场化运营主导者,这三者是智慧城市可持续发展的基础、保障和核心。

随着大数据、云计算、人工智能、区块链、天地一体信息系统、5G、元宇宙等新一代信息技术的快速迭代和广泛应用,智慧城市不仅是简单的数字城市与物联网结合产物,更是运用现代信息技术实现的线上线下人与物、文化与知识的连接。由此,笔者认为,未来新型智慧城市建设应从 3 个方面循序渐进。

一是万物互联。在现有基础上,通过虚拟城市全网络将数字化城市中的万物连接起来,让我们生活的世界全面数字化表述,实现城市中每个细节的数据交互,实现物与物、人与物的基本认知和对话。

二是数据汇聚。万物互联之后,人们便可展开更加智能便捷的服务,各类信息和数据随时随地汇聚、共享和处理,实现智能分析与调控,通过智能政务、智能交通、智能起居、智能设备、智能工厂等,实现城市数字化转型。

三是智能便捷。在更多城市数据能够方便地汇聚和处理之后,通过大数据智慧优先、AI 智慧深度学习等便可使城市各功能的实现更加智能便捷,在人类智

慧的驱动下优化运行，最大限度地以最佳范式服务市民生活。

针对以上 3 个方面，笔者认为当前新型智慧城市建设，要重点把握好以下 6 项重点工作。

（1）大力发展"新基建"。"新基建"即数字信息基础设施，是新型智慧城市建设的基石。当前，我国以 5G、光纤宽带、数据中心等为代表的数字信息基础设施正在加速建设；其中，5G 凭借其高可靠、低时延、大带宽的特性为远程医疗、线上教育、高清直播等发展注入强大动力，还能有效打通各项城市服务，整合并提升资源运用效率，驱动城市治理逐步迈向智慧化，加强 5G 网络应用是智慧城市建设的关键。

（2）构建智能化城市大脑。城市大脑是新型智慧城市统筹协调的智能中枢，运用大数据、云计算、区块链、人工智能等前沿技术推动城市管理手段、管理模式、管理理念的创新，从数字化到智能化再到智慧化，让城市更聪明一些、更智慧一些，是推动城市治理体系和治理能力现代化的必由之路，且前景广阔。另外，对于新型智慧城市建设，数据依然是关键。要充分利用大数据、人工智能、区块链等技术，对城市运转过程中产生或获得的海量数据资源进行快速收集、整合、存储与分析，统一标准，精准分析，并使用智能感知、分布式存储、数据挖掘、实时动态可视化等技术实现资源的合理配置，实现"城市数据+大数据技术+城市职能"的城市大数据平台功能。

（3）营造更多实际应用场景。应用场景是新型智慧城市释放潜能的重要途径。进入"十四五"时期后，城市发展更加关注居民生活出行、教育医疗、公共安全等民生需求及企业提质增效、转型升级等产业需求，新型智慧城市的应用场景不断丰富，城市治理更加精细化。例如，随着疫情防控常态化，公众出行增多，但是在地铁、机场、汽车站等地都需要人们摘下口罩进行人脸识别，增加了交叉感染风险，因此戴口罩进行人脸识别逐渐成为现实需求。与此相应，现阶段已有一些地铁站、医院、社区支持戴口罩进行人脸识别，减少了感染风险，缩短了通行时间。

（4）强化智慧城市信息安全管理体系建设。城市大数据包含大量政务数据、产业数据及众多个人数据，涉及国家利益、公共安全、商业秘密、个人隐私，具有高度敏感性，要通过落实等级保护、安全测评、电子认证、应急管理等基础制度，建立数据采集、传输、存储、使用、开放等各环节的安全评估机制，明确数据安全的保护范围、主体、责任和措施；并通过第三方专业机构开展数据应用合规性的监督和审计，加强流通环节的风险评估，加大对数据滥用、侵犯个人隐私等行为的管理和惩戒力度，建立健全信息披露制度。

（5）以人为中心，满足人民美好生活需要。新型智慧城市建设必须基于创新发展理念、构建新发展格局，贯穿一切以人为中心的理念，有关标准规范的制定，要充分考虑将新技术的应用、城市转型的需求与人民群众美好生活需求结合起来，包括推动城市更新，不仅要有"拆建修补"的物质变化，还要有"以美育人"的精神追求，让文化进入城市，让艺术点亮生活，真正通过"微笑指数"赢得城市发展各方面的美好"微笑"。

（6）优化运作机制，建立合作生态。良好的运作机制是智慧城市长效运营的重要因素，也是当前和未来一段时间内智慧城市可持续发展的着力点。智慧城市涵盖城市运转、产业发展、社会民生等诸多领域，每个领域都是一项庞大复杂的系统工程。可通过创新共建共享共治模式，明确各投资主体的职责和收益，调动政府、大中小企业、科研院所和非营利机构等参与建设，探索多元投资模式，建立价值合作生态。

此外，基于在"十四五"经济发展时期走低碳绿色发展道路的相关规划，我们在制定新型智慧城市规范时，不仅要考虑基础设施布局的均衡性，推动城市与农村、中西部与东部地区间，新兴行业与传统制造业、资源性行业间的数字信息基础设施的科学合理配置，支撑更多地区的数字经济发展和更多行业的提质增效；还要注重与新型城镇化建设联动。相关数据显示，2023 年我国智慧社区市场整体规模将达到 6433 亿元，智慧社区成为新型智慧城市的重要组成部分。我们要通过新技术赋能市政公用设施智慧化改造，以"适老"及"宜居"为出发点，推进智慧社区建设，适应数字经济发展需求，践行绿色低碳发展战略。

当前，新冠肺炎疫情防控和城市现代化治理，促使新型智慧城市建设进入创新发展阶段。近 3 年来，各地城市网格化管理构建了基层防控的"天罗地网"，提高了人员管控的精准性；大数据分析构建了疫情"信息参谋部"，提高了疫情研判的精准性；移动终端构建了城市"网上连心桥"，增强了政民互动的敏捷度；城市大脑构建了城市"领导驾驶舱"，增强了防控指挥的敏捷度。这些创新经验值得我们深入总结、形成规范。

邱泽奇等
数字化转型中的国家治理变化

邱泽奇，信息社会 50 人论坛成员，法学博士，长江学者特聘教授，北京大学博雅特聘教授，北京大学中国社会与发展研究中心主任，北京大学数字治理研究中心主任；北京大学教学成就奖获得者，高等学校科学研究优秀成果奖获得者，国家图书奖提名奖获得者，中国出版政府奖图书奖提名奖获得者，享受国务院政府特殊津贴专家。

数字化转型（Digital Transformation）是当下个体、组织乃至国家共同面对的最宏观的时代变迁。这场由数字技术广泛传播与应用引发并塑造的变迁[1]，深刻影响着国家治理。

既有国家治理研究从国家治理的权力配置形态、国家治理内容、国家治理体系结构特征等方面提供了理论知识与实证研究成果，但是缺乏对国家治理宏观意涵与整体样貌的把握。国家治理不仅涉及政府治理和社会治理中的具体活动，还包括超越具体治理活动、兼顾各行各业发展的国家整体方略、法律法规，以及处理其他国家与国际组织关系等国际事务的国家对外战略、策略。党的十八届三中全会通过的《中共中央关于全面深化改革若干重大问题的决定》，同样强调了国家治理内涵的丰富性与全局性。

在国家治理研究中，数字化转型也是普遍缺失的分析背景。数字化转型对治理活动的影响多数集中在数字政府、智慧社区等具体领域，忽略了数字技术带来的社会系统化、整体化变迁[2]，以及由之而来的国家治理过程、治理效果变化。

本文的目的在于分析数字化转型对宏观层面国家治理产生的影响，尤其关注其中的治理效果及治理整体样貌变化。由于国家治理概念涵盖范围极其广泛，所以我们有必要对其进行界定。本文所讨论的国家治理，一是与具体的治理过程相区别，并不涉及治理中形成的主体网络、互动关系、制度规则等内容；二是以国家为基本分析单位，分别讨论一国之内的治理效果呈现、国家与国家的治理比较、多国联动中的治理诉求，试图在突出国家治理丰富性与整体性的同时，展现国家治理新趋势，拓展现有国家治理研究的视域。

一、治理变迁与数字技术影响

治理指向秩序的形成与维持，但在该过程中，由于治理对象——治理范围中的社会要素、社会关系处于动态发展变化过程中，因此会逐渐积累结构性失衡与偏差，进而形成社会矛盾。若这些社会矛盾无法在原有的治理方式中消化、解决，甚至造成严重后果，治理变迁则成为必然。治理变迁是国家治理研究的重要内容，也是对治理问题的动态、整体层面的把握。

制度主义和社会转型理论是治理研究中的两条重要脉络。制度主义包括的理论派别颇为庞杂，但无论是早期的制度主义还是新制度主义都倾向于认为制度是影响人们观念与行为的重要因素，差别在于新制度主义更强调制度的内生性本质，制度的形式与功能依赖它产生和维持的各种条件[3]。在讨论治理问题时，制度主义将制度视为解释治理机制、治理模式与治理效果的关键，而制度是什么，则依照讨论情境有着差异化的界定。

历史制度主义者在研究国家治理时，将制度界定为"嵌入政体或政治经济组织结构中的正式或非正式的程序、规则、规范和惯例"，认为制度推动国家历史沿着某一路径发展，使治理过程、治理效果呈现出路径依赖[4]。虽然鲜有历史制度主义者认为制度是产生历史效果的唯一因素，但技术要素显然很少被纳入其分析框架。在进行国家比较时，相关分析倾向于将国家治理方式"类型化"，常常忽略了不同制度环境中国家在面对相似问题时可能出现的治理共性，也在面对国家通过改革实现环境适应、主动进行治理方式调整等动态事实时失去了解释力[5]。同时，在制度主义的研究范式下，究竟是什么导致了重要节点的突然出现？治理变迁如何发生？这些问题并没有得到很好的回答。

相较于历史制度主义适宜用来解释治理中的"不变",社会转型理论更适宜用来解释治理中的"变化"。波兰尼立足宏观时代背景,探究工业社会的市场经济与自由资本高度发展如何带来经济要素与社会原有结构的不适配,进而引发治理问题。这一思路也将技术等要素纳入分析框架,后工业社会、网络社会的治理危机等相关论述均可看作技术变革,以及社会转型理论的继续发展。进入数字时代后,数字技术的发展以及随之而来的社会系统性变化,改变了原有社会的平衡状态。数字技术已然是影响国家治理的关键,也是时下发展社会转型理论,进一步讨论治理变迁不得不考虑的要素。

技术进步一向被认为是社会变迁的重要动力,甚至被部分理论视作社会变迁的决定因素。数字技术具有不同于农业技术、工业技术的全新特征,在产生影响时呈现出独特的逻辑机制。一方面,数字技术具有灵活性和可伸缩性,即数字技术的编码、组件、模块可以相对轻松和低成本地更换与升级,便于其迅速地覆盖更广泛的物理空间[6,7],这可称为数字技术的"泛扩散"属性;另一方面,数字技术具有生成性和创新性,即可以通过自我复制和多次迭代实现性能飞升与功能跨越,更容易适应复杂环境变化,进而实现数字技术从一个应用场景向另一个应用场景的迁移[8],这可称为数字技术的"强适应"属性。

数字技术的上述属性特征使得建立在数字技术基础上的数字化转型在短短几十年间渗透到了社会生活的各个领域。数字化转型带来的不仅有个体对自我、对社会感知的变化,个体与社会连接状态的变化,还有组织内部结构设计、管理方式的变化,组织间关系状态、合作网络的变化等。这些变化直接牵涉不同层次的治理问题,而且,全局性的数字化转型、广域的数字环境最终需要由具有整体意涵、协调各个领域与多样诉求的国家治理予以回应,我们仍需要对数字化转型如何作用于国家治理进行充分与系统的讨论。

我们主要有两种视角来理解数字化转型对国家治理的作用,即治理过程视角和治理效果视角。在治理过程视角下,我们探究在治理中形成的行动主体网络关系,以及制度、技术等要素的相互作用及规范;在治理效果视角下,我们则关心国家治理呈现出的宏观层面总体样貌、突出趋势,这并不涉及具体场景下的过程，虽然失之细节，却能在直观上展现数字化转型的普遍影响及其逻辑机制，这也是本文选择的视角。同时，本文将研究设定在国家事务领域，一是国家事务领域的国家治理可以更好地展现国家治理的整体性，便于我们系统性、全局性地分析数字化转型的影响；二是国家事务领域的国家治理直接涉及国内关系与国际关系，有助于我们从数字时代全球治理的必要性入手补充国家治理研究的相关空白。

文章第二部分到第四部分将从三个维度来讨论数字化转型带来的国家治理变化。第二部分聚焦国家内部事务，以经济社会中部分领域突破了国家原有治理模式、在国家治理的薄弱环节逆势而上、形成了改变国家发展状态的"新轴"为例，论证数字化转型带来的国家治理效果路径创新；第三部分通过国家联动进行治理比较，国家间内生的制度文化不再是运用新治理方式的阻碍，为回应数字时代新问题，不同国家出现采用相似治理方式的现象；第四部分着眼于多国联动的数字关系及由此形成的治理需求，在主权国家框架下制定的治理规则或将逐渐面临失效，全球数字治理亟待发展。

二、国家内部：突破原有模式的路径创新

制度主义在对治理效果做出解释时，时常以组织或国家的制度类型、治理模式为切入点[9,10]。在进入数字时代后，也有研究尝试从制度、法律等营商环境角度出发解释各国数字经济发展的差异，中国数字经济的飞速发展常被认为是政府支持和制度环境推动的结果。

虽然政府支持具有重要意义，但我们经过细致的考察发现，政府作用的发挥更多集中在数字经济发展的中期阶段而非早期阶段。首先，在21世纪初，中国在互联网基础设施投入和覆盖范围方面没有格外突出；其次，当下的互联网巨头，最初发展的投资者多为外国资本[11]，那时政府的重点扶持对象是电信等国有企业；最后，准入限制和保护主义等政府相关政策支持真正发挥效果是在"BAT"（百度、阿里巴巴、腾讯）等数字企业成型、壮大之后，并于2010年左右开始得到明显加强[12]。

由此看来，中国数字经济发展早期的综合条件处于相对弱势。比较而言，美国则凭借长期的制度和技术环境培育，造就了有利于数字企业发展的良好条件。许多美国的数字企业最早以数字化模式运营已相对成熟的传统服务。例如，电子商务与美国市场早已存在的交易目录（Trade Catalogs）存在渊源关系；数字时代的"共享"模式直接"继承"了美国汽车、房屋等行业完备的短期租赁体系；网络搜索、数字金融、云服务等数字产业也是数字化进程加速演进之前，在美国企业中已经发展出的需求[13]。这些相关数字产业是在对明确需求的有效满足之下，伴随着技术赋能而迅速崛起的。

若继续沿着制度主义的思路对国家数字经济领域的治理效果进行判断，则对中美两国而言，中国数字企业可谓是"先天不足"，很难拥有超越国家整体市场发展阶段的综合实力，更难与"大企业、小政府"治理模式下有先发优势的美国企业相抗衡，中国数字经济应表现为落后、追赶的状态。

令人惊奇的是，中国不仅实现了数字经济的快速发展，而且在电子商务、电子服务、金融科技市场等领域均超越了美国[14]，制度主义在此似乎失去了解释力。然而，若从数字经济不同于其他经济类型的内在机制上分析则可一瞥其端倪。已有研究认为，中美两国数字经济的发展具有不同的驱动力，中国数字经济的主要驱动力不是既有的市场趋势或者强大的数字技术，而是在不断增长的社会需求中，服务部门的失位和失败使得借鉴国外的数字方案成为一种成本低且见效快的替代选择[13]。也就是说，虽然中国的数字经济发展在早期存在企业发育不足、社会服务弱化等制度劣势，但是这些劣势反而为数字企业创造了机会。在中国数字经济发展的案例中，制度不是唯一的影响因素，需求或者规模成为重要的解释变量。

同时，随着数字经济的崛起，数字产业成为国家各领域、各行业的新"发展轴"。在国家整体的发展与治理中，与数字产业关联密切的领域、行业也得到了明显促进。例如，北京大学大数据分析与应用技术国家工程实验室团队于2021年研发的"国际数字生态指数"[15]显示，中国在移动互联网、宽带等数字接入情况方面的得分与国际排名要相对好于国民教育水平、电力覆盖率等民生情况的得分与国际排名。数字化转型深刻地改变了社会经济多个领域的发展路径，产生了不一样的国家治理效果。

数字化转型使"需求导向"与"规模导向"成为数字经济的新发展机制，超越了制度的影响效果，其根源在于数字技术不同于农业技术、工业技术的内在属性。数字技术引发国家治理效果变化的作用机制如图1所示。首先，数字技术具有的泛扩散属性和强适应属性使之可以通过普及标准与协议增进模块化，基于模块化减少分工协作成本，降低模仿与整合的技术门槛，推动技术研发与技术应用从组织内部向社会范围转移。其次，在数字技术实现社会研发与社会应用的同时，市场原有的供应关系（供应链）、产业关系（产业链）乃至价值关系（价值链）都发生了重构与生成，一向作为消费方、被动接受企业供给的"社会"具备了提供产品、创造服务的可能。依托数字技术，经济领域的数字化转型不断生成新的关系结构，不仅对全球产业深度融合与价值链重构起着重要作用[16]，也使得美国基于企业组织运营优势的经济地位受到中国市场规模的挑战。

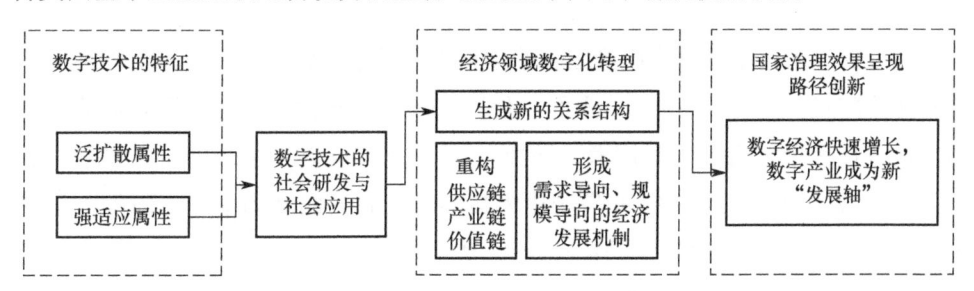

图1　数字技术引发国家治理效果变化的作用机制

除农业社会建立于经验积累之上的增长、工业社会建立于科学管理之上的增长外，数字社会又提供了新的增长机遇——基于需求与规模的增长。数字经济的快速增长以及数字产业作为"发展轴"的带动效应使得国家治理表现出创新性的治理效果。在数字技术的支持下，中国治理模式既有的薄弱环节出现了补强与发展的可能，在数字时代的拐点，社会经济的"马太效应"让位于"弯道超车"。

三、国家之间：容纳制度差异的趋同现象

制度主义时常将不同组织、国家的历史、文化积淀与制度基础视为形成各自

特殊政策策略、治理手段的重要原因[4]。然而，在数字时代，国家因独特文化、观念、规范等广义制度而呈现出的治理差异却有了减弱趋势，不同国家出现了采用相似治理方式的现象。

其实在组织治理层次，已有研究者注意到组织制度差异对组织治理影响的弱化趋势，并将原因归于数字技术特征。首先，当数字技术被纳入组织的运营管理中时，地方性、特殊化组织技术与数字技术之间的分离会趋于消失，组织向一般化的数字逻辑靠拢，数字技术及运用数字技术的能力逐渐成为组织治理轴心[17]；其次，在组织的战略决策层面，依靠数据的判断和依靠数据驱动的执行被认为极大地缓解了传统决策方式固有的思维惯性与认知局限[18]，数字决策得到广泛应用。组织间基于制度、文化、环境的管理与决策差异进一步转变为数据资源与数字处理能力方面的微小差异。总的来看，在组织治理中，数字化转型实现了一切对象以数据的形式呈现，蕴含在不同组织内部的文化环境、制度体制状况均可被抽象为数据、算法与算力，并获得统一的比较与改进标准。

同样的作用机制也可推广到国家治理层次。数字化转型引发国家治理趋同现象的作用路径如图 2 所示。一方面，使国家制度差异得以依存的异质化关系结构、地方性运行逻辑被数字技术"侵蚀"，经由数字化转型变为同质化要素。国家需要回应的差异化治理问题[19]转化为数字时代共同面临的治理新问题，治理内容、治理手段也逐渐相似。另一方面，数字技术的泛扩散与强适应属性打破了政治经济文化等领域、政府企业社会等主体之间的天然屏障，强化了治理要素的相互渗透，单一主体无力妥善回应牵涉多方力量的发展诉求[20]。单一领域与单一主体内部的地方性、特异性在多方主体互动中进一步消解。建立在数据持续收集基础上、逐渐"聪明化"的算法可能成为协调多元利益诉求与多方主体的统一化逻辑。因此，在国家整体制度差异与治理模式不同之下出现了相似的治理手段。

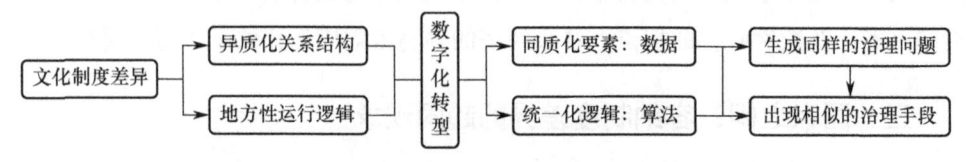

图 2 数字化转型引发国家治理趋同现象的作用路径

中国与美国在数字时代新的国家治理手段与治理趋势可为例证。长期以来，中国的国家治理以政府为主导，企业及社会的作用发挥被限制在市场经营、社区建设等小范围内。随着数字化转型，企业主体的重要性和治理作用均逐渐加强，中国国家治理开始与强调企业主体性、能动性的"美国模式"有了相似之处。首先，国家在营商环境建设方面表现出了明确且积极的改革意向，采取了一系列强化政府服务属性的措施[21]，既降低了政府的行政垄断权力，又节约了企业运营成本，活跃了市场要素。其次，经过数字经济多年的增长积累，一批数字企业巨头出现，在鼓励研发、培养人才等方面引领方向并提供经费[22]，甚至成为国家科研计划和重大项目的重要参与主体。最后，数字企业尤其是其中的平台企业凭借成熟的运营模式、先进的技术手段与丰富的数据资源，逐渐渗透到各行各业，不仅影响了规范市场关系与非市场关系的规则制定，而且在乡村扶贫与振兴、城市社区建设、法规政策制定等非传统经济领域也开始扮演重要角色。

美国作为倡导市场原则、秉持自由主义制度的典型国家，一向避免政府对企业经营做出过多干涉[23]。在数据治理方面，美国长期支持数据的自由流动，提倡减少对企业收集、使用数据的监管与限制。当涉及隐私问题时，美国也倾向于在政府干预最少的情况下依赖企业自律，只有少数涉及个人敏感数据的行业受到了监管。但是，随着一系列个人数据泄露的丑闻曝光，科技公司不受控制的力量以及美国市场驱动的数据监管模式受到了公众及各界的普遍质疑。在欧盟强调保护公民隐私权益的《通用数据条例》（GDPR）实施后不久，时任加州州长签署了《加州消费者隐私法案》（CCPA），为加州消费者提供了访问、删除和选择退出"出售"其个人信息的权利与保护。虽然CCPA引起了科技公司、行业协会等利益相关方的大力反对，也引发了联邦与州之间关于数据隐私法规的冲突，但CCPA表现出了在隐私问题上向欧盟数据治理模式靠拢的可能，也被佛蒙特州、纽约州等其他州效仿[24]。

数字化转型带来了国家治理手段的新变化与部分趋同，以政府为主导的中国模式开始重视企业主体地位，并走向多元治理道路；以企业效率为目标的美国模式则出现了限制企业力量、保护隐私权益的"欧洲行为"。这些超越文化制度的相似缘起于数字化转型中共同的治理问题，是在以数字技术为基础的关系结构不断生成中展现出的可能趋势。

四、多国联动：超越国家界限的全球挑战

数字化转型带来的国家治理变化不仅体现为国家治理效果的路径创新、体现为国家之间的治理手段趋同，更因数字技术的全球扩散与应用，体现为其他国家及组织、个人对国家治理的深刻影响。全球事务参与和规则制定已成为国家治理不可忽视的重要内容。在众多全球事务中，跨境数据流动、数字技术主权构建以及网络空间安全维护是三个突出问题，面对这些治理问题，在主权国家框架下制定的治理规则已有逐渐失效的趋势，各国的国家治理应从关注单一国内事务向兼顾全球事务转变。

（一）全球数据治理框架有待形成

在数字时代，数据不仅是一种新的生产要素，更是数字经济发展与数字技术创新的第一驱动力。跨境数据一方面具备流动数据的优点[25]，另一方面因跨越政治边界、涉及众多尚未被各国法律统一化和明确化的问题而给个人隐私、社会秩序、国家安全带来挑战。

虽然建立全球数据治理规范和相关国际监管机制是重要且紧迫的议题，但是到目前为止，覆盖广泛的数据治理体系尚未形成[26]。全球主要国家在三个问题上出现了明显博弈。

一是数据能否自由流动。针对这一问题，美国整体上提倡跨境数据自由流动、减少数据监管，反对各种类型的数据保护主义；欧盟在数据权利和隐私保护的基础上建立其数据治理模式，希望公民有权掌管个人数据；中国和俄罗斯对数据流动持谨慎态度，采取一定的管制措施；韩国、印度等国家则在尝试推出不同于中国和美国的数据治理路径[27]。

二是数据本地化与数据流动存在矛盾。数据本地化要求将数据存储在数据来源国的相关设备上，以尽可能保障国家安全。然而，抑制数据流动会对全球经济造成较大的负面影响[28]。在后疫情时代，随着各国经济普遍衰落，数字经济异

军突起，抑制数据流动带来的负面影响或许会更加显著。

三是是否对数据主权设立边界。数据主权被定义为"一个国家对自身所掌握的数据进行独立管理和使用的权力，其数据既包括在本国属地内产生的数据，也涵盖本国公民在境外产生的数据"[29]。数据监管是数字大国普遍采取的措施，但是各国对数据的"边界"以及监管的尺度、程度，都尚未形成共识，也将深刻影响国家间关系。

可见，在跨境数据治理方面，通过一国自身的治理难以对跨境数据实现全面覆盖，国家需要在数据能否自由流动、如何处理本地化与数据流动的矛盾、是否对数据主权设立边界等问题上与他国寻求共识。国际社会已然构成一个广泛连接的全域网络，然而，美国、欧盟、中国和较小的区域组织却各有其数据治理局域网络，他们各自主导的规则体系既有重叠，也有矛盾。互不相通的治理规则既不利于数据整体上的有效利用，也不利于对数据进行及时监管。对于主权国家来说，努力参与全球规则制定、拓展本国治理规则适用范围、谋求协调合作的全球数据治理框架逐渐成为国家治理的重要内容。

（二）技术主权处于动态构建之中

技术主权概念的基本思想是：数字社会的技术权力是国家其他权力的核心支柱，争夺技术权力已成为技术政治战略的根本目标[30]，掌握先进技术、实现技术管控，直接影响一国的政治安全、经济地位与国际话语权[31]。

在技术主权思想的引导下，欧盟积极开展相关活动。法国总统马克龙多次提及包含"经济主权"和"技术主权"在内的"欧洲主权"构想，欧盟官方机构、欧洲智库也主张应在人工智能、数字通信等尖端技术领域占据领先地位，主导国际技术标准与管制规则体系的构建。中美两国虽未对技术主权问题有过多谈及，但掌握先进技术、守护国家安全的相关举措一直普遍存在。

实际上，随着数字进程的加深，技术问题不仅属于国家内部事务治理问题，而且也需要纳入全球治理的视野。一方面，对技术不占优势的国家而言，掌握前沿技术的主体很容易威胁其国家安全，甚至引发颠覆政权的结果[32]。另一方面，由于新兴技术存在军事化的可能，国家间的信任以及基于信任的技术合作趋于弱化，如果缺乏全球层面的有效应对，数字技术挑战可能会增加国家间的摩擦。因猜疑产生的国家间壁垒将会严重制约技术的共同进步[33]。

技术发展一向是国家治理的重要内容。在数字时代，技术发展的条件与参与主体均超越了国家边界。国家间在技术能力上存在发展差异，仅以国家内部为治理视域只会让各国陷入对自身主权与安全的隐忧之中，进而阻碍国家间的技术合作。建立全球性的技术研发与应用秩序，共同应对因技术实力差距带来的霸权与滥权，才能实现国家事务与人类共同事务的兼顾，实现国家治理的内外平衡。

（三）网络空间安全问题亟须解决

网络空间综合了数据流动、新技术应用等，集中体现了数字化带来的治理挑战。近年来，全球网络安全事件频发。由于针对网络空间安全问题缺少行动一致的全球治理方案，所以虽然许多国家加强了本国网络安全领域的防范措施，加大了投入力度，但是来自境外的网络攻击与信息窃取问题依然难以根除，网络空间安全问题需要各国携手共同应对。其中，关系较为紧张的国家间合作虽然难度最大，但也具有重要的示范意义。

同时，在新兴技术被越来越多地用于军事防御，明显改变国际安全环境的背景下，小国常常通过部署远程自主精确装置建立全球信息监控网络，从而对大国形成威慑。因此，构建网络安全方面的全球治理模式更需要协调大国与中小型国家关系，扭转大国倾轧小国、小国采用极端手段反抗的原有格局和恶性结果。

从农业社会到工业社会，虽然主权国家也需要针对国际关系与全球事务予以协调应对，但全球治理尚未成为紧迫的治理议题。在数字时代，兼顾全球秩序成为国家治理的必需。其原因在于，数字技术搭建了国家与国家、国内与国外广泛连接的全域网络。过去，资源分配、技术发展、安全维护等国家事务仅涉及国内的个人、组织等治理主体，即使有境外主体参与，也被限制在可控范围内。如今，不仅他国及他国的个人、组织可能会连接到本国的国家事务中，他国的规则、主张以及全球网络关系状态都可能对本国国家治理施加影响（见图3）。

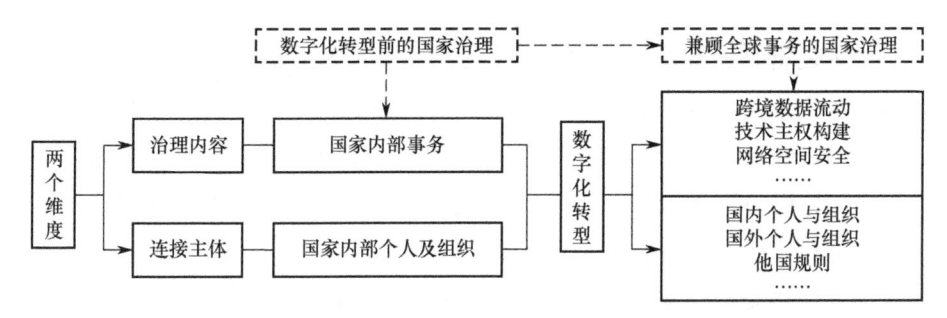

图 3　传统国家治理向兼顾全球事务的国家治理转变的机制

这 3 个全球数字治理典型问题，实际触及了数字时代国家治理中相互连接的不同主体。在跨境数据流动方面，通过数字化转型连接到国家治理的既有跨境数据相关国家、国际上的数据流动规制主张，也有它们形成的网络；在技术主权构建方面，可能利用技术手段威胁本国安全的组织、可能在发展技术方面相互合作的国家都是国家治理需要考量的对象；在网络空间安全方面，来自境外的技术黑客、持有技术优势的企业、具有反抗能力的小国亦要求进行国家治理以拓展其视域。

五、总结与讨论

本文从国家内部发展、国家之间比较和多国联动 3 个维度论述了国家治理在数字化转型背景下的变化。总的来看，这 3 个维度的治理变化蕴含着数字化转型两重不大相同的逻辑。

第一重逻辑是生成逻辑。基于数字技术的泛扩散属性和强适应属性，数字技术实现了社会研发与社会应用，在数字化领域生成了一些不同于工业时代，却具有普遍性的新结构关系和运行方式。对于国家内部事务发展来说，数字技术在经济领域重构了供应链、产业链、价值链，原先制度发挥治理效果的机制被新的结构关系带来的新机制取代，路径创新取代路径依赖成为可能。对于国家间的治理比较来说，数字化转型生成的新的同质化数据要素、统一化算法逻辑，将表现为国家治理手段上的相似。制度主义强调不同组织、国家间的制度差异，并将差异类型化，在一定程度上忽略了技术变革带来的社会要素及环境的突破性变化，因此在数字化转型期的治理变迁上缺乏解释力。

第二重逻辑是连接逻辑。数字技术应用拓展了原有治理问题讨论的空间边界，将全球多元主体连接到了同一个治理场景中，国家治理因此面临着全球挑战。过去由法律限制、物理空间隔绝、技术阻断等因素形成的国家与国家间的边界在数字化转型中被逐渐渗透。对于国家治理来说，曾经的参与主体是可知可控的，并经历长期社会互动形成了一定程度的秩序共识。如今，在跨境数据流动、技术权属、网络安全等领域，越来越多的境外行动者、"无秩序者"进入国家治理场景，成为必须顾及的不稳定要素，进而推动着国家治理的变化与适应。生成和连接两重逻辑相互交织，共同构建了数字变迁的整体运动变化。

参 考 文 献

[1] Hanelt A, Bohnsack R, Marz D, et al. A systematic review of the literature on digital transformation: insights and implications for strategy and organizational change[J]. Journal of Management Studies, 2021, 58(5): 1159-1197.

[2] 乔天宇, 向静林. 社会治理数字化转型的底层逻辑[J]. 学术月刊, 2022(2)：131-140.

[3] Przeworski A. Institutions matter?[J]. Government and Opposition, 2004, 39(4): 527-540.

[4] Hall P A, Taylor R C R. Political science and the three new institutionalisms[J]. Political studies, 1996, 44(5): 936-957.

[5] 徐湘林. 中国的转型危机与国家治理：历史比较的视角[J]. 复旦政治学评论, 2011(1)：28.

[6] Tilson D, Lyytinen K, Sørensen C. Research commentary—Digital infrastructures: The missing IS research agenda[J]. Information systems research, 2010, 21(4): 748-759.

[7] Yoo Y. Computing in everyday life: A call for research on experiential computing[J]. MIS quarterly, 2010: 213-231.

[8] Parker G, Van Alstyne M W, Jiang X. Platform ecosystems: how developers invert the firm[J]. MIS Quarterly, 2017, 41(1): 255-266.

[9] Chandler A D J. The visible hand: the managerial revolution in American business[M]. Cambridge: Harvard University Press, 1977: 490-500.

[10] 埃文斯, 鲁施迈耶, 斯考克波. 国家结构与国家以凯恩斯主义应对大萧条的可能性[M]// 埃文斯, 鲁施迈耶, 斯考克波. 找回国家. 方力维, 莫宜端, 黄琪轩, 等译. 北京：生活·读书·新知三联书店, 2009：143-199.

[11] Casanova L, Cornelius P, Dutta S. Financing entrepreneurship and innovation in emerging

markets[M]. Academic Press, 2017.

[12] DANILIN I V.BAT role in the development of Chinese internet markets and the future challenges for the PRC digital economy[J]. International Trends,2019,16(4): 55.

[13] Danilin I V. Development of the Digital Economy in the USA and China: Factors and Trends[J]. Outlines of global transformations: politics, economics, law, 2019.

[14] 王滢波. 美国数字经济发展报告[M]//全球数字经济竞争力发展报告（2019）/数字经济蓝皮书. 北京：社会科学文献出版社. 2019：192.

[15] 乔天宇, 蕴洁, 李铮, 等. 国际数字生态指数的测算与分析[J]. 电子政务, 2022(3)：17-30.

[16] Fernandez-Stark K, Gereffi G. Global value chain analysis: a primer[M] // Ponte S. Handbook on Global Value Chains. Cheltenham: Edward Elgar Publishing, 2019: 54-73.

[17] Kallinikos J, Aaltonen A, Marton A. The ambivalent ontology of digital artifacts[J]. Mis Quarterly, 2013: 357-370.

[18] Besson P, Rowe F. Strategizing information systems-enabled organizational transformation: A transdisciplinary review and new directions[J]. The Journal of Strategic Information Systems, 2012, 21(2): 103-124.

[19] 吕方, 梅琳. "复杂政策"与国家治理：基于国家连片开发扶贫项目的讨论[J]. 社会学研究，2017(3)：144-168.

[20] 徐清源. 数字企业平台组织的结构、行动和治理[D]. 北京：北京大学，2021.

[21] World Bank Group. Doing business 2020[R]. World Bank, 2021: 8-10, 51.

[22] Danilin I V. The impact of the COVID crisis on the innovative potential of China's internet platforms[J]. Herald of the Russian Academy of Sciences, 2020, 90(6): 779-788.

[23] 青木昌彦，奥野正宽. 经济体制的比较制度分析[M]. 魏加宁，等译. 北京：中国发展出版社. 2005：194-195.

[24] Baik J. Data privacy and political distrus: Corporate 'pro liars,''gridlocked Congress,'and the Twitter issue public around the US privacy legislation[J]. Information, Communication & Society, 2022: 25(9): 1211-1228.

[25] 陈寰琦. 签订"跨境数据自由流动"能否有效促进数字贸易：基于 OECD 服务贸易数据的实证研究[J]. 国际经贸探索，2020(10)：4-21.

[26] Aaronson S A, Leblond P. Another digital divide: the rise of data realms and its implications for the WTO[J]. Journal of International Economic Law, 2018, 21(2): 245-272.

[27] Feigenbaum E A, Nelson M. The Korean Way With Data: How the World's Most Wired Country Is Forging a Third Way[J]. 2021.

[28] 刘宏松，程海烨. 跨境数据流动的全球治理：进展、趋势与中国路径[J]. 国际展望，2020(6)：65-88.

[29] Walter M, Lovett R, Maher B, et al. Indigenous data sovereignty in the era of big data and open data[J]. Australian Journal of Social Issues, 2021, 56(2): 143-156.

[30] 唐新华. 技术政治时代的权力与战略[J]. 国际政治科学，2021(2)：59-89.

[31] 忻华. "欧洲经济主权与技术主权"的战略内涵分析[J]. 欧洲研究，2020(4)：1-30.

[32] Gel'man V. Elections, Russian Style: The Menu of Manipulations à la Carte[J]. ISPI Online, 2021.

[33] Parker E. Commercial and Military Applications and Timelines for Quantum Technology[R]. RAND CORP SANTA MONICA CA, 2020.

中国信息通信研究院政策与经济研究所
关于元宇宙对网络法治影响情况的研究

2021 年以来，元宇宙概念快速升温，微软、谷歌、英伟达、腾讯等国内外 ICT 巨头纷纷布局。全球最大的社交网络平台 Facebook 宣布更名为 Meta，创始人扎克伯格计划"All in"元宇宙，表示未来 5 年力争将 Meta 由传统社交平台转变为元宇宙公司。元宇宙概念的提出和盛行，引发了人们对现行社会组织架构和规则秩序的思考，产生了潜在的影响和挑战。随着数智社会[1]不断向前发展，元宇宙技术日渐成熟，元宇宙世界必然是一个规模巨大、经济社会关系复杂的全新生态[2]。元宇宙对网络法治也产生了较为深远的影响。

一、什么是元宇宙

从数字技术层面来看，元宇宙是整合数字孪生、扩展现实、人工智能（AI）、物联网、区块链、Web3.0、数字藏品/NFT 等多种新技术的规模化组合和统摄性想象[3]。元宇宙（Metaverse）由"元"（Meta）和"宇宙"（Universe）两个词组合而成，指与物理世界相连通的假想合成环境。"元宇宙"一词最早出现在尼尔·斯蒂芬森于 1992 年所著的名为《雪崩》的虚拟小说中[4]。斯蒂芬森将元宇宙定义为一个与物理世界平行的虚拟世界，用户通过数字化身份进行交互。此后，元宇宙的概念应用在 VRChat 等平台及《第二人生》等游戏中，但概念传播范围有限，并未引发广泛讨论。从元宇宙的基本架构来看，有学者认为元宇宙目前存在"中心化"和"去中心化"两种结构，而"中心化"结构具有天然的中心属性，是未来元宇宙的理想架构[5]；而另有学者认为元宇宙还存在现实世界与元宇宙的"交互层"[6]或"虚拟—现实边界灰色地带"[7]。

2021 年年初，Soul App 在行业内首次提出要构建"社交元宇宙"。2021 年 3 月，被称为元宇宙第一股的罗布乐思（Roblox）正式在纽约证券交易所上市；8 月，英伟达宣布推出全球首个为元宇宙的建立提供基础的模拟和协作平台；10

月 28 日，美国社交媒体巨头 Facebook 宣布更名为 Meta；11 月，虚拟世界平台 Decentraland 公司发布消息，巴巴多斯于 2022 年 1 月首个在元宇宙中设立大使馆。总结来看，元宇宙概念自 2021 年开始火爆，因此 2021 年通常又被称为元宇宙元年。

迄今为止，元宇宙作为一个由计算机生成的宇宙，已有多种定义，例如生命记录（Lifelogging）、虚拟中的集体空间（Collective Space in Virtuality）、具象互联网/空间互联网（Embodied Internet/Spatial Internet）、镜像世界（Mirrorworld）、全宇宙（Omniverse）等。目前，关于元宇宙还没有形成统一、权威的定义。北京大学陈刚教授将元宇宙定义为："元宇宙是利用科技手段进行链接与创造的，与现实世界映射与交互的虚拟世界，具备新型社会体系的数字生活空间。"清华大学新闻学院沈阳教授定义元宇宙为："元宇宙是整合多种新技术而产生的新型虚实相融的互联网应用和社会形态，它基于扩展现实技术提供沉浸式体验，以及基于数字孪生技术生成现实世界的镜像，通过区块链技术搭建经济体系，将虚拟世界与现实世界在经济系统、社交系统、身份系统上密切融合，并且允许每个用户进行内容生产和编辑。"例如，在新闻与传媒领域，学者们主要研究的是元宇宙的核心技术，即虚拟现实技术的应用，分析元宇宙将会怎样推动数字媒体、数字新闻的变革，使新闻媒体的受众能够获得沉浸式新闻[8]。

本文认为，元宇宙是指由一系列集合式数字技术和硬件技术所支持的，具备新型社会体系的物理世界与数字世界的融合生活空间。元宇宙是数字社会发展的新阶段。

二、对元宇宙的认识

（一）元宇宙实现线上线下深度融合

理论认为，元宇宙分为三个发展阶段：第一个阶段是数字孪生阶段，指原生于物理世界的人或事物在元宇宙中的映射；第二个阶段是数字原住民阶段，指原生于元宇宙虚拟世界内的内容，可以与物理世界对应，也可以仅存在于元宇宙中；第三个阶段是物理世界和虚拟世界的超现实共存，在这个阶段，元宇宙成为由多个自我维持的虚拟世界，以高度独立的方式与其他元宇宙虚拟世界、物理世界共存和互操作。

元宇宙将以虚实融合的方式深刻改变现有社会的组织与运作，不是虚拟生活替代现实生活，而是会形成虚实二维的新型生活方式，从而催生线上线下一体的新型社会关系，从虚拟维度赋予实体经济新的活力。建立线上—线下的纵向、横向秩序协调机制，将社会治理从线上投射到线下，发展有中国特色的横向网络治理机制，是做好元宇宙治理的关键。

从纵向上看，元宇宙与传统社会并行发展，时刻产生着千丝万缕的联系。元宇宙既产生自现实社会活动在网络空间上的映射，又在网络空间的独特性下进行着社会关系的重组和再生产；元宇宙既部分遵从传统社会的运行规则，又在技术优势和空间无限性下创设出许多新的规则。元宇宙与传统社会显然无法形成一一对应的映射关系，这也就意味着元宇宙与传统社会的上下对接无法通过顺其自然的方式衔接流畅。当数字社会发展到元宇宙阶段时，要点之一便是建立起线上—线下的纵向秩序协调机制。因此，需要国家、市场与社会之间的合作与联动，协力使虚拟空间的发展不受传统社会的掣肘，促进线上线下社会规范运行。

从横向上看，元宇宙是在网络空间培育出的全新社会体系，元宇宙会创设出全新的互动关系。元宇宙可能会开启一种新的生产/消费同步的价值生产方式，创造出一种数字孪生的生活方式，形成一种新的数字身份确认方式，发展出一种新型数字经济的运行方式，形成新的基于区块链的货币体系，创设出新的数字资产。基于前述重大深刻的社会变革，新型经济关系和社会关系迅速涌现，并对传统生产生活关系产生很大程度的替代和覆盖，围绕能量和物质构建的法律秩序需要向围绕数字构建的法律秩序全面转型。

（二）元宇宙促发的生产力变革决定了生产关系的调整

元宇宙是把劳动者及其观念、信息技术等整合在一起并飞速发展的新型生产力，是在网络技术基础上发展而来的新型生产力，是促进社会生产关系快速变革的新型生产力。元宇宙代表着又一次生产力革命、信息革命，我们可以称其为元宇宙革命。在算力时代下，生产力的质变是主体发生变化，机器也能创造生产力价值，核心劳动力为 AI 所代替，极大地提升了劳动效率，资本需要的人数越来越少，劳动力出现过剩，劳动力价值逐渐贬值，人慢慢与传统的生产工具脱离；去中心化的生产组织形式、虚拟生产资料和劳动对象的出现，以及数字资产与现实资产的双向流通，会创造出新的经济体系，必然演变成新的生产关系。

（三）元宇宙必须建立广泛统一的共识

元宇宙并不是法外之地。同互联网一样，元宇宙在产生之初，我们认为它是无国界的、自由的，但发展到一定阶段也形成了网络主权边界，达成了具备一定共识的规则。元宇宙开启了虚拟世界和现实世界融合发展的新阶段，虽然会产生新的社会关系、经济形态，但仍然需要构建共识，才能实现融合互通。元宇宙的议程设置要符合国家体制的议事框架，元宇宙的规则制定要符合国家的宪法精神，元宇宙的发展程度要立足于中国社会的现实情境，进而利用元宇宙的多中心、扁平化特征，实现元宇宙的横向治理、分类治理，并在治理机制上体现公平价值与民主价值。元宇宙的公共治理和社会共识的达成最终需要法律制度保障。

法律是社会公器，在现实社会中，法律是最低限度共识，道德是高层次共识，在元宇宙中亦应当如此。我们需要法律承担元宇宙共识达成的基础功能。一是应当逐步构建完善适用于元宇宙的法律体系。由于线上线下的深度融合，故在元宇宙中应当建立针对人身利益、财产利益的保障规则，建立行为规则和信任规则。二是应当逐步明确政府部门在元宇宙进行行政管理的法律制度。元宇宙是现实生活中的映射，为了保障元宇宙社会健康发展，应当建立政府部门在元宇宙中进行行政管理时依据的法律制度。三是应当逐步引导元宇宙个体凝聚法治共识。元宇宙个体是丰富元宇宙的最基础元素，基于去中心化的理念，政府管理的作用在元宇宙中虽然必不可少，但却没有像在现实社会中表现得那么强烈，我们应当在元宇宙社会的建立之初，逐步引导元宇宙个体凝聚法治共识。

（四）元宇宙存在多领域风险

马塞拉·阿特佐里认为，基于 DAO 理论的元宇宙内部自治可能蕴含着以下 4 个风险：一是技术缺陷与安全漏洞可能导致治理失灵与秩序混乱；二是去中心化的交易规则及其监管缺失可能会与现实法律规则相冲突；三是大众参与率极低的投票机制与财产动议权制度可能会导致选票操纵和寡头统治;四是无国界的全球性自治,既可能导致社会原子化及公民性缺失,又可能造成权力结构与公共治理的无结构、弥散化与去权威性[9]。笔者认为,可以具体从以下 5 个方面的风险来深入理解元宇宙。

1. 社会安全风险

一是元宇宙天然的"成瘾性"可能会加大用户身份认同危机。和现阶段互联网不同,元宇宙具有身心交互、沉浸体验和对现实具有"补偿效应"的特点,使用户可以摆脱现实身份的限制,"更加完美、更加自由"地进行数字活动、构建数字社会关系。这也使得用户更容易沉迷于数字身份和数字生活,引发线上线下身份认同混淆,进而可能导致用户放弃现实关系所承载的责任和义务,影响现实社会的安全稳定。

二是元宇宙的"进入门槛"导致数字鸿沟。元宇宙实现的要求,远远超过现阶段互联网接入的要求,不仅依赖穿戴设备、脑机接口等硬件设施,而且对实时在线、人工智能等技术能力也有较高要求。然而,在数字化发展进程中,不同地域和不同人群的硬件实力与软件实力并不均衡。首先,不同收入群体硬件方面的"硬实力"存在差异,硬件设备的性能直接影响着用户的元宇宙体验。其次,拥有不同学习能力和使用技能"软实力"的人群,接触和使用元宇宙的机会也不尽相同,对于老年人群、贫困人口、残障人士等弱势群体,其数字鸿沟可能将进一步拉大。

2. 文化安全风险

一是高度自由、高度开放的元宇宙可能会放大内容管理和意识形态风险。元宇宙的发展将创造崭新的媒介形式,其普遍性将带来舆论传播的问题。一方面,信息传播的对象、环境、范围都将发生巨大变化,不同文化背景和不同地域分布的人群在元宇宙中对话交流,容易形成各种社会思潮的高度交织。元宇宙的构建并非由一两个巨头企业或国家主导,其去中心化的特点决定了元宇宙的框架规则将由不同国家、企业、用户等共同商榷得到。但在这个过程中,随着行业的演变,将会出现更具有影响力的国家、组织和个体。具有影响力的国家的意识形态输出，以及具有影响力的组织和个体的言行造成的影响，将会给社会带来深远的影响，甚至对一国的政治安全和文化安全产生冲击。另一方面，虚拟技术将使内容造假更加难以分辨，利用用户画像更容易对个体形成思想控制。在元宇宙环境中，信息失真、造谣生事、舆论斗争形势将更加严峻，给内容管控、文化建设、意识形态工作带来巨大挑战。

二是追求"类乌托邦"世界的元宇宙可能会引发伦理道德风险。互联网是现实社会的放大和延伸，网络空间的法律约束、道德准则与现实世界的具有一致性。但元宇宙作为各种社会关系的超现实集合体，其价值理念、道德准则等复杂规则和现实世界之间可能会出现明显分化甚至是异化、对立，使得沉浸在数字生活中的人可能对现实世界产生不适、不满，或试图将元宇宙中的规则应用于现实生活中，从而导致现实世界的道德伦理冲突。

3. 资本垄断风险

元宇宙的发展伴随着资本的介入，资本的逐利性将会使得算法算力、资金物力等产生进一步向少数大型科技企业集中的现象，经济垄断风险增加。元宇宙对数据、算法、算力等关键要素的需求可能致使产业资源进一步向少数科技巨头集中，元宇宙中的数字化生产资料能以极低成本复制，若与现实世界的生产资料进行兑换关联，最终巨头企业掌握的生产资料可能会非常庞大，拥有巨量生产资料的巨头企业为了维续和巩固自身的市场地位，可能会对各个领域进行垄断，对市场经济和社会秩序造成严重干扰。

4. 金融安全风险

元宇宙虚拟经济体系尚未成型，数字资产运行的基础设施与监管机制尚未完善，金融安全风险可能从虚拟世界向现实世界传导渗透。主要涉及 4 个方面的内容。一是数字资产安全性问题。若平台企业遭遇网络攻击等造成用户数字资产减损，将引发责任分担问题。二是对元宇宙平台企业可能侵占、罚没、抹除用户数字资产等风险的监督监管问题。三是用户在元宇宙中创造的知识产品的知识产权归属及其收益分配等问题较难解决。四是政府对元宇宙中数字资产的征税权是否可以有力行使存在障碍。

5. 隐私安全风险

元宇宙的沉浸式业态将带来更大的隐私安全问题。元宇宙的沉浸式业态对个人生物统计数据的收集更加丰富，例如，虚拟现实终端可在 20 分钟的使用时间内记录 200 个独特的生理语言信息，部分平台企业可能在未经用户知情同意的情况下，进行隐私数据的收集与交易。大量数据聚集在一起，泄露的风险也会相应增加。同时，在元宇宙中，由于集成了诸多信息技术，其安全隐患可能会更加突出、多元，数字技术和数字生态的安全问题或安全隐患经常难以被事前发现。

三、元宇宙相关国内外政策

元宇宙作为一个新兴事物，当前国内外对其仍处于观察与研究阶段，尚无专门针对元宇宙监管的法律法规，对元宇宙的监管仍主要通过现有的网络安全、数据保护、数据竞争等领域的法律法规来实现。但是在政策层面上，包括我国在内的多个国家和地方政府已经加入元宇宙竞争赛道，采取一系列措施促进本国本地区元宇宙技术和产业的发展。目前，各国政府对元宇宙的态度总体上处于促进发展的时期，同时，美国、欧洲等国家和地区注意到了元宇宙蕴含的风险，正逐步酝酿着对元宇宙的监管框架。

（一）美国政府：高度审慎，具有加强监管的倾向

总体来看，美国和欧洲目前均对元宇宙总体持有较为审慎的态度和加强监管的倾向，但两者的出发点并不相同。

在美国方面，美国政府对于元宇宙仍处于观望状态，尚未提出明确的元宇宙建设纲要性文件和官方表态。虽然美国在传统上以自由放任为主要态度，但因为美国在元宇宙方面优势明显，国际竞争压力较小，其当前面临的主要矛盾是对数据安全的担忧及产业巨头垄断风险的警惕，且当前仍处于监管强周期，所以政府对元宇宙的审慎态度暂时占据上风。2021 年 10 月，美国两党参议员提出《政府对人工智能数据的所有权和监督法案》，要求对联邦人工智能系统所涉及的数据，特别是面部识别数据进行监管。这一新规体现出美国国会对于基于数据与身份识别的数字化渗透持谨慎态度，预计对于元宇宙也同样会基于类似技术理念。

在欧洲方面，过去几十年内欧洲的数字经济市场份额主要被美国科技巨头占据，因此，欧盟近年来一方面严格执行《通用数据保护法》（GDPR），推进《人工智能法案》《数字服务法》《数字市场法》等立法进程，强化对人工智能、数字经济平台企业的分级分类监管，另一方面推进《数据治理法》《数据法案》等，促进数据在欧盟内部的自由流通，着力构建"单一数字市场"。因此，在美国继续于元宇宙方面保持领先优势的情况下，欧盟将在可预期的未来通过对平台分级分类的方法，采取"内外有别"的双轨制思路，从个人信息保护、限制高风险人工智能、反垄断、增加透明度等多个角度，对美国的 Meta 等元宇宙企业保持强力监管，同时尽可能促进欧洲本土元宇宙企业的发展壮大。

（二）韩政府：大力布局，多种方式促进元宇宙发展

日本与韩国政府在数字经济上具有相似的国情：一方面，在移动互联网产业发展浪潮中，特别是在软件服务业中发展落后；另一方面，在娱乐、游戏、传媒等方面拥有较强的全球影响力。因此，日本与韩国均将元宇宙视为其在数字经济上追赶的机遇，采取多种措施促进元宇宙发展。

在日本方面，日本经济产业省于 2021 年 7 月发布了《关于虚拟空间行业未来可能性与课题的调查报告》。报告认为，该行业应将用户群体扩大到一般消费者，具体而言，共提出三点建议，一是行业应降低 VR 设备价格及 VR 体验门槛，并开发高质量的 VR 内容留住用户；二是政府应着力防范和解决"虚拟空间"内的法律问题，并对跨国、跨平台业务的法律适用等问题加以完善；三是政府应与业内人士制定行业标准和指导方针，并向全球输出此类规范。这些建议体现了日本政府对元宇宙行业布局的思考，即通过现有的发展成果尽可能在民众范围内推广元宇宙理念，同时通过指导与政策制定来规范元宇宙的建设。

韩国是目前世界上在元宇宙产业促进上最激进的国家之一。2021 年 5 月，韩国信息通信产业振兴院联合 25 个机构和企业成立"元宇宙联盟"，旨在加强政府和企业的合作，在民间主导下构建元宇宙生态系统。韩国科学和信息通信技术部表示将向该联盟提供支持，特别是帮助公司建立开放的元宇宙平台。在产业政策上，2020 年年底，韩国科技部公布《沉浸式经济发展策略》，目标是将韩国打

造为全球五大 XR 经济国家。在 2021 年 7 月韩国公布的 *Korean Digital NewDeal 2.0* 中，将元宇宙与大数据、人工智能、区块链等并列为发展 5G 产业的重点项目。韩国数字新政推出数字内容产业培育支援计划，共投资 2024 亿韩元（11.6 亿元人民币）用于支持元宇宙发展。2021 年 8 月，韩国财政部公布的 2022 年预算中，计划斥资 2000 万美元（1.28 亿元人民币）用于元宇宙平台开发。

2021 年 11 月，首尔市政府宣布实施为期五年的"元宇宙首尔基本计划"，在 2022 年建立名为"元宇宙首尔"的元宇宙平台，并在多个领域提供服务。在该计划中，搭建的元宇宙所提供的服务将涵盖经济、教育、旅游、通信、城市、行政和基础设施这 7 个基础领域。首尔市政府将陆续在元宇宙平台上提供各种商业支持设施和服务，包括虚拟市长办公室、首尔金融科技实验室、首尔投资和首尔校园城等。

（三）中国政府：稳步推进，各个地方纷纷抢占先机

我国对于互联网等新兴技术一直以来都采取包容与鼓励发展的态度。在元宇宙概念出现之前，国家层面多个部委主要从虚拟现实技术与产业的角度出台了系列支持政策，地方政府紧密跟进。在元宇宙概念出现之后，政府已明确将"元宇宙"列入发展规划、工作报告，或明确提出相关政策。

在国家层面，将 VR/AR 产业列为未来 5 年数字经济重点产业之一。国家发展改革委在"互联网+"领域创新能力建设专项中，提出建设虚拟现实/增强现实技术及应用国家工程实验室，促进虚拟现实在互联网医疗救治等领域的应用。科技部联合中央宣传部于 2019 年发布《关于促进文化和科技深度融合的指导意见》，提出利用 VR/AR 技术实现内容传播精细化与沉浸化。此外，文化和旅游部、教育部、卫生健康委均在相关规划中提出支持虚拟现实技术的发展。

在地方层面，在元宇宙概念提出后，北京市在《关于加快北京城市副中心元宇宙创新引领发展的若干措施》中提出：对在元宇宙应用创新中心新注册并租赁自用办公场地的重点企业进行 50%、70%、100%三档补贴；上海市在《上海市电子信息产业发展"十四五"规划》中提到：加强元宇宙底层核心技术基础能力的前瞻研发，推进深化感知交互的新型终端研制和系统化的虚拟内容建设，探索行业应用。无锡市滨湖区在《太湖湾科创带引领区元宇宙生态产业发展规划》中提出，推动元宇宙产业上下游各环节、各主体协同发展，加快元宇宙与集成电路、区块链、人工智能、云计算等技术融合创新发展。此外，在虚拟现实产业方面，北京市于 2016 年提出依托石景山打造中关村虚拟现实产业园，并发布《关于促进中关村虚拟现实产业创新发展的若干措施》；青岛市出台《青岛市虚拟现实产业发展行动计划（2022—2024 年）》等产业政策；成都市发布《成都市虚拟现实产业发展推进工作方案》；南昌市从 2018 年至今连续 3 年举办世界 VR 产业大会，明确提出要打造世界 VR 之都的发展目标，并成立了江西省虚拟现实产业链专家咨询委员会等智库组织。

四、元宇宙对网络法治的影响

（一）元宇宙对网络治理能力提出新要求

网络治理能力决定着国家治理能力和水平。如前所述，元宇宙并没有形成法外空间，需要形成共同的规则来进行治理。从治理逻辑来看，元宇宙最根本的技术跃迁是建立在区块链技术之上的新的底层协议。由于区块链是一种分布式记账技术，来源于不可逆的密码学技术，所以它提供了更便于大众进入和直接参与的门槛，并且以去中心化为核心特点。因此，元宇宙与现行数字经济发展的平台经济模式大相径庭，缺乏一个中心抓手，以技术为依托，为参与主体提供信任机制。从治理体系来看，元宇宙对治理主体、治理对象、治理手段都产生重大影响。在元宇宙时代，去中心化的底层逻辑设计，可能会在一定程度上削弱政府、平台等主体对治理规则进行主导的效能。元宇宙时代可能会出现新的治理对象，如虚拟空间的数字化身、数字资产。在元宇宙的虚拟空间里，会产生新的法律权利义务关系，形成新的经济范式，构建新的道德伦理，由此会产生对法律、经济、道德等多层面治理手段的新的需求。

元宇宙治理是网络空间治理的重要方面，也是国家治理的有机组成部分。蓬勃发展的元宇宙蕴含的风险对网络治理能力提出了新要求，需要我们及时跟进研究，积极推进元宇宙空间治理体系建设。

（二）元宇宙带来新的网络法治体系变革需求

元宇宙并非一个简单的虚拟空间，而是将人工智能、大数据、区块链、AR、VR等底层技术相融合，在传统网络空间基础上，伴随多种数字技术成熟度的提升，构建形成的既映射于现实世界又独立于现实世界的虚拟世界。在元宇宙崛起后，人们广泛参与其中，各种利益在其间交融整合，或将形成与传统网络空间存在差异的社会关系，既有法律规范可能难以有效涵盖和调整新的法益，既有规则逻辑的解释力日渐困难。

我国网络法治体系的基本框架已经初步建立，"5+2"的信息网络立法规划已经基本完成，现行网络空间的社会关系中需要进行规范的共性问题已经得到了一定程度的解决。元宇宙作为颠覆性的技术和创新模式，需要现行的网络法治体系进一步地升级和变革。一是在法律价值上的深度变革。数据的公平占有和合理使用、代码的正当性和合理性，以及算法的非歧视和透明等正义价值观必然需要体现在法律当中。二是法律关系上的深度变革。新型法律关系中主体和客体的日益涌现，权利义务关系的根本性重塑，权利义务分配及其实现方式的解构和重构等，意味着在元宇宙时代，我们要重新确立法律关系。三是法律行为上的深度变革。在虚实同构的二元体系下，同一法律行为可能在虚实不同的空间中有不同的后果；法律行为的动机、目的和因果关系更加复杂难辨。因此我们需要重新思考，网络法治体系发展的规律是什么？未来的走向应当如何发展？

（三）元宇宙对网络内容治理提出新挑战

一方面，元宇宙是一个包容万象的新世界，由所有参与者共同创建。它的内容全部来源于参与者，相比传统互联网，在元宇宙中，内容的重要性要远远高于平台的重要性。谁拥有了创意，拥有了优质内容，谁就能在元宇宙中建立新平台。因此，正向优质内容的创新和供给成为网络内容治理的重要目标之一。另一方面，元宇宙的网络内容丰富也对网络内容治理提出了挑战。一是普通网民可能会在元宇宙空间中的沉浸式场景下被算法和代码控制，从而做出一些过激举动，发表一些不良言论，导致元宇宙成为滋生和传播负能量的集散地。二是元宇宙空间无国界，全球各国网民在网络上广泛交流，可能会引发多元思潮交锋对抗，甚至还可能出现反动势力利用元宇宙煽动闹事，宣扬极端恐怖主义的事件。三是元宇宙本身的去中心化、匿名化等特征使得其容易成为滋生违法犯罪活动的温室。

因此，针对网络内容的治理，元宇宙时代与传统互联网时代在目标上会有差异，需要处理好正向内容输入和负面内容管控的关系，两手都要抓，要同步推进。

（四）元宇宙对新技术新应用规制的影响

进入21世纪以来，信息技术日新月异，从以网站到用户的单向信息分享为主的Web1.0阶段，发展到以用户贡献内容为主、以协同创作为代表的Web2.0阶段，并快速迈进新技术新应用蓬勃兴起的智能化Web3.0阶段。新技术新应用的快速发展会导致法律秩序失调和"法治赤字"，即现行的治理体系、法律规则、监管能力已难以应对新技术新应用带来的全方位挑战，体现出一定的滞后性。

传统的技术监管重在技术本身的开发和标准层面，而忽视了数据、算法、云计算、区块链等对生产关系、社会关系和国家治理带来的显著影响。例如，新零工经济的兴起引发劳动关系的大幅变化，引起新型公平竞争问题。是否采用算法是决定平台应否承担共同侵权责任的重要考虑因素，已经成为全球法律变革的明显趋势。可见，重构Web3.0阶段的网络法治秩序既迫在眉睫，又顺理成章，以法治的理性、德性和力量引领与规制智能科技革命，让新技术新应用更加安全可控、合乎伦理法理，促进社会有序发展，维护公平正义。

具体来看，重构Web3.0阶段的网络法治秩序应从以下四个方面推进。一是坚持以人为本理念。把权利保障作为新技术新应用治理的核心要义，加强个人信息保护、人格权保障。二是推动技术透明度。透明度是信息公开制度在新技术新应用领域的运用，是对新技术进行合法审查、安全评估的重要前提。三是创新保险机制。新技术新应用对传统以因果关系为基础的法律责任体系形成了严峻挑战。

应构建新型保险机制，积极化解新技术新应用带来的风险挑战，补充完善责任机制。四是推动多元共治。建立法律和科技共治、法律和道德共治、多主体协同共治的思路，有效应对新技术新应用的专业壁垒和广泛社会性。

五、下一步建议

（一）强化网络法治基础理论研究

根据我国治理网络空间的经验，以法治破解元宇宙治理面临的各种难题既是必经之途，更是必由之路。相对现实社会和传统网络空间，元宇宙是一个更加复杂多元的世界，可能会面临更复杂的治理难题。但是目前针对元宇宙治理既无成熟的经验，也无有效的实验方法。面对元宇宙这一新的法律调整空间，应当探索对其有效适用的法治基础理论。对此，应当加快建立政府引领，企业、社会组织、技术社群、公民共同参与、相互协作的元宇宙治理研究机制，组织力量开展高水平法学理论研究，为元宇宙法治建设提供科学支撑和法理依据。在具体研究中，要深入研究元宇宙治理法律关系的基本范畴，厘清公民、法人、其他组织在元宇宙空间和现实空间相互依存与转换过程中的新型社会关系，推动法律理论革新，推进新的法律理论涌现。

（二）完善网络空间法律制度顶层设计

网络法治体系建设应改变以往基于单元物理空间和科学逻辑的思维方式，转到基于双重空间、人机混合、算法主导的信息逻辑的思维向度，立足智能时代的客观要求，确立新型法律价值观，构建新型权利义务关系，促进权益的平衡共享发展，推动法律制度与规则秩序的转型升级。元宇宙带来的技术关系与社会关系叠加交错，增加了网络社会的复杂性，也增加了网络空间法律制度调整的难度。在网络法治顶层制度设计上，要调整以往线上线下二元规范路径，在认识和分析现行法律困境的基础上，探索与科学文明相伴而生的制度文明，创制出虚实融合、有序发展的社会规范体系。网络法治顶层框架要从更高、更抽象的层面，整合并达致现代性法律与智能互联网新型关系的法益共识。特别是要尊重法律变革进程中的新兴权利和法益诉求，内在地反映双重空间、人机混合、算法主导时代的行为规律和新型法律关系，在法律概念、法律规则、法律原则中融入智能互联网元素，探索从二元规范走向一体融合规则体系的制度安排，从而塑造元宇宙时代的新型法治秩序。

(三) 科学构建网络内容治理制度

网络内容治理是涉及国家安全、公民基本权利和产业发展的重要领域，在元宇宙时代，我们既要尊重科学技术发展的客观规律，也要坚持已有的底线。在立法的过程中，我们要处理好三个主要关系。一是虚实融合空间中内容治理多元主体关系。立法要关注在网络安全、国家安全、公民权利等多重利益交汇下的政府、企业和个人之间的权利义务关系。二是安全与发展之间的关系。网络内容安全与新型数字经济发展的关系是一体之两翼、驱动之双轮。要维护网络内容安全，在立法上要秉持开放、统一、灵活的指导思想，摒弃封闭、割裂、绝对的思想。立法要把握安全与发展的内在逻辑和联系，以及网络内容的发展大势，在理念、手段、体制和机制等层面进行全方位统筹。三是管和用之间的关系。由以管为主向管用结合转变，由被动应对向攻防并举转变，由争夺阵地向争取人心转变。对违法行为不采取"一刀切"的方式，而是分层次、分程度来实施监管，并且给网络内容创新留有余地。

同时，还应当优化沟通机制，创建融合互补的内外共治体系。在元宇宙时代，网络信息治理的主体多元性更加凸显，需要各主体开展平等的交流和协作。目前，政府与社会、政府与平台、政府与行业组织之间的信息共享、角色分工和共治机制尚未达到理想的契合状态。未来，在网络法律的制定和实施过程中，要充分发挥政府在网络信息内容治理中的主导地位，借助政府的资源联络优势，构建多主体对话交流机制，充分释放各类主体独特的治理优势。重视软法建设，构建软约束和硬约束协同治理规则体系。经由市场认证，且在获得市场实践检验后运行成熟的规则，可以通过政府认可的机制，逐渐上升为稳定和有约束力的制度。政府充分尊重和适当参与行业组织自律公约和企业自律规则的制定，在网络治理各环节各领域形成价值统一、规模适当、与硬法在内容上融通的软法体系。政府利用信用机制、评估机制等手段，建立对软法规则实施的外部保障，促使软法和硬法有效结合，共同促进内容生态向上向好发展。

（四）充实以风险防范为导向的新技术新应用法治储备

受网络信息技术突飞猛进式发展的影响，全球经济社会进入被互联网全面深度"渗透"的新阶段。新技术新业务在意识形态、社会发展等方面深刻地改变着政治、经济和社会发展格局。"元宇宙"新概念使得虚拟世界和真实世界之间的联系更加紧密，其可能带来的更广泛的数据收集、对经济秩序的颠覆式冲击和对意识形态更深刻的影响等，都值得重点关注。

我们要加强新技术新应用立法研究储备，构建嵌入风险控制的制度机制。对技术可能带来的负面后果和异化发展趋势进行提前研判和及早防范，区分风险等级制定精细化对策。面对元宇宙新技术，可以通过制定标准、指引及政策文件等方式，从顶层设计、具体产业和业务层面探索、构建与完善伦理规范原则。在新技术新业态领域研究探索"沙盒监管"制度，秉持"在发展中规范""在规范中发展"的基本原则，根据不同的业态发展阶段及不同行业及应用场景的实际情况，确定不同的法律规则，在有效防范风险的前提下稳妥推动业务创新。

（执笔人：刘耀华，中国信息通信研究院互联网法律研究中心高级研究员，数据安全立法研究团队负责人，长期从事数据安全、个人信息保护、跨境数据流动研究，长期跟踪研究欧盟数据相关立法执法工作）

参 考 文 献

[1] 齐延平. 数智化社会的法律调控[J]. 中国社会科学文摘，2022(5)：2.

[2] 陈吉栋. 超越元宇宙的法律想象：数字身份、NFT与多元规制[J]. 法治研究，2022(3)：18.

[3] 王德夫. 元宇宙的内涵、发展与风险应对[J]. 中国信息安全，2022(1): 66-69.

[4] 程金华. 元宇宙治理的法治原则[J]. 东方法学，2022(2)：20-30.

[5] 姚占雷，许鑫. 元宇宙中情境知识的构建与应用初探[J]. 图书馆论坛，2022，42(1)：45-52.

[6] 陈昌凤，黄家圣. "新闻"的再定义：元宇宙技术在媒体中的应用[J]. 新闻界，2022(1)：9.

[7] Marcella A. Blockchain technology and decentralized governance: Is the state still necessary?[J]. Journal of Governance and Regulation, 2017(06): 1.

信息社会共识

人类正在迈入一个潜力巨大的时代——信息社会的新时代。"在这个新兴社会中，信息和知识可以通过世界上所有的网络存在、交流、共享和传播"（联合国信息社会原则宣言，2003）。中国《2006—2020年国家信息化发展战略》也提出了"为迈向信息社会奠定坚实基础"的战略目标。今天，我们相聚在这里，共同表达对这个时代的认知与期待。

我们看到，一个新的时代已经来临。正如农业革命诞生了农业社会，工业革命缔造了工业社会一样，信息革命正在推动人类进入信息社会。在信息社会建设的过程中，经济与社会发展的模式发生了重大变化，信息技术的广泛普及与深化应用不仅让城市生活更美好，也大大改变了农村居民的生存与发展环境，使人民的生活品质得到了全面提升。

我们看到，信息社会不是工业社会的简单延伸。以通信、计算机、互联网等为代表的现代信息技术飞速发展、广泛渗透，不仅改变了人类社会原有的生产力结构，还深刻改变着人们的生产生活方式；知识型经济、网络化社会、服务型政府、数字化生活是信息社会的基本特征；以人为本、开放包容、全面协调与可持续发展是信息社会的基本要求。

我们看到，世界各国都在努力为信息社会做准备。发达国家希望保持领先优势，新兴经济体力争寻求新的突破，发展中国家致力于发挥后发优势实现跨越式发展，世界各国纷纷制定了一系列信息化发展战略，都希望在信息革命中成为最大受益者。

我们认为，信息社会是人类需求变化与信息革命发展相耦合的必然结果。在工业社会后期，生产力极度扩张，同时出现了环境破坏、生态恶化、资源紧张、贫富分化等一系列问题，迫使人类转而寻求新的发展方式，信息革命适应了这种需求，成为引领变革的世界性潮流。

我们认为，信息社会建设对所有国家来讲都既是机遇又是挑战。信息革命为打造新产业、培育新业态、重塑动力机制、转变发展方式提供了难得的历史机遇，尤其对于经济发展相对落后的国家和地区而言，如能抓住机遇、应对得当，其完全有可能发挥后发优势实现跨越式发展。但世界各国都会面临全球性生产力布局调整、信息安全隐患凸显、数字鸿沟扩大等方面的挑战，丧失发展机遇将成为其中最大的风险。

我们认为，从工业社会到信息社会必然经历"转型期阵痛"。在转型过程中，有三类基本矛盾不可回避：一是经济增长内在冲动与资源环境支撑能力不足之间的矛盾；二是经济快速增长与社会发展滞后之间的矛盾；三是传统生产关系不适应信息生产力发展的矛盾。工业社会的经济基础、体制机制、手段方法、思维惯性与信息社会的发展要求不相适应。

我们认为，信息化是化解各类现实矛盾、推动社会转型的关键。必须充分发挥信息化在助力经济成长、转变发展方式、解决现实问题、促进社会和谐、创新竞争优势方面的作用，在信息基础设施建设、信息产业发展、信息技术深化应用、信息资源开发利用、信息人才培养、信息化环境完善和社会转型等方面不断取得新的突破。

我们希望，人人成为信息社会建设的实践者、受益者。

我们希望，诚信、负责、合作、共赢成为信息社会企业生存与发展的基本守则。

我们希望，科学决策、公开透明、高效治理、广泛参与的服务型政府在信息社会建设中发挥更好的作用。

我们希望，一个"以人为本、开放包容、全面协调与可持续发展"的信息社会的来临，能够促进智慧中国的崛起，为人类创造更美好的未来。

我们希望，我们的后代将因我们现在的选择而受益，为我们现在的行动而自豪。

2011—2021年信息社会十件大事（中国）

信息社会 50 人论坛成立于 2011 年 9 月 9 日，致力于研究和分享信息社会发展相关问题。作为信息社会问题的学术交流平台，自 2013 年起，论坛每年会总结中国信息社会发展的十件大事。2021 年是论坛成立的十周年，也是中国信息经济高速发展十年的回顾与小结，经众多专家学者多轮评议，特推出 2011—2021 年信息社会十件大事（中国），以资纪念，并借此向十年来参与和支持论坛的各位老师、各界朋友表示衷心感谢！

（一）国家网信办、中央网信办相继成立，国家信息网络与社会治理架构逐步成型

2011 年 5 月，中华人民共和国国家互联网信息办公室成立，主要职责为落实互联网信息传播方针政策和推动互联网信息传播法制建设，指导、协调、督促有关部门加强互联网信息内容管理，依法查处违法违规网站等。

2018 年 3 月，根据中共中央印发的《深化党和国家机构改革方案》，设立了中央网络安全和信息化委员会办公室（以下简称"中央网信办"）。将国家计算机网络与信息安全管理中心由工业和信息化部管理调整为由中央网信办管理。

中央网信办是中央网络安全和信息化委员会下设的办事机构。

（二）智慧城市、智慧交通、东数西算国家算力网络体系等逐步展开，移动通信网络和固网已经实现普遍连接，新基建开始启动，作为信息社会发展关键支撑的新一代基础设施逐渐成型

2014 年 8 月 29 日，经国务院同意，国家发展改革委、工业和信息化部、科技部、公安部、财政部、国土资源部、住房和城乡建设部、交通部八部委印发《关于促进智慧城市健康发展的指导意见》，要求各地区、各有关部门落实本指导意见提出的各项任务，确保智慧城市建设健康有序推进。

2016 年 7 月，《国家信息化发展战略纲要》出台，未来 10 年数字中国建设图景清晰浮现，网络强国建设时间表、路线图也由此标定；2016 年 12 月，《"十三五"国家信息化规划》发布，明确提出将数字中国建设取得显著成效作为我国信息化发展的总目标。

2019年9月，中共中央、国务院印发《交通强国建设纲要》（简称《纲要》），到2035年，基本建成交通强国。《纲要》提出，科技创新富有活力、智慧引领，强化前沿关键科技研发，大力发展智慧交通。推动大数据、互联网、人工智能、区块链、超级计算等新技术与交通行业深度融合。

2020年，两会提出加强新型基础设施建设，扩大投资，发展新一代信息网络，拓展5G应用，建设充电桩，推广新能源汽车，激发新消费需求，助力产业升级。新基建使得基础设施升级步伐全面加快。

2021年5月24日，国家发展改革委、中央网信办、工业和信息化部、国家能源局四部委联合发布《全国一体化大数据中心协同创新体系算力枢纽实施方案》，提出在京津冀、长三角、粤港澳大湾区、成渝，以及贵州、内蒙古、甘肃、宁夏等地布局建设全国一体化算力网络国家枢纽节点。加快实施"东数西算"工程，提升跨区域算力调度水平。

（三）移动通信从4G向5G升级，6G开始预研和准备，卫星互联网国家项目正式启动，实验卫星、组网准备业已展开，产业体系初具雏形

2013年12月4日，工业和信息化部正式向中国移动、中国电信和中国联通颁发"LTE/第四代数字蜂窝移动通信业务（TD-LTE）"经营许可（俗称4G牌照）。此后，高清视频会议、移动网游、3D导航等适用于大宽带移动网络下的应用逐渐成为现实，4G技术让移动互联网得到了普及。

2019年6月6日，工业和信息化部向中国电信、中国移动、中国联通、中国广电发放5G商用牌照，标志着5G建设大潮和规模化商用正式开始，作为新型基础设施，5G将激活物联网时代。

2019年11月3日，科技部会同国家发展改革委、教育部、工业和信息化部、中国科学院、国家自然科学基金委员会在北京组织召开6G技术研发工作启动会。会议宣布成立国家6G技术研发推进工作组和总体专家组。此举标志着我国6G技术研发工作正式启动。

2020年4月，卫星互联网首次作为信息基础设施被纳入国家"新基建"政策支持的重点方向。

（四）"数据"成为新的生产要素，数据能力成为国家治理体系和治理能力现代化的重要基础

2019年11月，新华社受权发布了《中共中央关于坚持和完善中国特色社会主义制度 推进国家治理体系和治理能力现代化若干重大问题的决定》（以下简称《决定》）。《决定》提出将"数据"作为生产要素之一。"数字经济"的发展红利在我国开始进入规模化释放阶段，"数据"作为生产要素，已经从"投入"阶段发展到产出和分配阶段。

2020年4月，《中共中央国务院关于构建更加完善的要素市场化配置体制机制的意见》（以下简称《意见》）正式公布。《意见》强调要加快培育数据要素市场。

（五）"互联网+""智能+"先后成为被写入政府工作报告、驱动产业经济与社会发展的重要战略指引，信息化进入以网络、IT、智能为进阶的深入发展阶段

2015年，《政府工作报告》首次提出"互联网+"战略，指出制定"互联网+"行动计划，推动新兴技术与现代制造业结合。2016年，《政府工作报告》再次指出要落实"互联网+"行动计划，增强经济发展新动力。2017年，《政府工作报告》提出深入推进"互联网+"行动。2018年，《政府工作报告》中有7处提及"互联网+"，强力助推经济转型。2019年，《政府工作报告》提出，要加快在各行业各领域推进"互联网+"，发展"互联网+教育"、实施"互联网+督查"、推行"互联网+监管"等。在深化供给侧结构性改革方面，全面推进"互联网+"，运用新技术新模式改造传统产业。深入推进简政减税减费，深化"互联网+政务服务"，各地探索推广一批有特色的改革举措，企业和群众办事便利度不断提高。

在人工智能连续3年写入《政府工作报告》的基础上，2019年《政府工作报告》更进一步提出"智能+"，鼓励新兴智能产业的崛起。报告指出，要打造工业互联网平台，拓展"智能+"，为制造业转型升级赋能。要促进新兴产业加快发展。深化大数据、人工智能等研发应用。目前，我国人工智能已经在制造业、农业、零售业、医疗、交通、金融、能源、现代服务业等多个领域落地生根，智能经济呈现蓬勃发展势头。

2020年,《政府工作报告》指出要推动制造业升级和新兴产业发展。大幅增加制造业中长期贷款。发展工业互联网,推进智能制造。电商网购、在线服务等新业态在抗疫中发挥了重要作用,要继续出台支持政策,全面推进"互联网+",打造数字经济新优势。

(六)数字经济蓬勃发展,个别指标全球领先,各行各业企业数字化转型步伐加快

商务部数据指出,自2013年起,中国电子商务交易总额估计已经超过美国,成为世界上最大的网络零售市场之一。中国互联网公司国际影响力持续攀升。时至今日,中国也已成为移动支付应用最为广泛的国家之一。互联网成为各行各业企业的主战场。数字经济成为发展风向标,在产业互联网、新零售、智能制造等不同发展维度之下,数字化转型成为普遍诉求。

2017年,"数字经济"首次出现在《政府工作报告》中,2019年、2020年和2021年又再度出现。2018年的《政府工作报告》虽然没有提及"数字经济",但首次提出了"数字中国"建设,是"数字经济"的进一步延伸。

2021年,《政府工作报告》指出,加快数字化发展,打造数字经济新优势,协同推进数字产业化和产业数字化转型,加快数字社会建设步伐,提高数字政府建设水平,营造良好数字生态,建设数字中国。

2021年3月,第十三届全国人民代表大会第四次会议审查了《中华人民共和国国民经济和社会发展第十四个五年规划和2035年远景目标纲要(草案)》(以下简称《草案》)。《草案》将"加快数字化发展,建设数字中国"作为独立篇章,提出要打造数字经济新优势,坚持新发展理念,营造良好数字生态。

(七)数字乡村成为乡村振兴的战略方向和必要支撑,试点建设全面展开、初见成效

2018年1月2日,《中共中央 国务院关于实施乡村振兴战略的意见》明确提出,要实施数字乡村战略,做好整体规划设计,加快农村地区宽带网络和第四代移动通信网络覆盖步伐,开发适应"三农"特点的信息技术、产品、应用和服务,推动远程医疗、远程教育等应用普及,弥合城乡数字鸿沟。《国家乡村振兴战略规划（2018—2022 年）》也提出了数字乡村战略。

2019 年 5 月，中共中央办公厅、国务院办公厅印发了《数字乡村发展战略纲要》。

2020 年 1 月，2020 年中央一号文件正式发布：依托现有资源建设农业农村大数据中心，加快物联网、大数据、区块链、人工智能、第五代移动通信网络、智慧气象等现代信息技术在农业领域的应用。开展国家数字乡村试点。数字乡村试点是深入实施乡村振兴战略的具体行动，也是释放数字红利、催生乡村发展内生动力的重要举措。

2020 年，中国数字乡村建设加快推进，《数字农业农村发展规划（2019—2025 年）》《2020 年数字乡村发展工作要点》发布，浙江、河北、江苏、山东、湖南、广东等 22 个省相继出台数字乡村发展政策文件，政策体系更加完善，统筹协调、整体推进的工作格局初步形成。中央网信办会同农业农村部等七部门联合印发《关于开展国家数字乡村试点工作的通知》，确定 117 个县（市、区）为国家数字乡村试点地区。

数字乡村发展战略目标：到 21 世纪中叶，全面建成数字乡村，助力乡村全面振兴，全面实现农业强、农村美、农民富。

（八）数字人民币从预备研发、立项研发到加速试点，成为信息社会未来生态的重要应用

2014 年，央行成立专门团队，开始对数字货币发行框架、关键技术、发行流通环境及相关国际经验等问题进行专项研究。

2017 年年底，经国务院批准，央行正式开始组织商业机构共同开展法定数字货币——数字人民币 e-CNY 的研发试验，DC/EP 在坚持双层运营、现金（M0）替代、可控匿名的前提下，基本完成了顶层设计、标准制定、功能研发、联调测试等工作。

2019 年，数字人民币的发展开始加速，2020 年，央行数字货币研究所官方宣布首批试点"四地一场景"，包括深圳、苏州、雄安、成都，加上冬奥会场景，试点均已经落地。

2021 年，第二批数字人民币面向公众的试点扩展到上海、海南、长沙、青岛、大连、西安六地。

2021年7月16日，央行发布《中国数字人民币的研发进展白皮书》。

（九）《中华人民共和国网络安全法》《中华人民共和国电子商务法》《中华人民共和国个人信息保护法（草案）》《中华人民共和国数据安全法》等相继出台并实施，标志信息社会治理的法律框架初步形成

2016年11月，第十二届全国人民代表大会常务委员会第二十四次会议表决通过《中华人民共和国网络安全法》。这是中国第一部网络安全的专门性综合性立法，提出了应对网络安全挑战这一全球性问题的中国方案。

2018年8月31日，第十三届全国人民代表大会常务委员会第五次会议通过《中华人民共和国电子商务法》，并于2019年1月1日起正式施行，标志着中国快速普及、迅猛发展的电子商务进入法治轨道，对中国信息社会发展和人民生活具有重大意义。

2021年6月10日，第十三届全国人民代表大会常务委员会第二十九次会议通过《中华人民共和国数据安全法》，并于2021年9月1日起正式施行。这是一部为规范数据处理，保障数据安全，促进数据开发利用，保护个人、组织的合法权益，维护国家主权、安全和发展利益而制定的法律。

十三届全国人大常委会第三十次会议表决通过了《中华人民共和国个人信息保护法》（以下简称《个人信息保护法》），该法自2021年11月1日起施行。作为中国首部针对个人信息保护的专门性立法，个人信息保护法将进一步强化个人信息安全监管与治理，应用程序滥采滥用个人信息、强制同意、大数据"杀熟"等这些侵害公民个人信息权益的行为今后将受到制约。

（十）新冠肺炎疫情加速社会数字化进程，增强全社会抗风险能力

新冠肺炎疫情的暴发，在全球范围内改变、重塑了人们的居家、生活、出行、工作方式，教育学习、购物消费、社交娱乐等在线时长显著增加，个人家庭、企业机构的IT采购急剧增长。生活数字化、金融数字化、教学数字化、会议数字化、社交数字化、企业数字化等受新冠肺炎疫情的影响全面加速，网络宽带服务需求也因此显著增长，短视频、直播、视频会议等信息产品消费激增。

一项针对全球2569家企业的调研发现，新冠肺炎疫情将全球的数字化进程至少提前了 5~7 年。突如其来的新冠肺炎疫情给全球经济带来很大的冲击，但是在突发事件面前，信息技术、互联网发挥了超乎想象的作用，尤其为中国战"疫"提供了有力保障。基于网络信息科技的疫情防控系统，不仅对中国控制疫情发挥了关键作用，也极大地增强了社会抗风险能力。

信息社会 50 人论坛

2021 年 9 月 10 日

延 伸 阅 读

1.《预见：中国信息社会的下一个十年》

本书在信息经济高速发展，数字化转型如火如荼这样的时代大背景下，从变轨（数字化加速与数据生产力）、重建（碳中和、老龄化与城市更新）、治理（数据、隐私保护），以及预见（信息社会下一个十年）四个维度出发，通过专家多年的深入研究梳理出真知灼见，借由此书与读者交流、碰撞，为这个时代留下记录、思考、探索等，并使读者可以从专家们对未来的分析、描绘中找到自己想要的知识，形成一个关于下一个十年数字化转型的拼图。

2.《变革与重建：数智化加速下的产业与社会》

本书试图从产业、社会和治理等多个角度，以危急时刻、产业之变和社会重建三个板块，抽丝剥茧地分析当下情势，并以实践中涌现的数据和案例来展现数智化加速下的产业与社会，以带给人启迪和希望。

3.《数字化转型中的中国》

本书是在信息经济不断发展、"智能+"和数字化转型已被当下各界极为关注的大背景下，信息社会50人论坛多位权威专家深入研究和集智的呈现，分别从智能科技、工业互联网、数字化转型、智慧城市和科技向善等方面汇集了年度相关成果，希望能为社会各界分享不同角度的思考和研究成果，促动更多的思想碰撞和前沿实践。

4.《信息经济：智能化与社会化》

本书是信息社会50人论坛多位重量级专家的成果，他们尝试从复杂经济学、信息社会之智能化、信息社会之社会化，以及互联网治理不同视角探讨经济学中的新理念、现实经济中的新事物、社会生活中的新现象、社会管理中的新课题，期望从中探索出以往没有认识到的切入点、新规律，寻找解决问题的新方法和新思路。

5.《互联网经济治理手册》

本书围绕产权归属、责任归属、实践与法规的次序、线上与线下的标准这四个互联网治理的核心问题展开讨论，共分为4个部分：第一部分为互联网经济治理理论，指出了互联网治理的四个核心问题；第二部分为互联网经济治理实践，从各平台，如淘宝、滴滴出行、考拉、微信等的治理实践中汲取经验；第三部分为互联网经济治理热点，讨论了各平台面临的共同问题，包括市场准入、消费者保护、数据安全、知识产权、竞争政策、食药安全和税收政策等问题；第四部分为互联网经济治理展望，展望了互联网经济治理的前景。

6.《重新定义一切：如何看待信息革命的影响》

本书从信息社会与理念创新、分享经济与模式创新、科技进步与实践创新、互联网治理与制度创新4个维度研判了信息革命对经济社会发展理念、模式、技术与制度创新的深远影响。

7.《拥抱未来：新经济的成长与烦恼》

自 2016 年 3 月"新经济"首次被写入《政府工作报告》以来，新经济焕发出勃勃生机，也逐渐释放出经济发展的新动能，并朝着经济主旋律的道路前行。因此，在一定意义上说，新经济代表着未来经济，而本书的主题正是新经济。本书从新经济及其测量、分享经济与平台治理、互联网发展与信息社会测评 3 个维度进行阐述，试图为新经济的成长指明方向。

8.《未来已来："互联网+"的重构与创新》

本书集中反映了信息社会 50 人论坛专家们关于信息社会的新思考。他们就信息社会发展过程中涌现出来的表层问题和深层问题，做了深入而有创新的分析与研究，对"就在身边，就在当下"的未来，分别展示了自己描绘的图景。

9.《读懂未来：信息社会北大讲堂》

2015 年，信息社会 50 人论坛与北京大学合作，联合主办了"信息社会·北大讲堂"，并邀请了 8 位居于信息社会发展前沿的信息领域的著名专家、学者及实践者，以凝练的主题，用细腻的感知，将各自领域中纤细的变化、宏大的前景带给读者，使读者及早感受未来席卷世界的风潮。

本书原汁原味地呈现了"信息社会·北大讲堂"的全部内容。

10.《信息经济：中国转型新思维》

本书汇集了来自政府、学术界及行业内信息社会研究前沿的专家从不同角度审视信息社会发展现状与未来的成果，为读者提供了一套关于我国发展信息社会的立体思考。

11.《边缘革命2.0：中国信息社会发展报告》

信息社会50人论坛的专家们将自己的智慧与探索，凝结成本书，期待为读者提供一个关于信息社会的新思维魔方。本书中的每篇文章都可以看作从不同侧面对这些变革及演变趋势的诠释，揭示中国信息社会大变革时期的大思路与新思维。

反侵权盗版声明

电子工业出版社依法对本作品享有专有出版权。任何未经权利人书面许可，复制、销售或通过信息网络传播本作品的行为；歪曲、篡改、剽窃本作品的行为，均违反《中华人民共和国著作权法》，其行为人应承担相应的民事责任和行政责任，构成犯罪的，将被依法追究刑事责任。

为了维护市场秩序，保护权利人的合法权益，我社将依法查处和打击侵权盗版的单位和个人。欢迎社会各界人士积极举报侵权盗版行为，本社将奖励举报有功人员，并保证举报人的信息不被泄露。

举报电话：（010）88254396；（010）88258888
传　　真：（010）88254397
E-mail：　　dbqq@phei.com.cn
通信地址：北京市万寿路173信箱
　　　　　电子工业出版社总编办公室
邮　　编：100036